Dictionnaire de rimes

Sous la direction de l'équipe de la Centrale d'achats Maxi-Livres

Direction
Alexandre Falco

Responsable des publications
Françoise Orlando-Trouvé

Responsable de la collection
Stéphanie Lascar

Fabrication
Antonio Sanchez
Guillaume Bogdanowicz

Pierre Norma

Dictionnaire de rimes

ET TRAITÉ
DE VERSIFICATION
FRANÇAISE

AVANT-PROPOS

La poésie, si elle est d'abord un plaisir, est aussi un art.

Celui, délicat, raffiné, de confronter des mots à des sentiments, puis, afin de mieux les traduire, de les ajuster entre eux, de les faire rimer.

Ce dictionnaire, qui recense des milliers de mots, apprend à la fois comment les versifier et comment, de façon simple et pratique, leur trouver des rimes, afin de leur donner une musique supplémentaire, un relief nouveau, une émotion particulière, qui reflétera la vôtre.

Les dieux eux-mêmes meurent
Mais les vers souverains
Demeurent
Plus forts que les airains...

prophétisait Théophile Gautier. Poètes, à vos luths, avec ce dictionnaire pour écritoire...

TRAITÉ DE VERSIFICATION FRANÇAISE

DU LANGAGE POÉTIQUE

La versification est l'art de la mesure, de la cadence, de l'harmonie. La poésie se distingue de la prose par un usage plus fréquent de figures, comme la métaphore, l'ellipse, l'inversion… Elle fait alterner concision et abondance, crée des alliances de mots, évite les répétitions, etc.

DE LA MESURE

La langue française ne possédant, dans la plupart des mots, ni longues ni brèves bien distinctes, il a fallu adopter pour base de la versification un autre mode de rythme. Mesure bien dessinée, celle que l'on trouve dans les vers de 10 ou 12 syllabes, parce que ces deux vers possèdent l'hémistiche.

Il y a aussi des vers de 9, 8, 7, 6, 5, 4, 3 et même de 2 syllabes. Signalons pour mémoire le vers dit *à écho*, ou *rime couronnée*, qui n'a qu'une syllabe, reproduction de la dernière du vers précédent :

En chasse ! le maître en personne
Sonne.
Fuyez ! voici les paladins,
Daims. *(Victor Hugo)*

Le vers de douze syllabes est en général accentué, c'est-à-dire grave, sonore, modulé, et convient aux longs poèmes, à la tragédie, aux sujets grandioses ou tristes. On appelle les vers de douze syllabes *alexandrins*, du nom d'Alexandre de Bernay, poète français du XIIe siècle, qui en fut, dit-on, l'inventeur :

Comme un vol de gerfauts hors du charnier natal,
Fatigués de porter leurs misères hautaines,
De Palos de Moguer, routiers et capitaines
Partaient, ivres d'un rêve héroïque et brutal. *(Heredia)*

Le vers de dix syllabes a des consonances plus gracieuses :

Je chante et pleure, et veux faire et défaire,
J'ose et je crains, et je fuis et je suis,
J'heurte et je cède, et j'ombrage et je luis,
J'arrête et cours, je suis pour et contraire… *(Abraham de Vermeil)*

Le vers de huit syllabes, étant d'une grande souplesse, a été employé pour tous les genres, notamment dans les ballades et les stances. Il est le plus facile à faire, et l'un des plus agréable à lire :

Je suis venu, calme orphelin,
Riche de mes seuls yeux tranquilles,
Vers les hommes des grandes villes :
Ils ne m'ont pas trouvé malin… (*Verlaine*)

On se sert harmonieusement du vers de six syllabes, soit qu'il tombe en cadence à la suite d'un alexandrin, soit qu'il se continue sans l'aide d'aucune autre mesure.

Il pleure dans mon cœur
Comme il pleut sur la ville
Quelle est cette langueur
Qui pénètre mon cœur ? (*Verlaine*)

Que le vent qui gémit, le roseau qui soupire,
Que les parfums légers de ton air embaumé
Que tout ce qu'on entend, l'on voit et l'on respire,
Tout dise : "ils ont aimé !" (*Lamartine*)

Quand il s'agit de poèmes destinés à être mis en musique, deux vers de six syllabes sont préférables à la musique qu'un seul de douze.

On a fait peu de vers de neuf syllabes : pour être harmonieux, ils exigent des repos marqués de 3 en 3 syllabes, ou de 4 et 5 comme ceux-ci :

Tournez, tournez, bons chevaux de bois,
Tournez cent tours, tournez mille tours,
Tournez souvent et tournez toujours,
Tournez, tournez au son du hautbois. (*Verlaine*)

Il existe peu, en français, de vers de onze syllabes, encore appelé hendécasyllabe ; il n'y en a pas au-dessus de douze syllabes.

DE LA RIME

La rime a été employée par les peuples orientaux comme par ceux du Nord, pour marquer le rythme des poésies. Elle se retrouve dans les patois des anciennes provinces, au nord aussi bien qu'au sud, à Toulouse comme à Valenciennes. Les vers se récitant, se chantant même, on comprend l'avantage de la rime pour la mémoire, particulièrement lorsque l'imprimerie n'existait pas. À cette époque, l'histoire comme le roman furent habillés de rimes pour se mieux graver dans les esprits. On usa partout de la rime, et on en abusa. Le théâtre classique la conserva, toujours comme moyen de mnémonique pour l'acteur, qui avait ainsi plus de facilité à retenir son rôle, et pour l'auditeur, dans l'esprit duquel on tenait à mettre en relief des maximes et des sentences. La rime rajoute au vers du brillant et de l'éclat. Il y a deux espèces de rimes : la rime masculine et la rime féminine.

1° La *rime féminine* est celle qui se termine par une syllabe sonore suivie d'un *e* muet, lequel ne compte pas lui-même en qualité de syllabe, comme dans ces vers :

> Oui, puisque je retrouve un ami si fid*èle*,
> Ma fortune va prendre une face nouv*elle*.

L'e muet peut être suivi d'un *s*, comme dans ceux-ci :

> Croyez-vous m'abuser ? Couverts de noms subl*imes*,
> Les crimes consacrés en sont-ils moins des cr*imes* ?

Il peut être également suivi des consonnes nt (mais non précédé alors de ai ou oi), comme dans ceux-ci :

> C'est lui-même ; il m'échauffe ; il parle : mes yeux s'ouvrent,
> Et les siècles obscurs devant moi se découvrent.

2° La *rime masculine* est celle dans laquelle l'*e* muet ne se trouve pas pour former une dernière syllabe muette ou nulle :

> Ce n'est pas d'un hasard que doit rougir mon *front*,
> Mon sort est un malheur, mais non pas un af*front*.

Ent, ne marquant pas la troisième personne du pluriel des verbes et se prononçant ant, forme des rimes masculines :

> Quel autre que Dieu seul peut dans ce mouve*ment*
> Reconnaître une forme, un être, un élé*ment* ?

Les troisièmes personnes du pluriel de l'imparfait de l'indicatif et du conditionnel présent des verbes ne constituent pas une rime féminine, quoique terminées en *aient*, parce que ces cinq lettres ont le son de l'e ouvert : elles forment une rime masculine, comme dans ces vers :

> Aux accords d'Amphion les pierres se mou*vaient*,
> Et sur les murs thébains en ordre s'éle*vaient*.

De même, *ils croient, ils voient, qu'ils soient*, forment des rimes masculines ; mais observez que cette rime est traînante et qu'on la trouve rarement. Il faut bien remarquer que si, dans les vers masculins, les dernières lettres formant la dernière syllabe suffisent pour la rime, *vérité, piété* ; *jours, atours*, il n'en est pas de même pour les vers féminins. La dernière syllabe portant l'e muet, nulle dans la mesure, elle l'est également pour la rime ; et il faut, pour avoir celle-ci, remonter au moins jusqu'à la voyelle sonore précédente. Ainsi *monde* ne rime pas avec *demande*, mais bien avec *féconde* ; *louanges* ne rime pas avec *mensonges*, mais avec *échanges*.

DU MÉLANGE DES RIMES

Toute fin de vers, soit masculine, soit féminine, doit trouver une autre fin de vers du même genre qui rime avec elle, et ces deux désinences ne peuvent être séparées entre elles que par un vers de l'autre genre qui a lui-même sa rime avant ou après, ou par deux vers de cet autre genre qui riment ensemble.
Ainsi obtiendra-t-on des *rimes plates* (a - a - b - b) :

Sur le printemps de ma jeunesse folle,
Je ressemblais l'hirondelle qui vole,
Puis ça, puis là ; l'âge me conduisait
Sans peur ni soin où le cœur me disait. (*Marot*)

des *rimes croisées* (a - b - a - b)

Dans le lit vaste et dévasté
J'ouvre les yeux près d'elle ;
Je l'effleure : un songe infidèle
L'embrasse à mon côté. (*Toulet*)

des *rimes entrelacées* (a - b - b - a)

Une lueur tranchante et mince
Échancre mon plafond.
Très loin sur le pavé profond,
J'entends un seau qui grince… (*Toulet*)

Les poètes romantiques, notamment Alfred de Musset, et leurs successeurs, Charles Cros, etc., ont souvent joué avec ces agencements qui sont davantage des codes que des lois, poésie devant rimer, avant tout, avec fantaisie.

DES QUALITÉS ET DES VICES DES RIMES

La rime peut être – *insuffisante* ou *pauvre*, – *suffisante*, – *riche*, *surabondante*.
En règle générale, la rime, tant masculine que féminine, est d'autant plus parfaite que l'oreille trouve plus de ressemblance dans les sons qui la forment. Ainsi, quoique *plaisir* rime bien avec *soupir*, et *prudence* avec *récompense*, *plaisir* rime encore mieux avec *désir*, et *prudence* avec *providence* ; parce que, outre la conformité des sons *ir* et *ence*, essentielle à l'une et à l'autre rime, les consonnes d'appui *s* et *d* qui les précèdent sont encore les mêmes.
On appelle *rime riche* ou *heureuse* celle qui est formée ainsi par la plus grande conformité des sons ; et *rime suffisante* ou *commune* celle qui n'a rien de plus que les sons essentiels exigés.
Les sons que l'on appelle pleins sont ceux de l'*a* et de l'*o*, des *è* ouverts, des voyelles composées *ai*, *ei*, *oi*, *au*, *eau*, *eu*, et *ou* ; des voyelles nasales *an*, *am*, *en*, *em*, *in*, *im*, *ain*, *ein*, *aim*, *om*, *un*, *eun* ; des voyelles longues ; des diphtongues *ie*, *oi*, *ui*, *ieu*, *ion*, *oin*, surtout quand ces voyelles sont suivies de plusieurs consonnes

et de l'*e* muet. Le son de l'*a* n'est plein et suffisant, pour la rime, que quand il se trouve dans la pénultième syllabe du mot, ou lorsque, se trouvant dans la dernière, il est suivi de quelque consonne, comme dans *agréable*, *favorable* ; *état*, *sénat* ; *trépas*, *soldats* ; *remparts*, *étendards*, qui forment des rimes suffisantes. Mais s'il est la dernière lettre du mot, comme pour la troisième personne singulier du passé simple des verbes de la première conjugaison, il faut qu'il soit précédé de la même consonne ou de la même voyelle. Ainsi *condamna* rimerait avec *donna*, mais non pas avec *tomba*, *marcha*, *confia*, ni avec d'autres mots où l'*a* ne serait pas précédé d'un *n*.

Quoique la rime en *ant* ou *ent*, qui n'est pas troisième personne du pluriel des verbes, donne un son plein, néanmoins, du fait du grand nombre de mots où elle se trouve, on ne doit faire rimer ensemble que ceux où *ant* et *ent* sont précédés des mêmes consonnes ou des mêmes voyelles. Ainsi *diamant* ne rimera bien qu'avec un mot terminé en *mant* ou *ment*, comme *égarement* ; et *suppliant* ne rime qu'avec un mot terminé en *iant*, comme *criant*, etc.

Il en est de même de *eu*, et *on*. Ainsi, heureux ne rime pas rigoureusement bien avec *ambitieux*, ni *moisson* avec *passion*, mais *heureux* rime avec *courageux* et mieux encore avec *douloureux* ; *moisson* ne rimerait pas avec *trahison*, à cause du son dur de l'un et du son doux de l'autre, mais bien avec façon ; *ambitieux* rimera parfaitement avec *factieux*, et *passion* avec *possession*.

Les voyelles qui n'ont pas un son plein sont l'*e* fermé ou l'*e* isolé, ou encore l'*e* suivi des consonnes *s, z, r* ; l'*i* est seul, ou suivi d'une consonne qui n'en allonge pas sensiblement le son : ces voyelles ne pourront former de bonnes rimes masculines que si elles sont précédées des mêmes consonnes ou des mêmes voyelles, comme déjà indiqué. Ainsi *beauté* rimera avec *divinité* ; *beautés* avec *divinités* ; *aimez* avec *animez* ; *aimer* avec *animer* ; *pitié* avec *amitié* ; *ami* avec *endormi* ; *vertu* avec *combattu* ; *amis* avec *permis* ; mais *beauté* ne rime point avec *charmé* ; ni *vertu* avec *connu*, etc.

Les mots terminés en *ui, uie, uis, uit*, riment suffisamment avec ceux qui ont la même terminaison ; et le son de la diphtongue *ui* étant assez plein par lui-même, il n'est pas nécessaire qu'elle y soit précédée des mêmes consonnes.

C'est toujours une faute de faire rimer les infinitifs en *er* avec les substantifs et les adjectifs aussi en *er* qui n'ont pas la même consonance, comme *achever* avec *hiver* ; *mer* et *aimer*. C'est ce que Malherbe appelait rimes normandes. Ce n'est que pour l'œil que sont faites de pareilles rimes, et malgré l'exemple de poètes du XVIIe siècle, il vaut mieux s'en abstenir. *Mer* rime bien avec *hiver*. *Fier* ne rime pas avec *altier*, mais avec *hier*.

Dans les infinitifs du premier groupe, la voyelle ou la consonne qui précède le son en *er* sur lequel repose plus spécialement la rime, c'est-à-dire la lettre d'appui, doit toujours être pareille, comme *régler*, et *ressembler*. Il en est de même des rimes en *ier* qui ne s'accouplent bien qu'avec des syllabes positivement semblables ; ainsi, *héritier* rimera bien avec *potier*.

La rime abusive est par exemple : *o long* avec *o bref* ; malgré la rareté de la rime, c'est une difficulté qu'il faut vaincre : ainsi trône ne rime nullement pour l'oreille avec couronne. Une rime également condamnable est celle de l'*a long* avec l'*a bref*, celle de l'ai *long* et de l'e *long* avec l'ai, l'ei ou l'e *bref*: ainsi, peine rimant avec chaîne…

A long, comme dans *âge*, se rencontre souvent rimant avec *a* bref. Faire rimer *femme* avec *âme*, malgré l'œil et l'oreille, est à éviter. *Âme* ne rime bien qu'avec *flamme* ou un son analogue, et *femme* rime mieux avec *trame* qu'avec *âme*. Il faut aussi se dispenser, autant que l'on peut, de faire rimer *âge* avec *sage*, *page* ou d'autres sons brefs.

La deuxième personne du pluriel des verbes terminés en *ez* rime, à la rigueur, avec l'*e* fermé suivi d'un *s*, pourvu que la lettre qui commence la syllabe soit semblable : ainsi vous *aimez* peut rimer avec *charmés*.

Le singulier ne rime avec le pluriel que dans les mots qui ont le singulier terminé par un *s*, un *x*, ou un *z*: *cheveu* ne rime pas avec *vœux*; mais *secours* au singulier rime avec le pluriel *jours*.

En général, on peut faire rimer ensemble toutes les voyelles qui ont le même son, bien qu'elles soient différentes par le nombre ou par l'orthographe : ainsi *être* formera une rime suffisante avec *connaître* et *maître*, *race* avec *terrasse*, *contraire* avec *frère*, etc.

Un *l* mouillé ne peut jamais rimer avec un *l* simple : ainsi, *famille* ne peut rimer avec *tranquille*, etc.

Rimes *surabondantes* : ce sont celles qui sont pour ainsi dire trop riches ou trop faciles. D'abord, un mot ne peut jamais rimer avec lui-même, à moins qu'il ne soit pris dans des significations différentes : *jour* ne rimera pas avec *jour*, mais *livre* (feuilles reliées ensemble) rimera avec *livre* (poids, monnaie). Pour la même raison, un mot simple ne rime pas avec son composé : *écrire* avec *souscrire*, *voir* avec *prévoir*, *mettre* avec *remettre*, *faire* avec *défaire*, etc.; ni un primitif avec son dérivé : ainsi *jour* ne saurait prendre pour rime *abat-jour*, ni *ami*, *ennemi*, ni *juste*, *injuste*. Cependant, des composés d'un même mot peuvent rimer entre eux, lorsque leurs significations n'ont point un rapport trop marqué : ainsi, *commis* rimera avec *permis*, *cède* avec *succède*, *lustre* avec *illustre*, *temps* avec *printemps*, *front* avec *affront*, *fait* avec *parfait*, etc. Au poète de décider.

Il faut prendre garde de tomber dans l'exagération et de rimer à trois ou quatre syllabes, comme *dans l'univers cité* avec *dans l'université*; *Rome antique* avec *romantique*; cette surabondance de rime tombe dans le calembour et le jeu de mots, à moins qu'il s'agisse d'un exercice de virtuosité :

> Dans ces meubles laqués, rideaux et dais moroses,
> Danse, aimable laquais, et ris d'oser des mots roses. (*Charles Cros*)

Une autre sorte de *rime surabondante* est la rime trop facile, telle que celles qui consistent en adverbes en *ment* accouplés : ainsi, *constamment* et *prudemment*; on fera mieux rimer l'un ou l'autre avec un substantif tel que *serment*, ou un participe comme *charmant*.

DE L'HÉMISTICHE ET DE LA CÉSURE

La césure est un repos qui coupe en deux parties les vers de douze et dix syllabes. Chacune de ces parties s'appelle hémistiche, et l'espèce de suspension qu'elles exigent entre elles contribue à la cadence et à l'harmonie du vers.

Que toujours dans vos vers – le sens, coupant les mots,
Suspende l'hémistiche, – en marque le repos. (*Boileau*)

Il n'y a que les vers de douze et de dix syllabes qui aient une césure obligatoire. Le vers de huit syllabes en a quelquefois une après la quatrième syllabe ou à d'autres places; mais aucune loi poétique n'y oblige: l'oreille et le goût seuls l'amènent à propos et en déterminent l'usage. Quand il s'agit de couplets destinés à être mis en musique, il faut être plus attentif à cet égard, afin que tous les couplets puissent se chanter sur le même air. Si l'on a mis dans un couplet une césure après la quatrième syllabe du premier vers, une autre après la deuxième du second vers, etc., il faut adopter la même coupe pour les couplets suivants.
La césure du vers de douze syllabes vient après la sixième syllabe, de sorte qu'elle le partage en deux parties égales. Celle du vers de dix se trouve à la suite de la quatrième syllabe, ou de la cinquième. La règle de la césure n'est pas rigoureuse, mais un mot ne doit pas être coupé en deux à l'endroit de l'hémistiche. La règle générale est qu'une césure est bonne pourvu qu'elle satisfasse l'oreille; elle est mauvaise quand elle choque le goût et l'ouïe.

DE L'ENJAMBEMENT

L'enjambement, c'est-à-dire l'empiétement de la fin d'un vers sur une partie seulement du vers qui suit, ou l'empiétement d'un hémistiche sur une partie seulement de l'hémistiche qui suit, rompt en général toute mesure, et change la phrase en prose rimée:

Au fond du bois, à gauche, il est une vallée
Longue, étroite, à l'entour de peupliers voilée;
Loin des sentiers battus, à peine du chasseur
Connue et du berger…

Au théâtre, et surtout dans la comédie, l'enjambement permet d'appuyer un effet:

Je te perds, Une plaie ardente, envenimée,
Me ronge !… Avec effort… je respire… et je crois
Chaque fois respirer pour la dernière fois. (*André Chénier*)

DE L'HIATUS

L'hiatus, dans la poésie comme dans la prose, est le choc, sans élision possible, de deux voyelles, dont l'une finit un mot et l'autre commence le mot suivant. La prose le supporte, mais la versification française ne le tolère pas. L'e muet est la seule voyelle qui s'élide à la fin des mots. On admet cependant quelques rares exceptions : *oui ! oui !* ou *hé ! oui !* Citons encore *çà et là*, *peu à peu*, *une à une*. Le *t*, qui se trouve dans la conjonction et, ne se prononçant jamais, on ne peut se servir de cette conjonction devant une voyelle ou un *h*, muet. Ce serait un hiatus. Il faut encore éviter, autant que possible, d'employer, avant un mot commençant par une voyelle, des mots qui finissent par des syllabes telles que : *oin, on* et *en*, etc. La rencontre de ces mots raison entière, *nom ancien, soutien antique, soin utile, besoin affreux*, etc., est contraire à la bonne harmonie ; l'effet devient plus fâcheux encore lorsque la dernière syllabe du mot qui précède est la même pour le son que celle du mot qui suit : *raison honteuse, lointain incertain,* etc. Mais le défaut d'harmonie disparaît quand la dernière lettre des mots se prononce et forme ainsi une sorte d'élision, comme dans : *c'est bien à vous*, etc.

DE L'ÉLISION

Si dans le corps d'un vers la dernière syllabe d'un mot est terminée par un *e* muet, et que le mot qui suit commence par une voyelle ou par un *h* non aspiré, cette syllabe s'élide, c'est-à-dire se confond, dans la prononciation, avec la première syllabe du mot suivant :

> Foulez aux pieds la cendre *où* dort le Panthéon,
> Et le livre *où* l'orgueil épèle *en* vain son nom.

Néanmoins le pronom *le* offre toujours une élision désagréable :

> Forcez-*le* à vous défendre ou fuyez avec lui.

Il faut prononcer : Forcez-*l'à* vous défendre, etc.
L'*e* muet, dans le corps d'un vers (mais non à l'hémistiche) et précédé d'une consonne, quand le mot qui suit commence également par une consonne, forme syllabe. Mais il faut éviter l'amas de ces syllabes muettes.
Lorsque l'e muet suivi d'un s ou des lettres nt se trouve avant un mot qui commence par une voyelle ou par un *h* non aspiré, il forme syllabe comme dans la prose, et, dans ce cas, les lettres *s* et *t* se prononcent comme si elles faisaient partie du mot suivant :

> Ils vinrent-abriter leurs têtes sous cet arbre.
> Ces hommes-habitaient sous un toit protecteur.

Les mots qui ont une voyelle avant l'*e* muet final, tels que *vie, envie, patrie, vue, proie, joie, sacrée, je crée*, etc., ne peuvent entrer dans le corps d'un vers, à moins qu'ils ne soient suivis d'un mot qui commence par une voyelle avec lequel l'e final s'élide, comme dans cet exemple :

C'est Vénus tout entière à sa proie attachée. (*Racine*)

Mais si ces mots sont suivis d'un s (au pluriel ou à la deuxième personne), ils ne peuvent s'employer qu'à la fin des vers.
On tolère l'emploi, dans le corps d'un vers, des mots en oient, même monosyllabes, comme croient, soient, et celui des mots en aient.

Qu'ils soient tels que la poudre et la paille légère. (*Racine*)

DE LA DIPHTONGUE OU RÉUNION DE DEUX SONS EN UNE SEULE SYLLABE

Ia forme généralement deux syllabes, soit dans les substantifs, soit dans les verbes ; ainsi, on prononce *di-a-pré, di-a-pha-ne, di-a-mant, é-tu-di-a.* Les mots *fia-cre, dia-ble*, et un ou deux autres, forment exception ; *ia* n'y fait qu'une syllabe.
Iais est de deux syllabes dans *ni-ais*. On le fait, à volonté, d'une ou de deux syllabes dans *biais, biaiser.*
Iau est de deux syllabes, comme dans *mi-au-ler.*
Iaux est aussi dissyllabe, comme dans *pro-vin-ci-aux, im-pé-ri-aux,* etc.
Iant forme deux syllabes, comme dans *é-tu-di-ant, li-ant,* etc. Il faut excepter le mot *viande*, dont on ne fait qu'une syllabe.
Ient forme également deux syllabes, comme dans *ex-pé-di-ent, cli-ent, pa-ti-ent,* etc.
Ien, est aussi de deux syllabes, comme dans *pa-ti-en-ce, au-di-en-ce,* etc.
Ien, dans *chien, bien, mien, sien, rien, combien*, ne forme qu'une syllabe. Il en forme deux dans *li-en, gram-mai-ri-en, co-mé-di-en, mu-si-ci-en, his-to-ri-en, gar-di-en, Indien, ma-gi-ci-en*. Dans *ancien*, il est à volonté d'une ou de deux syllabes. Dans *chré-tien*, il est mono-syllabe.
Ié ou *iè*, avec l'*é* fermé ou l'*è* ouvert, n'est généralement que d'une syllabe, comme dans *fiè-vre, liè-vre, piè-ce, diè-te, moi-tié, pi-tié*, etc.
Cependant, il faut excepter les verbes en *ier* à l'infinitif, et en *ié* au participe, qui font *ie* de deux syllabes, comme *é-tu-di-er, ma-ri-er, é-tu-di-é, ma-ri-é* et quelques mots substantifs, comme dans *di-è-se.*
Ier, quoique de deux syllabes, à l'infinitif des verbes, n'en forme qu'une dans les adjectifs et les substantifs, comme dans *fier, sou-lier* ; à moins toutefois que dans les substantifs l'*i* ne se trouve précédé de l'*r* ou de *l*, comme dans *meur-tri-er, bou-cli-er, san-gli-er*, où *ier* est de deux syllabes aujourd'hui.
Hier est monosyllabe ou dissyllabe à volonté.
Ière ne forme qu'une syllabe, comme dans *lu-mière, fière, bière, pau-pière*, etc. Il faut excepter les mots dans lesquels l'*i* est précédé de l'*r* et d'une autre consonne avant l'*r*, comme dans *pri-è-re.*
Ierre est monosyllabe dans *pierre, lierre.*
Ief est monosyllabe dans *fief, re-lief* ; il est dissyllabe dans *bri-ef, gri-ef.*

Iel est monosyllabe dans *ciel, miel, fiel, mi-nis-té-riel* ; il est dissyllabe dans *es-sen-ti-el, Ga-bri-el, ma-té-ri-el, sub-stan-ti-el.*
Ielle est de deux syllabes, comme dans *ky-ri-elle.*
Iet est monosyllabe dans *miette, as-siette*. Il est de deux syllabes dans *ou-bli-ette.*
Ieu est monosyllabe, comme *pieu, es-sieu, lieu, mi-lieu. Ieux* est dissyllabe dans les adjectifs, comme *pi-eux, pré-ci-eux, o-di-eux,* etc. Il est monosyllabe partout ailleurs que dans les adjectifs, comme dans *cieux, lieux, mieux.*
Ion et *ions* sont de deux syllabes dans les substantifs, comme dans *pas-si-on, pas-si-ons, am-bi-ti-on, am-bi-ti-ons*. Mais *ions*, première personne du pluriel des verbes, ne forme généralement qu'une syllabe : *ai-mions ai-me-rions, i-rions, fe-rions*. Il faut excepter les cas où l'*r*, qui peut précéder *ions* dans les verbes, se trouve précédé lui-même d'une autre consonne, et alors on prononce *rom-pri-ons, pri-ons*. De même, pour les verbes qui ont l'infinitif en *ier*, *ions* y forme deux syllabes, comme dans *é-tu-di-ons, dé-li-ons*, etc.
Quoique dans le verbe *rire*, l'*r* de rions ne soit pas précédé d'une autre consonne, on prononce *ri-ons* en deux syllabes.
Oé, oè ou *oë* forment deux syllabes, comme dans *po-é-sie, po-è-me, po-è-te, No-é.*
Oel ne forme qu'une syllabe, comme dans *moelle, moelleux.*
Est-il besoin de dire que *oi*, qui sans le tréma ne fait qu'une syllabe, comme dans *loi, em-ploi*, etc., en forme deux dans *hé-ro-ï-que, Zo-ï-le*, etc.
Oin est toujours monosyllabe, comme dans *soin, ap-poin-te-ments*, etc.
Oué est dissyllabe, comme dans *lou-é, a-vou-é*, etc.
Ouer est de deux syllabes, comme dans *lou-er, a-vou-er,* etc.
Ouet est pareillement de deux syllabes, comme dans *jou-et*. Il faut excepter *fouet* et *fouet-ter.*
Oue sans accent sur l'*e*, ne forme qu'une syllabe dans le corps du mot, comme dans *en-joue-ment*, *je loue-rai*. L'*e* peut même s'y remplacer par l'accent circonflexe sur l'*u*. Il en est de même de *gaieté, cruement, remerciement.*
Oui, réponse affirmative, est monosyllabe. Mais *oui*, dans les verbes qui ont l'infinitif en *ouir*, forme deux syllabes, comme dans *ou-ï* (du verbe *ouïr*), *jou-i, é-blou-i,* etc.
Ouir forme deux syllabes, comme dans *ou-ïr, jou-ir,* etc.
Louis est fait à volonté d'une ou de deux syllabes. La seconde quantité est préférable.
Va est ordinairement d'une syllabe.
Duel ne forme quelquefois qu'une syllabe dans les vers.
Ui, uir, uis, et *uits*, ne forment habituellement qu'une syllabe, comme dans lui, *fuir, buis, nuit, puits, fuis, luis*, etc., et au milieu des mots comme dans *dé-duire, ai-gui-ser, cons-trui-re*, etc.
Ui et *uis*, précédés de *r*, forment deux syllabes, comme *bru-is, bru-i-re, ru-i-ne, bru-i-ne,* etc.
Ué, avec l'accent, est de deux syllabes, comme dans *su-é, tu-é,* etc.
Uer est également de deux syllabes, comme dans *at-tri-bu-er, tu-er,* etc.

DE L'INVERSION

L'inversion ou interversion, transposition des mots ou de parties de phrases, donne du mouvement au vers. Des inversions permises en vers ne le sont jamais dans la prose même la plus poétique, tel est le placement du de avec son régime devant le nom modifié.

Déjà des assassins la nombreuse cohorte.

Et bientôt dans le flanc, ce monstre furieux
Lui plonge son épée en détournant les yeux,
De peur que d'un coup d'œil cet auguste visage
Ne fit trembler son bras et glaçât son courage.

La prose aurait dit, dans le premier cas, en suivant mot à mot la construction grammaticale :

Déjà la nombreuse cohorte des assassins.

et dans le second :

Et bientôt ce monstre furieux lui plongea son épée dans le flanc en détournant les yeux, de peur que cet auguste visage ne fît trembler son bras d'un coup d'œil et ne glaçât son courage.

DES DIFFÉRENTS GENRES DE POÈMES

Plusieurs formes poétiques sont tombées dans l'oubli, comme la villanelle, le rondeau, le triolet, etc. Le sonnet, quant à lui, mérite plus d'attention. Ce petit poème de quatorze vers, dans sa perfection, vaut seul un long poème, a dit Boileau. Le sonnet, fréquent au XVIe siècle, a été remis à l'honneur au XIXe. Il se compose donc de quatorze vers, toujours de même longueur, qui doivent être partagés en deux quatrains et un sixain. Les deux quatrains doivent avoir les rimes masculines et féminines semblables, et on entremêle ces rimes de la même manière dans l'un et dans l'autre. Le sixain (ou sizain) commence par deux rimes semblables, et il a, après le troisième vers, un repos qui le coupe en deux parties qu'on appelle *tercets* (stances de trois vers). Il faut éviter, autant que possible, que le mélange des rimes, dans les quatre derniers vers du sixain, soit le même que dans les quatrains.

L'idylle, l'élégie, l'églogue, la satire, la ballade sont elles aussi tombées en désuétude. Leur genre tient uniquement au sujet traité, et non à l'arrangement de leur versification. Elles peuvent s'écrire en rimes plates ou croisées, en stances ou couplets.

Le poème épique, la tragédie, la comédie et le drame sont assujettis à des règles spéciales qui tiennent à leur contexture plus qu'à la versification, dont les deux derniers genres peuvent même se passer.

La *stance* et la *strophe* sont des assemblages de quatre, cinq, six, sept, huit ou dix vers, formant un sens plus ou moins complet. Les stances et les strophes parfaites n'enjambent pas les unes sur les autres ; elles se terminent ordinairement chacune par un sens à peu près complet, et emportant au moins le point et virgule. Dans *l'ode*, le poète peut disposer comme il lui plaît les vers de la première strophe, et y mêler les rimes à son gré, le plus souvent cependant avec une sorte de symétrie ; mais cette disposition une fois faite, toutes les autres strophes doivent se modeler sur ce type.

Un couplet de chanson est une stance ou strophe.

Le nombre des strophes de l'ode n'est pas déterminé. Elle est régulière si toutes les strophes sont de la même mesure ; irrégulière, si leur mesure est inégale.

L'*épigramme*, le *madrigal*, l'*inscription* et l'*épitaphe*, que les Anciens confondaient dans un seul genre, l'*épigramme*, sont comme une petite strophe ou stance isolée. L'esprit satirique, la galanterie, l'admiration, le deuil s'y concentrent en un seul trait final qui fait la beauté de ces petits poèmes, dont le mérite consiste en outre dans la concision et la clarté.

DICTIONNAIRE

DE RIMES

Abréviations

Adj.	Adjectif	*M.*	Masculin
Adv.	Adverbe	*Mar.*	Marine
Anat.	Anatomie (terme d')	*Monos.*	Monosyllabe.
Ant.	Antiquité (terme d')	*Myth.*	Mythologie
Arch.	Architecture	*N.*	Nom propre
Blas.	Blason (terme de)	*Part.*	Participe
Bot.	Botanique (terme de)	*Pers.*	Personne ou personnel
Chim.	Chimie	*Pl., plur.*	Pluriel
Déf.	Défini	*Pop.*	Populaire
Diss.	Dissyllabe	*Prés.*	Présent
F.	Féminin	*Prép.*	Préposition
G.	Géographie (terme de)	*Pron.*	Pronom.
Imparf.	Imparfait	*S., subst.*	Substantif
Impér.	Impératif	*Sing.*	Singulier
Indéf.	Indéfini	*Subj.*	Subjonctif
Indic.	Indicatif	*V.*	Verbe
Inf.	Infinitif	*Zool.*	Zoologie (terme de)
Litt.	Littérature		

A

A, AA et AH

A, *lettre*
a, *du v.* avoir
Aa, *g.*
ah !
brouhaha
cahin-caha
ha !
haha
Nausicaa, *myth.*
Sanaa, *g.*

AB

Achab, *n.*
Assab, *g.*
baobab
Joab, *n.*
Moab, *n.*
nabab
Pendjab, *g.*
Raab, *g.*

ABE

Arabe
astrolabe
crabe
décasyllabe
dodécasyllabe
monosyllabe
polysyllabe
Souabe, *g.*
syllabe
tétrasyllabe

ABLE

abolissable
abominable
abordable, in…
acceptable, in…
accommodable
accordable, in…
accostable, in…
accusable, in…
achetable
achevable, in…
admirable
adorable
agréable, dés…
aimable
ajournable
ajoutable
aliénable, in…
altérable, in…
amendable
amiable
amortissable
apaisable
apercevable, in…
applicable, in…
appréciable, in…
apprivoisable, in…
approuvable
arable
assaisonnable
attable, *v.*
attaquable, in…
attrapable
attribuable
avouable
baisable
bannissable
baptisable
berçable
blâmable
brisable
buvable, im…
calculable, in…
capable, in…
cassable
cédable
censurable
cernable
changeable
charitable
chérissable
chômable
combinable
commerçable
commuable
communicable, in…
commutable, in…
comparable, in…
comptable
concevable, in…
conciliable, in…
condamnable
condensable
confiscable
confortable
conjugable
connaissable
connétable subst.
conservable
considérable
consolable, in…
contestable, in…
contribuable
contrôlable, in…
convenable, in…
convertissable, in…
convocable

corvéable
coupable
critiquable
croyable, in…
cultivable
curable, in…
damnable
décevable
déchiffrable, in…
déclinable, in…
défendable, in…
définissable, in…
délectable
démontrable, in…
démontrable, in…
déplorable
déracinable, in…
désirable
destituable
détestable
développable
dilatable
discernable, in…
disconvenable
disputable, in…
dommageable
domptable, in…
durable
ébranlable, in…
écartable
échangeable
effaçable, in…
effroyable
électrisable
enviable
épousable
épouvantable
épuisable, in…
équitable
espérable, in…
estimable, in…
étable
évitable, in…
évocable
excusable, in…
exécrable
explicable, in…
exploitable
exportable
exprimable, in…
expugnable, in…
extricable, in…
faisable, in…
favorable, dé…
flottable
forgeable
formidable
fouettable
friable
gardable
gouvernable, in…
guéable
guérissable, in…
habitable, in…
haïssable
honorable
imaginable, in…
imitable, in…
immensurable
immuable
impeccable
imperturbable
implacable
importable
imposable
incommensurable
incunable
indébrouillable
indécrottable
indispensable
indissociable
indubitable
ineffable
inénarrable
inexorable
inexpiable
inextirpable
infatigable
inflammable
innombrable
insatiable
inversable
invitable
irraisonnable
irréconciliable
irréprochable
irritable
jouable
justiciable
justifiable, in…
labourable
lamentable
livrable
logeable
louable
malléable
mangeable, im…
maniable
manquable, im…
mariable
méconnaissable
mémorable, im…
méprisable
mesurable
métamorphosable
mettable, im…
minable
minéralisable
misérable
montrable
mutable
navigable, in…
négociable
niable
notable
observable, in…
ouvrable
palpable, im…
pardonnable, im…
parodiable
partageable, im…
passable
payable, im…
pendable
pénétrable, im…
perdable, im…
perforable
périssable, im…
perméable, im…
pitoyable, im…
planifiable
pliable
ployable, im…
portable
potable
praticable, im…
préalable
préférable
préjudiciable
prenable, im…
présentable, im…
prisable
probable, im…
profitable
proposable
punissable
rachetable, ir…
raisonnable, dé…
rançonnable
rapportable
rasable
recevable, ir…
recommandable
reconnaissable
recouvrable, ir…
récusable, ir…
redevable
redoutable
réformable, ir…
refusable
regrettable
rejetable
relégable
remarquable
remédiable, ir…
réparable, ir…

respectable
respirable, ir…
responsable, ir…
restituable
retable
révocable, ir…
rossable
saisissable, in…
sanctifiable
sautable
sécable, in…
secourable
semblable, in…
séparable, in…
serviable
sociable, in…
solvable, in…
sondable, in…
sortable, in…
soudable
souhaitable
soupçonnable
soutenable, in…
stable, in…
supportable, in…
supportable, in…
supposable
surmontable, in…
table
taillable
tarissable, in…
tenable
terminable, in…
testable, in…
tolérable, in…
tonsurable
traitable, in…
transformable
transmuable
transpirable
transplantable
transportable
triturable
trouvable, in…
tuable
valable
variable, in…
végétable
vendable, in…
vénérable
véritable
vexable
viable
violable, in…
visitable
vitrifiable
vocable, s. m.
voiturable
vraisemblable, in…
vulnérable, in…

ABLE long

affable
accable, *v*
câble
diable
ensable, *v*
érable
fable
gable
râble
sable *subst.* et *v.*

ABRE

cabre, *v.*
Calabre, *g.*
candélabre
Cantabre, *g.*
cinabre
délabre, *v*
glabre
sabre

AC, ACH, AK et AG

ammoniac
Armagnac, *g. n.*
Aurillac, *g.*
bac
Balzac, *n.*
Bellac, *g.*
bivouac
Carnac, *g.*
clac
Cognac, *g. n.*
Condillac, *n.*
cornac
crac
crack
cric-crac
cul-de-sac
flic-flac
frac
hamac
havresac
Irak, *g.*
Isaac *n.*
Jarnac, *g*
kayak
lac
Mauriac, *g.* et *n.*
mic-mac
Moissac, *g.*
Ravaillac, *n.*
ressac
sac
tac au tac
tic-tac
tillac
Tolbiac, *g.*
trac
tric-trac
yak

ACE et ASSE bref

agace, *v.*
Alsace, *g.*
amasse, *v.*
audace
bécasse
besace
bonace
Boniface, *n.*
brasse
brasse, *v.*
brise-glace
cadenasse, *v.*
calebasse
carapace
carcasse
casse
chasse
chiasse
coasse, *v.*
cocasse
contrefasse
contumace
coriace
crasse
crasse
crevasse
croasse, *v.*
cuirasse
cuirasse, *v.*
culasse
Dace, *g.*
débarrasse, *v.*
décrasse, *v.*
dédicace
défasse, *v.*
délace, *v.*
déplace, *v.*
désenlace, *v.*
efficace, in…
embarrasse, *v.*
embrasse, *v.*
encrasse, *v*
enlace, *v.*
entrelace, *v.*
face
fasce

fasse, *v.*
filasse
finasse, *v.*
fouace
fracasse, *v.*
fugace
garde-chasse
glace
grimace
Halicarnasse, *g.*
harasse, v.
hommasse
Horace, *n.*
Ignace, *n.*
lace, *v.*
Laplace, *n.*
lasse, *adj. f.*
liasse
limace
Lovelace, *n*
masse
masse, *v.*
matelasse, *v.*
mélasse
menace
menace, *v.*
mollasse
nasse
paillasse
pancrace
paperasse
paperasse
Parnasse, *g.*
pinasse
place, *subst.* et *v.*
populace
postface
potasse
pourchasse, *v.*
préface
race
ramasse
ramasse, *v.*
rapace
refasse, *v.*
remplace, *v.*
replace, *v.*
rêvasse, *v.*
rosace
sagace
Samothrace, *g.*
satisfasse, *v.*
surface
surfasse, *v.*
tenace
terrasse, *s.* et *v.*
tétasse
Thrace, *g.*
tignasse
tracasse, *v.*
trace
retrace., *v.*
verglace, *v.*
vivace
volte-face
vorace

ĀCE, ĀSSE long

amasse *v.*
basse
casse
châsse
classe
contre-basse
délasse, *v.*
dépasse, *v.*
disgrâce
échasse
enchâsse, *v.*
entasse, *v.*
espace
grâce
grasse
impasse
lasse, *v.*
main-basse
passe
passe-passe
prélasse, *v.*
ramasse, *v.*
repasse, *v.*
ressasse, *v.*
sasse, *v.*
surpasse, *v.*
tasse
trépasse, *v.*

Ajoutez les imparfaits du subjonctif en asse : que j'aimasse, que j'appelasse.

ACHE bref

ache
amourache, *v.*
arrache, *v.*
attache
attache, *v.*
bourrache
bravache
cache
cache, *v.*
cache-cache
crache, *v.*
cravache
détache, *v.*
Eustache, *n.*
gouache
grenache
H, *lettre.*
hache
harnache, *v.*
moustache
panache, *n.* et *v.*
patache
pistache
rattache, *v.*
recrache, *v.*
sache, *v. subj.*
tache
vache

ĀCHE long

bâche
bâche, *v.*
fâche, *v.*
gâche
lâche
mâche
rabâche, *v.*
relâche
remâche, *v.*
tâche

ACHME, voir AGME

ACLE

bâcle, *v.*
débâcle
habitacle
miracle
obstacle
oracle
pinacle
racle, *v.*
réceptacle
renâcle, *v.*
spectacle
tabernacle

ACS, voir AX

ĀCRE

Acre, *g.*
acre, *adj.*
archidiacre
consacre, *v.*
diacre
fiacre
massacre
nacre
sacre
simulacre

ACT, ACHT

contact
compact, *subt.*
exact
inexact
intact
tact

ACTE

acte
cataracte
compacte, *adj.*
contracte, *v.*
entracte
exacte, *adj. f.*
inexacte
intacte
pacte
rétracte, *v.*

AD

Allahabad, *g.*
Bagdad, *g.*
Carlsbad, *g.*
Conrad, *n.*
Gad, *n.*
Galaad, *g.*
Joad, n.
Neustadt, *g.*
Rastadt, *g.*
Trinidad, *g.*

ADE

accolade
aillade
alcade
Alcibiade, *n.*
algarade
alidade
ambassade
annonciade
arcade
arlequinade
arquebusade
aubade
Bade, *g.*
ballade
balustrade
barricade
barricade, *v.*
bastonnade
Belgrade, *g.*
bigarade
bourgade
bourrade
boutade
brandade
bravade
brigade
camarade
canonnade
cantonade
capilotade
carbonade
cascade
cassonade
cavalcade
centigrade
chamade
charade
Cyclade, *g.*
débandade
décade
dégrade, *v.*
Désirade (la), *g.*
dissuade, v.
dorade
dragonnade
dryade
échappade
embrassade
embuscade
enfilade
escalade
escalade
escapade
escouade
esplanade
estacade
estafilade
estocade
estrade
estrapade
évade, *v.*
façade
fade
fanfaronnade
foucade
fusillade
galopade
gambade
gambade, *v.*
glissade
grade
grenade
grillade
Iliade, litt.
incartade
jade
jérémiade
Leucade, *g.*
limonade
malade
marinade
marmelade
mascarade
maussade
Ménade, *myth.*
mitraillade
muscade
myriade
nomade
œillade
orangeade
oréade, *myth.*
palissade
panade
pantalonnade
parade
pariade
pasquinade
passade
pelade
persuade, *v.*
pétarade
peuplade
pintade
pléiade
poivrade
pommade
promenade
Pylade, *n.*
rade
rasade
rasade
rebuffade
régalade
rétrograde
rodomontade

roulade
ruade
saccade
saccade, *v.*
salade
satinade
Schéhérazade, *n.*
sérénade
stade
taillade
Tibériade, *g.*
tirade

ADRE

cadre
encadre, *v.*
escadre
ladre

AÉ

Aglaé, *myth.*
Pasiphaé, *myth.*
Danaé, *myth.*

AEL, voir EL

AF, AFF et APH

paf !
Falstaff, *n.*

AFE, APHE

agrafe
agrafe
autographe
biographe
calligraphe
carafe
cartographe
cénotaphe
chorégraphe
chronographe
dégrafe, *v.*
épitaphe
gaffe
géographe
girafe
hagiographe
historiographe
holographe
iconographe
lexicographe
lithographe
orthographe
paragraphe
paraphe
piaffe, *v.*
polygraphe
sténographe
tachygraphe
télégraphe
topographe
typographe

AFLE

érafle, *v.*
rafle

AGE

abattage
abordage
accastillage
accommodage
adage
affinage
affûtage
âge
agiotage
ajustage
alliage
amarrage
ancrage
anthropophage
apanage
apanage
apprentissage
arbitrage
aréopage
arpentage
arrimage
arrivage
arrosage
assemblage
attelage
avantage
bachotage
bâclage
badinage
bagage
bailliage
bailliage
balayage
ballottage
bandage
baragouinage
barbouillage
barguignage
bariolage
barrage
bastingage
batelage
batifolage
battage
bavardage
béguinage
binage
blanchissage
blindage
blocage
bocage
boisage
bordage
bornage
branchage
breuvage
brigandage
briquetage
brunissage
cabotage
cabotinage
cage
cahotage
cailloutage
calfeutrage
cannage
caquetage
carénage
carnage
carrelage
Carthage, g.
cartilage
charriage
chauffage
chaulage
chaumage
chevillage
chômage
cirage
clichage
cloisonnage
cocuage
collage
colombage
colportage
concubinage
contre-gage
coquillage

cordage
corsage
cottage
coulage
courage
courtage
cousinage
crayonnage
crénelage
cuissage
curage
cuvelage
davantage
débardage
décourage, *v.*
dédommage, *v.*
dégage, *v.*
démarrage
démâtage
déménage, *v.*
départage, *v.*
dépucelage
désavantage
désemballage
détalage
dévisage, *v.*
dommage, *subst.*
doublage
échafaudage
échevinage
éclairage
effleurage
élagage
emballage
embauchage
emménage, *v.*
empaquetage
encollage
encourage, *v.*
encrage
endommage, *v.*
enfantillage
engage
engrenage
enrage, *v.*
entoilage
entomophage
entourage
envisage, v.
équarrissage
équipage
ermitage
esclavage
espionnage
essayage
étage
étalage
étamage
étendage
fagotage
faîtage
fauchage
fenêtrage
fermage
feuillage
forage
fossoyage
foulage
fourrage
fourrage, *v.*
fromage
gage
galvaudage
gaspillage
glanage
graissage
grappillage
gribouillage
griffonnage
grillage
guindage
habillage
halage
herbage
héritage
hommage
image
jardinage
jaugeage
labourage
lainage
laitage
lambrissage
laminage
langage
lavage
lestage
libertinage
lignage
louage
mage
manage
maquignonnage
marécage
mariage
marivaudage
martelage
matelotage
ménage
message
minage
mirage
montage
mort-gage
mouillage
moulage
mucilage
nage
naufrage
naufrage, *v.*
non-usage
nuage
œsophage
ombrage
orage
otage
outrage
outrage
ouvrage
pacage
page, *m.*
page, *f.*
paquetage
parage
parcage
partage
passage
patronage
pâturage
pavage
paysage
péage
pelage
pèlerinage
persiflage
personnage
pétrissage
pillage
pilotage
placage
plage
plantage
plâtrage
pliage
plumage
pointage
portage
potage
présage
pressage
propage, *v.*
pucelage
rabâchage
raccommodage
racolage
radotage
raffinage
rage
ramage
ravage
ravaudage
réchauffage
remariage
remplissage
remue-ménage
reportage
rigolage
rivage
rouage
roulage

saccage
sage
salage
sarcophage
Sassenage, *g.*
sauvage
savonnage
saxifrage
scatophage
sciage
sevrage
sillage
soufflage
soulage, *v.*
stage
suffrage
surnage, *v.*
Tage, *g.*
taillage
talonnage
tangage
tannage
tapage
tatouage
taurophage
témoignage
tirage
tonnage
tordage
treillage
triage
tricotage
tripotage
usage
vagabondage
verbiage
veuvage
village
visage
vitrage
voisinage
volage
voyage
zoophage

AGME et ACHME

diaphragme
tétradrachme
drachme

AGNE

accompagne, *v.*
Allemagne, *g.*
bagne
Bretagne, *g.*
campagne
Charlemagne, *n.*
cocagne
compagne
Espagne, *g.*
gagne, *v.*
Limagne, *g.*
montagne
pagne
regagne, *v.*

AGRE

podagre
pellagre
Méléagre, *myth.*
onagre

AGUE

bague
Copenhague, *g.*
dague
divague, *v.*
drague, *v.*
élague, *v.*
madrague
Prague, *g.*
vague

AI, AY, EI et EY terminaisons monosyllabes

Annonay, *g.*
attorney
bai
balai
Barclay, n.
Belley, g.
Beverley. *n.*
bey
Bombay, *g.*
Bugey, *g.*
Cambrai, *g.*
Catay, *g.*
Courtrai, *g.*
déblai
délai
dey
Douai, *g.*
Epernay, *g.*
Epinay, *g.*
essai
étai
Fontenay, *g.*
gai
geai
Guernesey, *g.*
Jersey, *g.*
lai
minerai
Paraguay, *g.*
Parthenay, *g.*
quai
remblai
Tokai, *g.*
Tournai, *g.*
Uruguay, *g.*
Velay, *g.*
virelai
Vrai

Ajoutez la première personne de l'imparfait du premier groupe : *tombai, marquai, bordai, changeai, allai, fumai, donnai, palpai, trouvai,* etc. Plus, pour la rime en *rai*, la première personne de tous les futurs : *aimerai, irai, ferai*, etc.

AIDE

aide
plaide, *v.*
raide
replaide, *v.*

Joignez-y les mots terminés en *ède*, comme *remède, cède,* etc.

AIE, terminaison féminine avec i non mouillé.

aunaie
baie
cerisaie
châtaigneraie
chênaie
coudraie
craie
effraie
frênaie
futaie
gaie
haie

maie
monnaie
orfraie
oseraie
pagaie
paie
plaie
pommeraie
raie
ronceraie
sagaie
saie
saussaie
taie
tremblaie
vraie

Ajoutez-y la première et la troisième personne du présent de l'indicatif et du subjonctif et la deuxième et la troisième de l'impératif des verbes en *ayer*: *j'essaie, qu'il paie, qu'il bégaie.* Joignez-y encore la première personne du subjonctif du verbe *avoir, que j'aie* — Les secondes personnes en *aies* riment avec les pluriels des noms en *aie*.

AIGRE et EGRE

aigre
maigre
vinaigre
allègre
nègre

AIL

ail
attirail
bail
bercail
bétail
caravansérail
corail
détail
émail
épouvantail
éventail
gouvernail
mail
poitrail
portail
rail
sérail
soupirail
travail
vantail
ventail
vitrail

AILLE avec i mouillé

aille, *v.*
antiquaille
baille
bataille
braille, *v.*
caille
canaille
carcaille, *v.*
chamaille, *v.*
cisaille, *v.*
courte-paille
débraille, *v.*
défaille, *v.*
déraille, *v.*
détaille, *v.*
écaille
émaille, *v.*
empaille, *v.*
encanaille, *v.*
entaille, *n.* et *v.*
éraille, *v.*
faille
faille
faille, *v.*
ferraille
fouaille
futaille
grenaille
grenaille
grisaille
limaille
maille
mangeaille
marmaille
médaille
mitraille
muraille
paille
piaille, *v.*
pierraille
racaille
raille, *v.*
ravitaille, *v.*
retaille, *n.* et *v.*
rimaille
rimaille, *v.*
ripaille
ripaille, *v.*
rocaille
tenaille
tenaille, *v.*
tiraille, *v.*
travaille, *v.*
tressaille, *v.*
trouvaille
vaille, *v*
valetaille
volaille

AILLES

accordailles
broussailles
cisailles
entrailles
épousailles
fiançailles
funérailles
ouailles
relevailles
représailles
tenailles
Versailles, *g.*

Ajoutez-y le pluriel des noms en aille et les 2e pers. du singulier des temps des verbes en *aille*.

AILS

attirails
bercails
camails
caravansérails
dails
détails
épouvantails
éventails
gouvernails
mails
poitrails
portails
rails
sérails
tramails
travails

AIME, voir EME

AIN, AIM, AING, EN, EIN, EING

Achéen
Africain
Ain, *g.*
airain
Américain
Amorrhéen
après-demain
aquitain
Armoricain
arrière-main
Asmonéen
avant-main
bain
baisemain
bonne-main
boute-en-train
cache-main
certain
Chaldéen
chanfrein
chapelain
châtain
châtelain
contemporain
convainc, *v.*
coupe-faim
daim
dédain
demain
Denain, *g.*
dessein
diocésain
dizain
dominicain
écrivain
élyséen
entrain
essaim
étain
Européen
faim
forain
franciscain
frein
fusain
gagne-pain
gain
Galiléen
germain
Gomorrhéen
grain
hautain
herculéen
huitain
humain
Iduméen
incertain
inhumain
Jourdain, g.
lendemain
levain
lointain
Lorrain
Louvain, *g.*
main
Main, Mein, *g.*
malsain
manichéen
massepain
métropolitain
meurt-de-faim
Mexicain
mondain
nain
napolitain
pain
parpaing
parrain
Phocéen
plain
plein
poulain
prochain
publicain
puritain
quatrain
refrain
regain
rein
républicain
riverain
Romain
sacristain
saducéen
sain
samaritain
sein
seing
serein
sixain
soudain
souterrain
souverain
surhumain
surlendemain
suzerain
sylvain
tain
terrain
terre-plein
Toulousain
ultramontain
Urbain, n.
vain
vainc, *v.*
Vendéen
vilain
Vulcain, *myth.*

Ajoutez-y les mots en *in*, avec lesquels les précédents riment *bien*, surtout quand la consonance est appuyée par la lettre précédente semblable.

AINCRE

convaincre, *v.*
vaincre, *v.*

AINDRE et EINDRE, voir INDRE

AINE, EINE et ENE

aborigène
Africaine
aine
Aisne, *g.*
alène
aliène
amène, v.
Américaine
Aquitaine, *g.*
arène
Armoricaine
Arsène, *n.*
assène, *v.*
aubaine
avant-scène
baleine
bedaine
bourdaine
calembredaine
capitaine
carène
Carthagène, *g.*
catéchumène
cène
centaine
certaine
chaîne
châtelaine

chêne
Chimène, *n.*
cinquantaine
contemporaine
croquemitaine
daine
déchaîne, *v.*
dégaine
dégaine, *v.*
démène, *v.*
Demosthène, *n.*
diocésaine
Diogène, *n.*
dizaine
domaine
douzaine
ébène, *subst.*
égrène, *v*
emmène, *v.*
enchaîne, *v.*
énergumène
engrène, *v.*
entraîne, *v.*
épicène
fontaine
foraine
fredaine
gaine
galène
gangrène
gangrène, *v.*
gène
gêne
Gênes, *g.*
germaine
glène
graine
graine, *v.*
haine
haleine
hautaine
Hélène, n.
hellène
hétérogène
homogène
huitaine
humaine
hydrogène
hyène
hygiène
incertaine
inhumaine
Irène, *n.*
La Fontaine, *n.*
laine
lointaine
Lorraine, *g.*
Madeleine, *n.*
Maine, *g.*
malmène, *v.*
malsaine
marjolaine
marraine
mécène
métropolitaine
Mexicaine
migraine
misaine
mitaine
mondaine
moraine
morigène, *v.*
murène
naine
napolitaine
neuvaine
obscène
œstrogène
oxygène
peine
pêne
phalène
phénomène
plaine
pleine, *adj. f.*
porcelaine
prétentaine
prochaine
promène, *v.*
puritaine
pyroxène
quarantaine
quinzaine
ramène, *v.*
rassérène, *v.*
refrène, *v.*
reine
rêne
rengaine, *v.*
républicaine
riveraine
romaine
saine
Samaritaine
scène
Seine, *g.*
semaine
sereine
Silène, *n.*
sirène
soixantaine
souterraine
souveraine
surmène, *v.*
tire-laine
tirelaine
Toulousaine
Touraine, *g.*
traine
traîne, *v.*
trentaine
troène.
tungstène
Ukraine, *g.*
ultramontaine
vaine
veine
verveine
vilaine, *adj. f.*
Vilaine, *g.*
vingtaine

AINS et EINS

Bains, *g.*
reins (les)

Joignez les pluriels des noms en ain et ein et les 1re et 2e pers. du prés. de l'ind. et de l'imp. des verbes en *aindre* et *eindre*.

AINT et EINT

astreint
atteint
ceint
complaint
dépeint
peint
plaint
repeint
restreint
saint
teint
Toussaint (la)

Ajouter le participe passé des verbes en aindre et eindre comme *craint, enfreint,* etc., plus la 3e pers. sing. du présent de l'indicatif des mêmes verbes ; et les rimes en *int*.

AINTE et EINTE

atteinte, *s. f.*
complainte
contrainte
étreinte
feinte
mainte, adj. f.
plainte
empreinte, *sub.*
enceinte
crainte
restreinte
sainte
teinte
demi-teinte

Plus le féminin des adj. et participes en aint et eint. Voir aussi les rimes en inte.

AIR, monosyllabe

air
clair
éclair
flair
impair
pair
vair

Les terminaisons en *er* ou *r* qui se prononcent (*hiver*) peuvent rimer avec celles-ci, surtout quand la consonne d'appui est la même, et particulièrement au pluriel : *les airs, les mers*. Mais les mots en air ne riment pas avec ceux en *er* prononcé *é* (*léger*).

AÏR, dissyllabe, voir IR

AIRE

abécédaire
abstraire, *v.*
actionnaire
adjudicataire
adversaire
affaire
agraire
aire
alvéolaire
ancillaire
angulaire
anniversaire
annuaire
annulaire
antiquaire
Apollinaire, *n.*
apothicaire
araire
arbitraire
articulaire
atrabilaire
auriculaire
auxiliaire
axillaire
Beaucaire, *g*
Bélisaire, n.
bénéficiaire
bestiaire
bibliothécaire
biliaire
biloculaire
binaire
binoculaire
braire, *v.*
bréviaire
brumaire
Caire (Le), *g.*
calendaire
calvaire
caniculaire
capillaire
capitulaire
cartulaire
célibataire
censitaire
centenaire
cessionnaire
chaire
cinéraire
circulaire
claire, *adj. f.*
Claire, *n.*
Clotaire, *n.*
colégataire
commanditaire
commendataire
commentaire
commissaire
complaire, *v.*
complémentaire
concessionnaire
concussionnaire
consignataire
consulaire
contraire
contrefaire, *v.*
convulsionnaire
corollaire
coronaire
corpusculaire
corsaire
crépusculaire
culinaire
débonnaire
défaire, *v.*
démissionnaire
dentaire
déplaire, *v.*
dépositaire
diamantaire
dictionnaire
dignitaire
disciplinaire
dispensaire
distraire, *v.*
doctrinaire
domiciliaire
domiciliaire
donataire
douaire
dromadaire
éclaire, *v.*
élémentaire
émissaire
épistolaire
éventaire
exemplaire
expéditionnaire
extraire, *v.*
extrajudiciaire
extraordinaire
factionnaire
faire, *v.*
faussaire
feudataire
fiduciaire
flaire, *v.*
folliculaire
fonctionnaire
forfaire, *v.*
formulaire
fractionnaire
frimaire
funéraire
funiculaire
glaire
glaire, *v.*
globulaire
glossaire
grabataire

grammaire
haire
hebdomadaire
héréditaire
herniaire
honoraire
horaire
hypothécaire
imaginaire
impaire
incendiaire
insulaire
intercalaire
intermédiaire
janissaire
jubilaire
judiciaire
jugulaire
lactaire
lampadaire
lapidaire
légataire
légendaire
légionnaire
lenticulaire
libraire
liminaire
linéaire
linéaire
littéraire
locataire
lombaire
Lothaire, *n.*
luminaire
lunaire
Macaire, *n.*
maire
mammaire
mandataire
matricaire, *bot.*
maxillaire
médicamentaire
médullaire
méfaire, *v.*
mercenaire
miliaire
militaire
millénaire
missionnaire
molaire
monétaire
mortuaire
mousquetaire
moustiquaire
musculaire
nécessaire
nobiliaire
nonagénaire
notaire
numéraire
octogénaire
octogénaire
oculaire
orbiculaire
orbitaire
ordinaire
originaire
ovaire
paire
papillaire
parfaire, *v.*
pariétaire
parlementaire
partenaire
patibulaire
pécuniaire
pédiculaire
pénitentiaire
pensionnaire
perpendiculaire
pessaire
pétitionnaire
plagiaire
plaire, *v.*
planétaire
plantaire
plénipotentiaire
poitrinaire
polaire
populaire
précaire
préliminaire
primaire
prolétaire
propriétaire
pulmonaire
quadragénaire
quadrangulaire
quaternaire
questionnaire
quinquagénaire
raire, *v.*
récipiendaire
rectangulaire
refaire, *v.*
référendaire
réfractaire
réglementaire
religionnaire
reliquaire
repaire
rétiaire
réticulaire
révolutionnaire
ripuaire
rosaire
sacramentaire
sagittaire
salaire
salivaire
salutaire
sanctuaire
sanguinaire
sanitaire
saponaire
satisfaire, *v.*
savoir-faire
scapulaire
scissionnaire
secondaire
secrétaire
sectaire
séculaire
sédentaire
séminaire
septuagénaire
serpentaire
sexagénaire
sicaire
signataire
similaire
solaire
solidaire
solitaire
sommaire
somptuaire
soustraire, *v.*
spéculaire
stationnaire
statuaire
suaire
subsidiaire
supplémentaire
surfaire, *v.*
surnuméraire
syllabaire
taire, *v.*
téméraire
temporaire
ternaire
tertiaire
testamentaire
thuriféraire
titulaire
tortionnaire
traire, *v.*
triangulaire
tributaire
trinitaire
tutélaire
ubiquitaire
unitaire
universitaire
urinaire
usuraire
valétudinaire
valvulaire
vasculaire
vendémiaire
vermiculaire

vésiculaire
vestiaire
vétérinaire
vicaire
visionnaire
vocabulaire
volontaire
Voltaire, *n.*
vulgaire
vulnéraire

Ajoutez à chaque catégorie les mots en *bère, dère*, etc., qui riment bien avec ceux-ci, voir. ERE.

AÏS (prononcez a-ice)

Anaïs, *n.*
Laïs, *n.*
maïs
Ptolémaïs, *g.*
Thaïs, *n.*

AIS et AIX

Albanais
abstrais, *v.*
ais, s. m.
Albanais
Anglais
apparais, *v.*
attraits, pl.
Avignonnais
Beaujolais g.
Beaumarchais, *n.*
Beauvais, *g.*
Bordelais
Boulonnais
Bourbonnais, *g.*
brais, *v.*
Calais, *g.*
connais, *v.*
dadais
dais
défais, *v.*
désormais
disparais, *v.*
distrais, *v.*
Écossais
engrais
épais
extrais, *v.*
fais, *v.*
faits, *pl.*
faix
faux-frais
Finlandais
frais
Français
Gâtinais, *g.*
Gervais, *n.*
Groënlandais
hais, *v.*
harnais
Hollandais
Irlandais
Islandais
jais
jamais
Japonais
Javanais
Langeais, *g.*
laquais
Lauragais, *n.*
liais, *v.*
Lyonnais
mais
Malais
Maltais
marais
Marseillais
mauvais
méconnais, *v.*
Milanais
Morlaix, *g.*
nais, v.
Nantais
Néerlandais
niais
Nivernais
ouais
paix
palais
panais
parais, *v.*
parfaits
Piémontais
Polonais
portais, *v.*
portefaix
Portugais
rabais
Rabelais, *n.*
rais
reconnais, *v.*
relais
reparais, *v.*
retrais, *v.*
sais, *v.*
soustrais, *v.*
tais, *v.*
vais, *v.*
Versaillais
Vivarais, *g.*

Ajoutez à chaque catégorie la 1re et la 2e personne de l'imparfait de l'indicatif des verbes : *dérobais, cherchais, défendais, étouffais, larguais, chargeais, liais, allais, brillais, aimais, prenais, jouais, échappais, tirais, effaçais, étais, savais.* Ajoutez-y encore le pluriel des noms en *ès* (prononcez *è*). *Voir* les mots en *bès, cès, dès*, à la terminaison ÈS.

AISE, AIZE, EISE, EIZE, ESE, EZE

aise
alaise
Albanaise
alèse
alèse, *v.*
alèze
Anglaise
antithèse
apaise, *v.*
Avignonnaise
baise, *v.*
biaise, *v.*
Blaise, *n.*
Bordelais
Borghèse, *n.*
Bourbonnaise
braise
chaise
cimaise
complaise, *v.*
Corrèze, *g.*
déniaise, *v.*
déplaise, *v.*
dièse
Dijonnaise
diocèse
diurèse
Écossaise
empèse, *v.*
Éphèse
fadaise
falaise
Falaise, g.
Finlandaise

fournaise
fraise
Française
genèse
glaise
Groenlandaise
Hollandaise
hypothèse
Irlandaise
Islandaise
Javanaise
Lachaise, *n.*
lèse
lèse, *v.*
Lyonnaise
malaise
manganèse
Marseillaise
mauvaise
mayonnaise
mélèse
Milanaise
mortaise
Nantaise
Néerlandaise
niaise
niaise, *v.*
Nicaise, *n.*
Orléanaise
parenthèse
Péloponèse, *g.*
pèse, *v.*
plaise, *v.*
Polonaise
Portugaise
prothèse
punaise
seize
soupèse, *v.*
synthèse
taise, *v.*
Thérèse, *n.*
thèse
trapèze
treize
Véronaise
Véronèse, *n.*
Versaillaise

AISSE, ESSE, ECE

abaisse
abaisse, *v.*
abbesse
affaisse, *v.*
apparaisse, *v.*
baisse
caisse
cesse
comparaisse, *v.*
compresse
confesse
confesse, *v.*
connaisse, *v.*
décaisse, *v.*
déesse
dégraisse, *v.*
délaisse, *v.*
dépèce, *v.*
disparaisse, *v.*
emporte-pièce
empresse, *v.*
encaisse, *v.*
engraisse, *v.*
épaisse, *adj.*
est-ce ?
fèce
graisse
Grèce, *g.*
laisse
Lucrèce, *n.*
Lutèce, *g.*
méconnaisse, *v.*
naisse, *v.*
nièce
oppresse, *v.*
paraisse, *v.*
pièce
presse
professe
professe, *v.*
qu'est-ce ?
rabaisse, *v.*
rapièce, *v.*
reconnaisse, *v.*
renaisse, v.
rencaisse, *v.*
repaisse, *v.*
reparaisse, *v.*

AIT et AID

abstrait
apparaît, *v.*
attrait
bienfait
brait, v.
complaît, *v.*
contrefait
défait
déplaît, *v.*
disparaît, *v.*
distrait
extrait
fait
forfait
imparfait
laid
lait
méfait
naît, *v.*
paraît, *v.*
parfait
plaît, *v.*
plus-que-parfait
portrait
refait
renaît, *v.*
repaît, *v.*
reparaît, *v.*
retrait
souhait
stupéfait
surfait
trait

Joignez-y la 3e pers. sing. des imparfaits de l'indicatif : *aimait, finissait,* etc. ; la rime n'est riche entre de pareilles consonances que quand elle est soutenue par la lettre d'appui. Les 3es pers. sing. du conditionnel riment en *rait*. On peut le dire aussi des pluriels en AIENT et RAIENT qui forment entre eux des rimes masculines. Voir encore les rimes en ET, dont les terminaisons les plus longues, *secret, concret*, riment avec celles-ci, surtout avec la lettre d'appui et au pluriel.

AITE

défaite
faite
faîte
retraite
traite

Ajoutez-y le féminin des participes en *ait*. Voyez aussi les désinences en *ète* et *ette* bref qui riment bien avec celle-ci. La rime en *ête* long : *conquête, fête,* riment bien avec *faîte*.

AITRE

apparaître, *v.*
comparaître, *v.*
connaître, *v.*
disparaître, *v.*
maître
méconnaître, *v.*
naître, *v.*
paître, *v.*
paraître, *v.*
reconnaître, *v.*
reître
renaître, *v.*
repaître, *v.*
reparaître, *v.*
traître

Tous ces mots riment avec ceux qui sont terminés en ÊTRE long.

AIX, voir AIS ou EX

AIZE, voir AISE

AL

abbatial
adverbial
amical
amiral
anal
animal
annal
Annibal, *n.*
anormal
anormal
Aral, g.
arbitral
armorial
arsenal
arsenical
astral
augural
austral
automnal
aval
Baal, *myth.*
bal
banal
bancal
baptismal
bestial
biennal
bilatéral
bocal
boréal
brachial
brutal
buccal
cadastral
cal
canal
Cantal, *g.*
capital
caporal
cardinal
carnaval
causal
centésimal
central
cérébral
cérémonial
cervical
chacal
chenal
cheval
chirurgical
claustral
clérical
collatéral
collégial
colonial
colossal
commensal
confessionnal
conjectural
conjugal
contre-amiral
cordial
corporal
cortical
costal
cristal
crucial
cubital
cycloïdal
décennal
décimal
déloyal
dental
départemental
diagonal
diamétral
dictatorial
directorial
diurnal
doctoral
doctrinal
domanial
dorsal
dotal
ducal
duodécimal
Durandal, *n.*
égal
électoral
Épinal, *g.*
épiscopal
équinoxial
Escurial
estival
étal
expérimental
facial
fanal
fatal
féal
féodal
filial
final
fiscal
floréal
fondamental
frontal
frugal
général
génital
glacial
grammatical
grand-ducal
guttural
haut-mal
hémorroïdal
hivernal
hôpital
horizontal

humoral
idéal
illégal
immémorial
impartial
impérial
inégal
infernal
infinitésimal
inguinal
initial
inquisitorial
instrumental
intégral
intercostal
intestinal
journal
jovial
Juvénal, *n.*
labial
lacrymal
latéral
Laval, *g.*
légal
libéral
linéal
lingual
littéral
littoral
local
longitudinal
loyal
lustral
machinal
madrigal
magistral
mal
maréchal
marginal
marital
martial
Martial, *n.*
matinal
matrimonial

matutinal
médical
médicinal
mémorial
mental
méridional
métal
minéral
mistral
monacal
monial
moral, im…
municipal
mural
musical
narval
nasal
natal
national
naval
nominal
normal
nuptial
occidental
officinal
ombilical
oral
ordinal
oriental
original
orthogonal
Oural, *g.*
pal
papal
paradoxal
pariétal
paroissial
partial
pascal, *adj.*
Pascal, *n.*
pastoral
patriarcal
patrimonial
patronal

pectoral
pénal
piédestal
pluvial
pontifical
Port-Royal, *g.*
Portugal, *g.*
prairial
préceptoral
primordial
principal
procès-verbal
professoral
pronominal
Provençal
proverbial
provincial
pyramidal
quadragésimal
quadriennal
quinquennal
quintal
Quirinal, *g.*
racinal
radial
radical
réal
rectoral
régal
rénal
rhumatismal
rival
royal
rural
sacerdotal
sacramental
santal
seigneurial
sénatorial
sénéchal
Sénégal, *g.*
sentimental
septennal
septentrional

sépulcral
Sétubal, *g.*
sidéral
signal
social
spécial
spinal
spiral
stomacal
syndical
temporal
terminal
territorial
théâtral
théologal
thermal
total
transcendantal
transversal
tribunal
triennal
trilatéral
triomphal
trivial
unilatéral
Upsal, *g.*
urinal
vaginal
val
vassal
végétal
vénal
verbal
vertébral
vertical
vice-amiral
vicennal
vicinal
virginal
viscéral
vital
vocal
zodiacal

ALE et ALLE brefs

acéphale
amygdale
anale
annale
astragale
avale, *v.*
bacchanale
balle
balle
Bengale, *g.*
boréale
brimballe
buccale
Bucéphale, *n.*
cabale
cabale
cale
Cancale, *g.*
cannibale
capitale
cardinale
cathédrale
caudale
cavale
centrale
cervicale
cigale
colossale
conjecturale
conjugale
crotale
cymbale
cynocéphale
dalle
déballe, *v.*
décennale
dédale
dentale
diagonale
digitale, *bot.*
discale
dominicale
écale
égale
emballe, *v.*
encéphale
équinoxiale
escale
estivale
étale
étale, *v.*
exhale, *v.*
expérimentale
fécale
filiale
finale
fluviale
fringale
gale
galle
générale
génitale
glaciale
grammaticale
gutturale
halle
Héliogabale, *n.*
hémorroïdale
hydrocéphale
impériale
initiale
installe, *v.*
instrumentale
intervalle
lacrymale
Lamballe, *g.*
linéale
lustrale
macrocéphale
malle
martiale
martingale
mercuriale
modale
morale
murale
navale
normale
numérale
nuptiale
ombilicale
opale
ovale
pale
paroissiale
pastorale
pédale
percale
pétale
philosophale
pinéale
pluviale
puerpérale
pyramidale
rafale
réale
régale
régale, *v.*
sale
salle
sandale
Sardanapale, *n.*
scandale
sépulcrale
signale, *v.*
spéciale
spirale
stalle
succursale
talle
Tantale, n.
théologale
timbale
transversale
vandale
vestale

Ajoutez à chaque catégorie les féminins des adjectifs en *bal, cal, dal,* etc.

ALE long ou ASLE

Bâle, *g.*
hâle
mâle
pâle
râle

ALES

amygdales
bacchanales
annales
Galles, *g.*

Ajoutez-y le pluriel des subst. et adj. en *ale* et la 2e pers. du présent des verbes en *aler*. *Voir* LER : tu exhales, etc.

ALLE, voir ALE bref

ALME

palme
calme

ALPE, ALPES

Alpes, *g.*
palpe(s), *v.*
scalpe(s), *v.*

ALQUE

calque
catafalque
décalque, *v.*
défalque, *v.*

ALS

astrals, *pl.*
avals
bals
cals
chacals
fatals
gavials
narvals
navals
pals
pascals
pénals
régals
servals

ALSE

salse
valse

ALT

malt
cobalt

ALTE

asphalte
basalte
exalte, *v.*
halte
Malte, *g.*
Rivesalte, *g.*

ALVE

bivalve
multivalve
salve
trivalve
univalve
valve

AM en prononçant le M

Abraham, *n.*
Amsterdam, *g.*
Bedlam, *g.*
Birmingham, *g.*
Cham, *n.*
Ham, *g.*
islam
jéroboam
lingam
Potsdam, *g.*
Priam, *n.*
quidam
Roboam, *n.*
Rotterdam, *g.*
Siam, *g.*
Surinam *g.*
tam-tam
Wagram, *g.*

Pour les mots dont la finale *am* est nasale comme *Adam, dam* (dommage), *quidam* (qui se prononce des deux manières), etc., voir les terminaisons: *dan*, etc.

AMBE

ambe
dithyrambe
flambe
ingambe
jambe

AMBLE et EMBLE

amble
assemble, *v.*
désassemble, *v.*
ensemble
rassemble, *v.*
ressemble, *v.*
semble, *v.*
tremble

AMBRE et EMBRE

ambre
antichambre
cambre, *v.*
chambre
décembre
démembre, *v.*
gingembre
membre
novembre
Sambre, *g.*
septembre

AME bref et AMME

affame, *v.*
amalgame
anagramme
Bergame, *g.*
bigame
brame
brame, *v.*
came
centigramme
dame
décagramme
décigramme
diffame, *v.*
drame
entame
épigramme
étame, *v.*
femme
gamme
gramme
hectogramme
hippopotame
jusquiame
kilogramme
lame
madame
mélodrame
milligramme
mimodrame
monogame
monogramme
notre-dame
Pergame, *g.*
polygame
programme
rame
sage-femme
sésame
trame
vidame

AME long

âme
blâme
clame, *v.*
déclame, *v.*
enflamme, *v.*
flamme
infâme
oriflamme
pâme, *v.*
proclame, *v.*
réclame

AMES long

Le pluriel des noms précédents en *âme* ; la 2e pers. du sing. du prés. de l'indicatif des verbes en *âmer*, et la 1re personne du pluriel du passé simple de l'indicatif de tous les verbes du premier groupe, *nous aimâmes, nous chantâmes*, etc.

AMNE, voir ANE

AMP

aide de camp
camp
champ
Fécamp, *g.*

Voir les rimes en *cant, chant.*

AMPE et EMPE

campe, *v.*
crampe
cul-de-lampe
décampe, *v.*
détrempe
estampe
hampe
hippocampe
lampe
rampe
rampe
retrempe, *v.*
tempe
trempe

AMPES

Étampes, *g.* Ce mot rime avec le pluriel des noms et la 2e pers. des verbes de la liste précédente.

AMPHRE

camphre

AMPRE

pampre

AMPS

Les pluriels des noms en *amp* riment avec ceux des mots en *an, ant, ent,* soutenus par une lettre d'appui. Voir AN, BANT, CANT, CHANT, etc.

AN, AON, EN

Adam, *n.*
ahan
Aldébaran, *n.*
alezan
An
anglican
antan
Aran, *g.*
arrière-ban
Artaban, *n.*
artisan
astrakan
autan
ban
bilan
Birman
boucan
bran
brelan
cabestan
cadran
Caen, *g.*
caïman
cancan
capelan
capitan
carcan
Cardan, *n.*
Carentan, *g.*
Catalan
catogan
Ceylan, *g.*
chambellan
Chanaan
charlatan
chenapan
Chouan
clan
cormoran
courtisan
cran
divan
dolman
Dourdan, *g.*
Draguignan, *g.*
écran
élan
empan
encan
éperlan
Erivan, *g.*
faisan
faon
flan
Florian, *n.*
forban
Frontignan, g.
Gallican
Gévaudan, g.
Gontran, *n.*
Grignan, n.
Hassan, *n.*
hauban
Hindoustan, *g.*
Ispahan, *g.*
Jean, *n.*
Juan (don), *n.*
Laon, *g.*
Léman, *g.*
Liban, *g.*
Lusignan, *g.*
Magellan, *n.*
mahométan
maman
Marignan, *g.*
merlan
milan
mitan
Montauban, *g.*
Montespan, *n.*
Montmélian, *g.*
Morbihan, *g.*
Morvan, *g.*
musulman
Nathan, *n.*
océan
orviétan
Ottoman
ouragan
pan

paon
Parmesan
partisan
paysan
pélican
Perpignan, *g.*
Persan
Pisan
plan
portulan
Racan, *n.*
ramadan
redan
roman
Rouen
ruban
Rubican, *n.*
safran
Saint-Aignan, *g.*
Satan, *n.*
Sedan, *g.*
Soliman, *n.*
Soudan, g.
sultan
talisman
Tamerlan, n.
tan
taon
titan
Toscan
toucan
Trajan, *n.*
trépan
Tristan, *n.*
Tristan, *n.*
turban
Turkestan, *g.*
tympan
tyran
uhlan
va-t'en
van
Vatican, *g.*
Vauban, *n.*
vétéran
volcan

Voir les rimes en *ant.*

ANC, ANG, ENG

banc
blanc
étang
flanc
franc
franc *(monnaie)*
Franc *(peuple)*
hareng
orang-outang
rang
sang

ANCE, ANSE, ENCE, ENSE

abondance
absence
abstinence
accointance
accoutumance
adolescence
affluence
agence
aisance
allégeance
alliance
ambulance
anse
apparence
appartenance
appétence
arrogance
ascendance
assistance
assonance
assurance
audience
avance
balance
bienfaisance
bienséance
bienveillance
bombance
Byzance, g.
cadence
cadence, *v.*
chance
circonférence
circonstance
clairvoyance
clémence
Clémence, *n.*
coexistence
cohérence
coïncidence
commence, *v.*
compense, *v.*
compétence
complaisance
concomitance
concordance
concupiscence
concurrence
condescendance
conférence
confiance
confidence
connaissance
connivence
conscience
conséquence
consistance
consonance
constance
contenance
continence
contingence
contrebalance
contredanse
convalescence
convenance
convergence
corpulence
correspondance
créance
crédence
croissance
croyance
danse
danse, *v.*
décadence
décence
déchéance
décontenance, *v.*
décroissance
défaillance
défense
déférence
défiance
déliquescence
délivrance
démence
dense
dépendance
dépense
désaccoutumance
descendance
déshérence
désinence
désobéissance
devance, *v.*
différence
discordance
dispense
dissemblance
dissemblance
dissidence
dissonance
distance
divergence
doléance
Durance, *g.*
échéance
effervescence
efflorescence
élance, *v.*
élégance

éloquence
éminence
encense
enfance
engeance
ensemence, *v.*
équipollence
équivalence
espérance
essence
évidence
excellence
excroissance
exigence
existence
expérience
extravagance
exubérance
faïence
féculence
fiance, *v.*
finance
Florence, *g.*
France, *g.*
fréquence
ganse
garance
hanse
Hortense, *n.*
ignorance
immense
imminence
impatience
impertinence
importance
imprévoyance
imprudence
impudence
impuissance
inadvertance
inappétence
incidence
incohérence
incompétence
inconséquence
inconsistance
inconstance
incontinence
inconvenance
indécence
indépendance
indifférence
indigence
indolence
indulgence
inélégance
inexistence
inexpérience
influence
inhérence
innocence
inobservance
insignifiance
insolence
insouciance
instance
insuffisance
intelligence
intempérance
intendance
intermittence
intolérance
invraisemblance
invraisemblance
irrévérence
jactance
jouissance
jouvence
jurisprudence
laitance
lance
licence
lieutenance
luxuriance
magnificence
malfaisance
malveillance
manigance
manse
Maxence, *n.*
Mayence, *g.*
méconnaissance
médisance
méfiance
mense
mésalliance
muance
munificence
naissance
négligence
nonchalance
obédience
obéissance
obligeance
observance
occurrence
offense
omnipotence
opulence
ordonnance
ordonnance, *v.*
outrance
outrecuidance
panse
patience
pénitence
pense, v.
permanence
persévérance
pertinence
pestilence
pétulance
pitance
plaisance
potence
prééminence
préexistence
préférence
prépondérance
prescience
préséance
présence
présidence
prévenance
prévoyance
proéminence
protubérance
provenance
Provence, g.
providence
prudence
puissance
purulence
quintessence
quittance
rance
recense, *v.*
recommence, *v.*
récompense
récompense, *v.*
reconnaissance
redevance
redondance
régence
réjouissance
relance
réminiscence
remontrance
renaissance
repentance
répugnance
résidence
résipiscence
résistance
résonance
ressemblance
ressemblance
réticence
révérence
romance
sapience
science
séance
semence
sentence
séquence

somnolence
souffrance
soutenance
stance
subsistance
substance
suffisance
surabondance
surintendance
surséance
surveillance
survivance
tance, *v.*
tempérance
tendance
tolérance
toute-puissance
transcendance
transe
transparence
turbulence
turgescence
urgence
vacance
vaillance
Valence, *g.*
véhémence
Vence, *g.*
vengeance
vétérance
vigilance
violence
virulence
vraisemblance

ANCHE, ENCHE

anche
avalanche
blanche
branche
carte-blanche
clenche
déclenche, *v.*
démanche, *v.*
dimanche
ébranche, *v.*
éclanche
embranche, *v.*
emmanche, *v.*
endimanche, *v.*
épanche, *v.*
étanche, *v.*
franche
hanche
manche
Manche (la), *g.*
penche, *v.*
pervenche
planche
retranche, *v.*
revanche
tanche
Villefranche, *g.*

ANCHES

Avranches

Ce mot rime avec le pluriel des noms et les 2es personnes des verbes de la liste précédente.

ANCRE, ENCRE

ancre
chancre
encre
cancre
échancre

ANCS, ANGS

Pluriel de tous les noms en ANC et ANG.

AND, END, voir BANT, CANT DANT…

ANDE, ENDE

achalande, *v.*
Allemande
amande
amende
appréhende, *v.*
Armande, *n.*
attende, *v.*
bande
bande, *v.*
brigande, *v.*
commande
commande, *v.*
condescende, *v.*
contrebande
défende, *v.*
demande
dépende, *v.*
descende, *v.*
détende, *v.*
dividende
entende, *v.*
épande, *v.*
faisande
fende, *v.*
Finlande, *g.*
Flamande
friande
glande
gourmande
grande
guirlande
Hollande, *g.*
houppelande
Irlande, *g.*
Islande, *g.*
jurande
lande
lavande
légende
limande
mande, *v.*
marchande
Normande
offrande
Ostende, *g.*
pende, *v.*
plate-bande
pourfende, *v.*
prébende
propagande
provende
quémande, *v.*
recommande, *v.*
redemande, *v.*
redescende, *v.*
refende, *v.*
rende, *v.*
répande, *v.*
repende, *v.*
réprimande
réprimande, *v.*
retende, *v.*
Samarcande, *g.*
sarabande
sous-entende, *v.*
suspende, *v.*
tende, *v.*
truande, *n.*
truande, *v.*
vende, *v.*
viande
Zélande, *g.*

ANDES, ENDES

Andes (les), g.
calendes
Landes (les), g.
Joignez-y le pluriel de tous les noms et la 2e pers. du sing. des verbes de la liste précédente.

ANDRE, ENDRE

Alexandre, *n.*
apprendre, *v.*
attendre, *v.*
calandre
Cassandre, *n.*
cendre
comprendre, *v.*
condescendre, *v.*
coriandre
défendre, *v.*
dépendre, *v.*
désapprendre, *v.*
descendre, *v.*
détendre, *v.*
distendre, *v.*
entendre, *v.*
entreprendre, *v.*
épandre, *v.*
esclandre
étendre, *v.*
fendre, *v.*
filandre
Flandre, *g.*
gendre
malandre
méandre
méprendre (se), *v.*
mévendre, *v.*
palissandre
pendre, *v.*
pourfendre, *v.*
prendre, *v.*
prétendre, *v.*
redescendre, *v.*
rendre, *v.*
répandre, *v.*
répandre, *v.*
reprendre, *v.*
retendre, *v.*
revendre, *v.*
salamandre
scaphandre
scolopendre
sous-entendre, *v.*
surprendre, *v.*
suspendre, *v.*
tendre
vendre, *v.*

ANE, ANNE brefs

ahane, *v.*
alezane
anglicane
anglomane
Anne, *n.*
arcane
Ariane, *n.*
Aristophane, *n.*
artisane
Bactriane, *g.*
badiane, *bot.*
balzane
banane
banne
barbacane
bardane, *bot.*
basane
bibliomane
Birmane
boucane, *v.*
cabane
cancane, *v.*
cane
canne
caravane
Castellane, *n.*
Castillane
Catalane
chicane
chicane, *v.*
colophane
courtisane
crassane, *bot.*
Diane, myth.
diaphane
douane
douane
émane, *v.*
empanne, *v.*
enrubanne, *v.*
faisane
fane
filigrane
frangipane
gallicane
gentiane, *bot.*
glane
gourgane, *bot.*
Guyane, *g.*
havane
hurricane
iguane, *zool.*
Lausanne, *g.*
liane
Louisiane, *g.*
manne
médiane
mélomane
membrane
Musulmane
océane
organe
Ottomane
pane, *v.*
panne
Parmesane
pavane
paysanne
Persane
pertuisane
plane
platane
profane
ricane, *v.*
Romane
safrane, *v.*
sarbacane
savane
soutane
sultane
Suzanne, *n.*
tanne, *v.*
tisane
titane
toscane
trajane
tramontane
trépane, *v.*
valériane
vanne

ANE long

Albane, *n.*
âne
coq-à-l'âne
crâne
dame-jeanne
dos-d'âne
guide-âne
Jeanne, *n.*
manne
Marianne, *n.*
pas-d'âne
peau-d'âne

ANES

Cannes, g.
Vannes, g.

Ajoutez-y le pluriel des noms et les 2es personnes sing. des verbes des deux listes précédentes.

ANFLE, voir ENFLE

ANG, voir ANC

ANGE, ENGE

ange
archange
arrange, *v.*
change
démange, *v.*
dérange, *v.*
échange
étrange
frange
Gange, *g.*
grange
lange
lettre-de-change
losange
louange
mange, *v.*
mélange
mésange
Michel-Ange, *n.*
phalange
range, *v.*
rechange
Solange, *n.*
vendange
venge, *v.*
vidange

ANGES

Prenez le pluriel des noms et les 2es personnes singulier des verbes de la liste précédente.

ANGLE

angle
étrangle, *v.*
rectangle
sangle
triangle

ANGUE

gangue
harangue
langue
tangue, *v.*

ANLE

branle
chambranle
ébranle, *v.*

ANNE, voir ANE

ANQUE

banque
efflanque, *v.*
flanque, *v.*
franque, *adj. f.*
manque
palanque, *mar.*
Salamanque, *g.*
saltimbanque

ANS, ENS, AMPS, EMPS, ANDS, ENDS, ANCS, ANGS, ANTS, ENTS

aboutissants
accents
accidents
agonisants
ascendants
assistants
autans
battants
bon-sens
brisants
céans
cens
concertants
contre-sens
contre-temps
dans
débutants
dedans, *adv.*
démens, *v.*
dents
dépends, *v.*
dépens
descendants
descends, *v.*
diamants
dissidents
double-sens
éléments
en suspens
encens
enfants
entre-temps
exposants
fends, *v.*
flagellants
forbans
gants
gens
guet-apens
haubans
indulgents
infants
innocents
intrigants
Le Mans, *g.*
lents
longtemps
manants
mécréants
mens, *v.*
non-sens
parents
pends, *v.*
pénitents
pourfends, *v.*
prends, *v.*
printemps
redescends, *v.*
refends
refends, *v.*
repends, *v.*
reprends, *v.*
sans, *prép.*
sens, *subst.*
sens, *v.*
suspens
temps
tenants
tends, *v.*
traitants

Ajoutez à chacune de ces catégories les pluriels des substantifs et adjectifs terminés par AM, AMP, AN, ANT, AND, ANG, ANT, ENG, ENT. Joignez-y les 1es et 2es personnes singulier de l'indicatif et de l'imparfait des verbes en *andre* et *endre*, comme *répands, vends,* etc.

ANSE, voir ANCE

ANT, AND, ENT, END

Cette rime ne serait pas suffisante sans la lettre d'appui, à cause du grand nombre de mots en *ant*. Voir donc à *bant, cant, chant, dant*, etc.

ANTE, ANTHE, ENTE, ENTHE

absente
absente, *v.*
aggravante
aimante
amante
amarante
amiante
andante
ante
apparente, *v.*
argente, *v.*
argumente, *v.*
arpente, *v.*
Atalante, *n.*
atlante
attente
attente, *v.*
augmente, *v.*
bacchante
battante
béante, *adj.*
brillante, *v.*
brocante
chante, *v.*
charpente
charpente, *v.*
cimente, *v.*
cinquante
commente, *v.*
communiante
complimente, *v.*
consente, *v.*
consonante
contente, *v.*
contrevente, *v.*
cotangente
courante
croquante
Dante, *n.*
décante, *v.*
déchante, *v.*
démente, *v.*
déplante, *v.*
descente
désenchante, *v.*
désoriente, *v.*
détente
diligente, *v.*
édente, *v.*
efficiente
enchante, *v.*
enfante, *v.*
engageante
enrégimente, *v.*
ensanglante, *v.*
ente
entente
épouvante
évente, *v.*
exempte, *v.*
expérimente, *v.*
fainéante
fente
fermente, *v.*
fiente
flamboyante
fomente, *v.*
foudroyante
fréquente, *v.*
fringante
galante
gante, *v.*
gente
gouvernante
hante, *v.*
hiérophante
impatiente, *v.*
implante, *v.*
incidente, *adj.*
incidente, *subst.*
infante
innocente
innocente, *v.*
insouciante
instrumente, *v.*
intendante
intente, *v.*
invente, *v.*
lente
Lépante, *g.*
mante
médicamente, *v.*
mendiante
mente (que je), *v.*
menthe
mévente
militante
nonante
octante
oriente, *v.*
parente
parlemente, *v.*
patente
patiente
payante
pédante
pénitente
pente
plaisante, *v.*
plante
plante, *v.*
postulante
présente, *v.*
quarante
régente
régente, *v.*
rente
repente, *v.*
replante, *v.*
représente, *v.*
ressente, *v.*
revente
riante
sécante
sente (que je) *v.*
septante
serpente, *v.*
servante
soixante
soupente
sous-tangente
suivante
supplante, *v.*
suppliante
sustente, *v.*
sycophante
tangente
tante
tente
tourmente, *n* et *v.*
trente
vante, *v.*
variante
vente
violente, *v.*
voyante

Ajoutez à chacune de ces catégories le féminin des substantifs et adjectifs verbaux en *ent* et *ant*, dont la terminaison est soutenue par la même lettre d'appui.

ANTRE, ENTRE

antre
bas-ventre
centre
chantre
concentre, *v.*
diantre
entre
éventre, *v.*
rentre, *v.*
ventre

ANTS, *voir* ANS

AO

Bilbao, *g.*
cacao

Voir les terminaisons en *bo, co, éo,* qui forment avec celle-ci des rimes suffisantes.

AON, dissyllabe

Lycaon, *myth.*
Machaon, *n.*
Phaon, *myth.*
Pharaon, *myth.*

Voir les terminaisons *on* et *ont* qui forment avec celles-ci des rimes suffisantes.

AP

cap
drap
hanap
sparadrap

On prononce *dra* et *sparadra*. Ces deux mots ne riment avec les autres que pour l'œil, c'est-à-dire qu'ils ne riment pas. *Draps* au pl. rime avec *embarras*. Voir AS.

APE, APPE

agape
antipape
attrape
cape
chape
décape, *v.*
drape, *v.*
échappe, *v.*
égrappe, *v.*
étape
frappe, *v.*
grappe
happe
happe, *v.*
jappe, *v.*
lape, *v.*
nappe
pape
Priape, *myth.*
râpe
râpe, *v.*
rattrape, *v.*
réchappe, *v.*
retape, *v.*
sape
sape, *v.*
satrape
soupape
tape
trappe

APES

Jemmapes, g.
Plus les pluriels des noms et la 2e personne des verbes de la liste qui précède.

APHE, voir AFE

APHTE

aphte
naphte

APPE, voir APE

APRE

âpre
câpre
diapre, v.

APS

laps
relaps

Le pluriel des mots en ap et apt rime mal avec ces deux mots, car pour dans ceux-ci le s se fait entendre.

APT

Apt, g.
rapt

APTE

adapte, *v.*
apte, *adj.*
capte, *v.*

AQUE

abaque
ammoniaque
aphrodisiaque
attaque
baraque
braque
braque, *v.*
caque
cardiaque
casaque
chaque
claque
cloaque
Cosaque
craque, *v.*
démoniaque
détraque, *v.*
dionysiaque
élégiaque
encaque, *v.*

estomaque, *v.*
flaque
hypocondriaque
iliaque
Ithaque, *g.*
laque
maniaque
opaque
patraque
plaque
simoniaque
traque
vaque, *v.*
zodiaque

AQUES

dionysiaques
Jacques, *n.*
Pâques (les)
Plus le pluriel des substantifs de la liste précédente.

AR

Aar, *g.*
Balthazar, n.
bar
bazar
Bolivar, *n.*
calamar
car
casoar
cauchemar
caviar
César, *n.*
char
Colmar, *g.*
czar
dollar
Gibraltar, *g.*
hangar
instar
jaguar
Madagascar, *g.*
Malabar, *g.*
Montélimar, *g.*
nectar
Omar, *n.*
Oscar, *n.*
par
Trafalgar, *g.*
tsar

Ajoutez à ces catégories les mots en *ard* et en *art*, dans lesquels le *d* et le *t* ne se font pas sentir.

ARBE

barbe
ébarbe, *v.*
joubarbe, bot.
rhubarbe

ARBES

Tarbes, g.
Et le pluriel des noms de la liste précédente.

ARBRE

arbre
marbre

ARC, ARK

En prononçant le *c*.

arc
Danemark, *g.*
Jeanne-d'Arc, *n.*
Lamark, *n.*
marc
parc

ARCE, ARSE

comparse
darse, *mar.*
éparse
farce
garce
métatarse
tarse
Tharse, *g.*

ARCHE

arche
contremarche
démarche
Luzarche, *g.*
marche
marche, *v.*
Marche, *g.*
patriarche

ARD et ART

à part
Abélard, *n.*
art
babillard
bâtard
bavard
Bayard, *n.*
Bernard, *n.*
billard
blafard
boulevard
boyard
braillard
brancard
braquemart
brocard
brocart
brouillard
busard
buvard
cafard
camisard
campagnard
canard
Clamart, *g.*
colin-maillard
corbillard
cornard
couard
cuissard
dard
départ
écart
Edouard, *n.*
égard
encart
épaulard
épinard
essart
étendard
fard
foulard
frétillard
fuyard
gaillard
Gard, *g.*
Gérard, *n.*
goguenard
grognard
gueulard

hagard
hasard
homard
hussard
jacquemart
Jean-Bart, *n.*
jobard
lard
Léonard, *n.*
léopard
lézard
lombard
Médard, *n.*
mignard
milliard
montagnard
Montbéliard, *g.*
mouchard
Mozart, *n.*
nard
nasillard
paillard
papelard
part, *v.*
pendard
pétard
Picard
pillard
placard
plupart (la)
poignard
poissard
porte-étendard
puisard
quart
quote-part
regard
rempart
renard
retard
richard
riflard
ringard
Ronsard, *n.*
Savoyard
soudard
soûlard
Stuart, *n.*
tard
têtard
tranchelard
traquenard
vantard
vieillard

Les terminaisons en *ar*, précédées de la lettre d'appui, riment bien avec celles-ci.

ARDE

arrière-garde
avant-garde
barde
bâtarde
bavarde
blafarde
bombarde
brocarde, *v.*
camarade
camarde
canarde, *v.*
carde, *v.*
cocarde
corps-de-garde
criarde
darde, *v.*
écharde
embarde, *v.*
entrelarde, *v.*
farde
gaillarde
garde
guimbarde
hagarde
hallebarde
hasarde, *v.*
larde, *v.*
lézarde
lézarde, *v.*
mansarde
mégarde
moutarde
nasarde
nasillarde
outarde
paillarde
papelarde
péricarde
placarde, *v.*
poignarde, *v.*
poissarde
poularde
regarde, *v.*
renarde
Sarde, *g.*
sauvegarde
tarde, *v.*

Plus les féminins des noms en *ard*.

ARDES

hardes, *s.f.pl.*
Sardes, *g.*

Joignez-y le pluriel des noms et la 2e pers. des verbes de la liste qui précède.

ARE, ARRE, ARRHE

accapare, *v.*
amarre, *v.*
are
avare
bagarre
barbare
barre
bécarre
bigarre, *v.*
bizarre
Briare, *g.*
Bulgare
carre
catarrhe
chamarre, *v.*
cigare
cithare
compare, *v.*
contre-carre
déclare, *v.*
dépare, *v.*
désempare, *v.*
effare, *v.*
égare, *v.*
empare (s'), *v.*
escare
fanfare
gabare
gare
hectare
Icare, *myth.*
ignare
Lazare, *n.*
mare
narre, *v.*
Navarre, *g.*
ovipare
pare, *v.*
phare
Pizarre, *n.*
prépare, *v.*
rare
rembarre, *v.*
répare, *v.*
Sarre, *g.*
sépare, *v.*
tare
tartare
tiare
vivipare

ARES, ARRHES

arrhes
Ajoutez-y le pluriel des noms et la 2e pers. des verbes de la liste qui précède.

ARGE

barge	large
charge	marge
décharge	recharge
émarge, *v.*	surcharge

ARGNE

épargne	hargne

ARGUE

Camargue, *g.*	nargue, *v.*
cargue	subrécargue
largue	targue, *v.*

ARLE, ARLES

Arles, *g.*	parles (tu), *v.*
Charles, *n.*	reparle, *v.*
parle, *v.*	reparles (tu), *v.*

ARME

alarme	gendarme
arme	larme
carme	Parme, *g.*
charme	vacarme
désarme, *v.*	

ARN

Béarn, *g.*	Tarn, *g.*

ARNE

acharne, *v.*	incarne, *v.*
carne	lucarne
darne	marne

ARPE

carpe	harpe
contrescarpe	métacarpe
écharpe	péricarpe
escarpe	

ARQUE

arque, *v.*	monarque
barque	Parque, *myth.*
débarque, *v.*	Pétrarque, *n.*
démarque	remarque
marque	tétrarque

ARQUES

Arques, *g.*
Plus le pluriel des noms et la 2e pers. sing. des verbes de la liste qui précède.

ARRE, ARRHE, voir ARE

ARS

Cinq-Mars, *n.*	Mars, *myth.*
épars	Thouars, *g.*
jars	Villars, *n.*

Le *s* de Mars ne se prononce point à la rime : c'est pourquoi, de même que tous les mots de cette liste, il rime avec le pl. des noms en *ar, ard, et art.*

ARSE, voir ARCE

ART, voir ARD

ARTE, ARTHE

Bonaparte, *n.*	parte (que je), *v.*
carte	Parthe, *g.*
charte	quarte
écarte, *v.*	reparte, *v.*
marte, *zool.*	Sarthe, *g.*
Marthe, *n.*	Sparte, *g.*
pancarte	tarte

ARTES

Descartes, *n.*
Plus le pluriel des noms et la 2e pers. singulier des verbes de la liste précédente.

ARTRE

dartre	Montmartre, *g.*
martre	tartre

ARTRES

Chartres, *g.*

Plus le pluriel des noms de la liste précédente.

ARVE

Algarve, *g.*	larve
Arve, *g.*	Larve, *myth.*

AS (en prononçant s)

Arras, *g.*	Madras, *g.*
as	Mathias, *n.*
Aubenas, *g.*	pancréas
Damas, *g.*	Stanislas, *n.*
hélas !	strass
Ladislas, *n.*	vasistas
las !	

AS (prononcez a)

amas	frimas
ananas	galetas
appas	galimatias
aras, *zool.*	glas
as (tu), *v.*	gras
bas	haras
branle-bas	hourras
bras	Judas, n.
cabas	lacs (filets)
canevas	las
cas	lilas
cervelas	Lucas, n.
chas	matelas
chasselas	mort-aux-rats
choucas	Nicolas, *n.*
Colas, n.	pas
compas	Pays-bas, *g.*
coutelas	ras
débarras	repas
échalas	sassafras
embarras	taffetas
entre-pas	tas
entrelacs	Thomas, *n.*
fatras	tracas
faux pas	trépas
fier-à-bras	vas (tu), *v.*
fracas	verglas

Plus la 2e personne. du singulier de tous les futurs : *tu auras, tu rendras,* etc.
Ajoutez à chacune de ces catégories la 2e pers. sing. du passé simple des verbes en *er*, dont la terminaison est soutenue de la même lettre d'appui : *tu tombas, tu manquas, tu cherchas,* etc.
Ajoutez encore à chacune le pluriel des substantifs en *a* et *at*, dont la terminaison est soutenue par la même lettre d'appui : *babas, falbalas, papas, etc., combats, avocats, chats, candidats,* etc.

ASE, AZE

Anastase, *n.*	gymnase
antiphrase	hypostase
arase, *v.*	jase, *v.*
Athanase, *n.*	métastase
base	paraphrase
blase, *v.*	Pégase, *n.*
case	périphrase
case, *v.*	périphrase
Caucase, *g.*	phase
diastase	phrase
écrase, *v.*	phrase, *v.*
embase	rase
embrase, *v.*	rase, *v.*
emphase	stase
évase, *v.*	topaze
extase	transvase, *v.*
gaze	ukase
gaze, *v.*	vase

ASME

asthme	miasme
cataplasme	orgasme
enthousiasme	phantasme
Érasme, *n.*	pléonasme
marasme	sarcasme
métaplasme	spasme

ASNE, voir ANE long.

ASQUE

basque
bergamasque
bourrasque
casque
démasque, *v.*
fantasque
flasque
frasque
masque
vasque

ASSE, voir ACE

AST

ballast
hast (armes d')

ASTE

caste
chaste
contraste
dévaste, *v.*
dynaste
ecclésiaste
enthousiaste
faste, *subst.*
gymnaste
iconoclaste
Jocaste, *n.*
néfaste
pédéraste
vaste

ASTES

fastes (les)
Plus le pluriel des noms et les 2es pers. sing. des verbes de la liste précédente.

ASTRE

astre
cadastre
désastre
épigastre
hypogastre
piastre
pilastre
Zoroastre, *n.*

AT, ATH, en prononçant le t

exeat
fat
feldspath
fiat
Goliath, *n.*
magnificat
mat (aux échecs)
spath

AT bref, prononcé a

abat
achat
adéquat
aérostat
agrégat
apostat
apostolat
apparat
assassinat
assignat
attentat
auvergnat
Auvergnat
avocat
baccalauréat
bat (il), *v.*
béat
califat
candidat
carat
castrat
célibat
certificat
chat
climat
combat
commissariat
comtat
concordat
consulat
contrat
crachat
débat
dẹbat
délicat
diaconat
doctorat
ducat
ébat
éclat
économat
électorat
entrechat
épiscopat
état
externat
forçat
format
goujat
grabat
grenat
immédiat
incarnat
ingrat
intestat
légat
magistrat
majorat
mandarinat
mandat
Marat, *n.*
margraviat
marquisat
méat
méplat
miellat
Murat, n.
muscat
notariat
nougat
noviciat
oblat
odorat
orgeat
patriarcat
pensionnat
plagiat
plat
pontificat
potentat
prélat
primat
protectorat
pugilat
rabat
rabat
rachat
rat
rebat (il), *v.*
rectorat
reliquat
reliquat
renégat
résultat
sabbat
scélérat

secrétariat
sénat
seringat
soldat
syndicat
tiers-état
triumvirat
verrat
vicariat

AT long, prononcé **â**

appât
bât
dégât
mât

Plus la 3e personne singulier de l'imparfait du subjonctif des verbes en *er*: q*u'il aimât, qu'il chantât.*

ATE, ATHE, ATTE bref

abatte
acétate
acrobate
agate
Agathe, *n.*
antidate
antidate, *v.*
aristocrate
aromate
autocrate
automate
baratte
batte
bicarbonate
cantate
carbonate
casemate
chatte
combatte, *v.*
constate, *v.*
contre-date, *v.*
cravate
Croate
cul-de-jatte
Dalmate, *g.*
date
date, *v.*
datte
débatte, *v.*
démocrate
dilate, *v.*
diplomate
disparate
écarlate
éclate, *v.*
Euphrate, *g.*
flatte, *v.*
frégate
frelate, *v.*
Galate, *g.*
gratte, *v.*
Hécate, *myth.*
Hippocrate, *n.*
Ingrate
jatte
latte
latte, *v.*
mate, *adj. f.*
Mithridate, *n.*
natte
natte
nitrate
omoplate
ouate
patate
patte
phosphate
pirate
pirate, *v.*
plate
prostate
rabatte, *v.*
rate
rebatte, *v.*
relate, *v.*
savate
silicate
Socrate, *n.*
sonate
Spartiate, *g.*
stigmate
sulfate
tomate
vulgate

ATE long

gâte, *v.*
démâte, *v.*
hâte
pâte
tâte, *v.*

ATRE bref et **ATTRE**

abattre, *v.*
battre, *v.*
combattre, *v.*
débattre, *v.*
ébattre (s'), *v.*
quatre
rabattre, *v.*
rebattre, *v.*

ÂTRE long

acariâtre
albâtre
amphithéâtre
âtre
bellâtre
blanchâtre
bleuâtre
brunâtre
châtre, *v.*
Cléopâtre, *n.*
douceâtre
emplâtre
emplâtre, *v.*
folâtre
grisâtre
idolâtre
mulâtre
noirâtre
olivâtre
opiniâtre
pâtre
plâtre
rougeâtre
roussâtre
saumâtre
théâtre
verdâtre

AU, EAU

à vau-l'eau
agneau
aloyau
anneau
appeau
arceau
bandeau
barbeau
bardeau
barreau
bâtardeau
bateau
bau
beau
bedeau
berceau
biseau
blaireau

boisseau
bordereau
bouleau
bourreau
boyau
bureau
cadeau
carpeau
carreau
caveau
cerceau
cerneau
cerveau
chalumeau
chameau
chapeau
chapiteau
château
chevreau
ciseau
copeau
corbeau
cordeau
couteau
créneau
damoiseau
dindonneau
drapeau
eau
écheveau
écriteau
escabeau
étau
étourneau
fabliau
faisceau
fardeau
fauconneau
flambeau
fléau
fourneau
fourreau
fuseau
gâteau

godelureau
gruau
grumeau
hameau
hobereau
houseau
jambonneau
jouvenceau
joyau
jumeau
lapereau
linteau
lionceau
louveteau
manteau
maquereau
marteau
meneau
moineau
morceau
morte-eau
museau
naseau
niveau
nouveau
noyau
oiseau
oripeau
panneau
panonceau
passereau
pastoureau
peau
perdreau
pigeonneau
pinceau
pipeau
plateau
poireau
porte-drapeau
porte-flambeau
portemanteau
poteau
pourceau

préau
pruneau
puceau
radeau
rameau
râteau
renardeau
renouveau
réseau
rideau
rondeau
roseau
rouleau
Rousseau, *n.*
ruisseau
sarrau
sceau
seau
soliveau
souriceau

sureau
tableau
tasseau
taureau
terreau
tombeau
tombereau
tonneau
tourtereau
traîneau
tréteau
troupeau
trousseau
trumeau
tuyau
vaisseau
vanneau
veau
vermisseau
verseau

Voir les mots en *ô* long qui riment avec ceux-ci à toute rigueur, quand la terminaison est supportée par la lettre d'appui, et surtout au pluriel.

AUBE

aube
daube

AUCE, AUSSE

Beauce (la), *g.*
chausse
hausse
sauce
rehausse, *v.*

fausse
gausse
exauce, *v.*
exhausse, *v.*
déchausse, *v.*

Plus tous les mots terminés en osse long.

AUCHE

débauche
ébauche

embauche, *v.*
gauche

AUD, voir AUT

AUDE

Aude, *g.*
badaude
baguenaude
billebaude
chaude
chiquenaude
clabaude, *v.*
Claude, *n.*
courtaude
échafaude, *v.*
échaude, *v.*
émeraude
faraude
fraude
galvaude, *v.*
lourdaude
main-chaude
maraude
nigaude
noiraude
pataude
penaude
ravaude, *v.*
Reine-Claude
ribaude
rougeaude
rustaude
taraude, *v.*

AUDES

laudes
Plus le pluriel des noms et les 2e personnes des verbes de la liste qui précède.

AUF

sauf.
Voir les mots en of.

AUFFE

chauffe
échauffe, *v.*
réchauffe, *v.*

AUGE

auge
Auge, g.
bauge
jauge
patauge, *v.*
sauge

AULE, AUME, AUNE, voir OLE, OME, ONE

AURE, AUS, AUSSE, voir ORE, AUX, OSSE

AUT, AUD

artichaut
assaut
badaud
chaud
courtaud
crapaud
défaut
défaut, *s. et v.*
échafaud
faraud
faut (il), *v.*
gerfaut
héraut
levraut
lourdaud
maraud
moricaud
nigaud
noiraud
pataud
penaud
prévaut, *v.*
réchaud
ribaud
rougeaud
rustaud
salaud
saligaud
saut
soubresaut
soûlaud
sursaut
taïaut !
vaut (il), *v.*

Voir les mots en *au* et *ot* long

AUTE, voir OTE long

AUTRE, voir OTRE long

AUVE, OVE

alcôve
chauve
sauve, *v.* et *adj.*
guimauve
fauve
mauve

AUVRE, OVRE

Hanovre, g.
pauvre

AUX, OS

baux
bestiaux
Bordeaux, g.
chaux
ciseaux
coraux
dos
émaux
esquimaux
faux
faux (je), *v.*
gémeaux
gros
houseaux
libéraux (arts)
matériaux
naseaux
nominaux
os (au pl.)
plumeaux
soupiraux
surtaux

taux	vaux
travaux	vitraux

Ajoutez le pluriel des noms en *al* et *ail*, qui ne sont pas indiqués à *als* et *ails*, et ceux des noms en *au, aud et aut*.

AUZE, voir OZE

AVE

aggrave	entrave
aggrave, *v.*	épave
architrave	esclave
bave	étrave
betterave	grave
brave	have
burgrave	landgrave
cave	lave
concave	lave, *v.*
conclave	octave
délave, *v.*	pave, *v.*
déprave, *v.*	rave
enclave	Scandinave, *g.*
enclave	suave

AVENT, prononcé ave

savent (ils, elles) Plus la 3e personne pluriel du prés. de l'ind. et du subj. des verbes en *aver. Ils bavent, qu'ils gravent.*

AVRE

cadavre	Havre (le), g.
havre	navre, v.

AX

Ajax, *n.*	Dax, *g.*
anthrax	thorax

AXE

axe	Saxe, *g.*
malaxe, *v.*	surtaxe
parallaxe	syntaxe
relaxe	taxe

AYA, voir IA

AYANT, voir IANT (la lettre I)

AYER, ÉIER dissyllabe

balayer, *v.*	enrayer, *v.*
bayer, *v.*	essayer, *v.*
bégayer, *v.*	étayer, *v.*
brayer	frayer, *v.*.
déblayer, *v.*	métayer
défrayer, *v.*	payer, *v.*
délayer, *v.*	rayer, *v.*
effrayer, *v.*	relayer, *v.*
égayer, *v.*	remblayer, *v.*

Voir les mots en *oyer, uyer* et même *ier* (ce qui forme une rime suffisante.)

AZ

gaz *Voir* les mots en AS qui peuvent fournir des rimes à ce mot unique de sa terminaison.

AZE, voir ASE

B

BA

Ali Baba, *n.*
baba
Cuba, *g.*
macumba
Saba, *g.*

Plus les 3es pers. du sing. du passé simple des verbes en *ber : il enjamba.*

BAC, BAI, BAL, BAN, voir AC, AI, AL, AN

BANC, BANT

absorbant
banc
Brabant, *g.*
enjambant
flambant
incombant
plombant
regimbant
succombant

Plus les partic. prés. des verbes en *ber*.

BAR, BAS, BAT voir AR, AS, AT

BÉ

abbé
B (prononcé bé)
Barnabé, n.
jubé
Niobé, myth.

Ajoutez-y le participe passé des verbes en *ber, absorbé,* etc.

BEAU voir AU

BÉE

Bethsabée, *n.*
dérobée (à la)
enjambée
flambée
gerbée
jacobée, *bot.*
lobée, *bot.*
Macchabée, *n.*
plombée
retombée
scarabée
sigisbée

Plus le féminin des participes en *bé*.

BEL, voir EL

BER

absorber.
adouber
bomber
courber
cuber
dérober
désembourber
ébarber
embourber
enjamber
exhiber
flamber
gerber
gober
herber
imbiber
inhiber
plomber
prohiber
recourber
redoubler
regimber
retomber
succomber
surplomber
tomber

BET, voir ET et AIT

BEU, voir EU

BI, BY

Albi, *g.*	ébaubi
alibi	fourbi
biribi	rabbi
Derby, *g.*	subi

BIE

amphibie	Nubie, *g.*
Arabie, *g.*	subie
ébaubie	Tobie, *n.*
hydrophobie	Trébie, *g.*
lubie	Zénobie, *n.*

BIN, BIR, BIS, BIT, BLI, BLIE, BLIS, BLIS, BO, BOIS, BOL, voir IN, IR, IS, IT, LI, LIE, O, OIS, OL

BON

barbon	bubon
bon	charbon
bonbon	gibbon
Bourbon, *n.*	jambon

Voir les rimes en *ond*. Les terminaisons en *ont* ne riment par avec celles-ci.

BOR, BOS, BOT, BOU, BRER, voir OR, OS, OT, OU, RER

BU

barbu	imbu
bu	repu
embu	tribu
fourbu	zébu
herbu	

C

CA, KA, QUA

Angélica, *n.*	Leczinska, *n.*
Bianca, *n.*	moka
caca	pica
inca	raca !
K, *prononcé ka*	Rebecca, *n.*

Ajoutez-y la 3e personne sing. en *qua* du passé simple des verbes en *quer*.

ÇA, voir SA dur

CAL, voir AL

CANT, voir QUANT

ÇANT, voir SANT dur

CAR, CAT, voir AR, AT

CÉ, voir SÉ dur

CEAU, voir AU

CÉE, CENT, CER, voir SÉE, SANT, SER durs

CET, CEU, CEUX, voir ET, EU, EUX

CHA

pacha	prêchi-prêcha

Ajoutez-y la 3e pers. sing. en *cha* du passé simple des verbes en *cher*.

CHAIT, voir AIT

CHANT

approchant	penchant
attachant	perchant
brochant	plain-chant
chant	recherchant
cherchant	relâchant
couchant	sachant
dépêchant	séchant
desséchant	tachant
détachant	tâchant
louchant	touchant
marchand	tranchant
méchant	trébuchant

CHAT, voir AT

CHÉ

archevêché	empanaché
archiduché	endimanché
débauché	enfourché
débouché	entaché
déhanché	entiché
duché	évêché

fiché
marché
panaché
péché
pêché
Psyché, *n.*
touché

Ajoutez-y les participes passés masculins singuliers des verbes en *cher*.

CHÉE

accouchée
affichée
archée
bouchée
brochée
chevauchée
couchée
fauchée
jonchée
Mardochée, *n.*
nichée
ruchée
sachée
trachée
tranchée
trochée

Ajoutez-y les participes passés féminins singuliers des verbes en *cher*.

CHER

aboucher, *v.*
accoucher, *v.*
accrocher, *v.*
afficher, *v.*
affourcher, *v.*
amouracher, *v.*
approcher, *v.*
archer
arracher, *v.*
assécher, *v.*
attacher, *v.*
bâcher, *v.*
bavocher, *v.*
bêcher, *v.*
boucher
boucher, *v.*
brancher (se), *v.*
brocher, *v.*
broncher, *v.*
bûcher
bûcher, *v.*
cacher, *v.*
chercher, *v.*
chevaucher, *v.*
clocher
clocher, *v.*
cocher
coucher
coucher, *v.*
cracher, *v.*
débaucher, *v.*
déboucher, *v.*
déclencher, *v.*
décocher, *v.*
découcher, *v.*
décrocher, *v.*
déhancher, *v.*
déjucher, *v.*
démancher, *v.*
démarcher, *v.*
dénicher, *v.*
dépêcher, *v.*
dérocher, *v.*
dessécher, *v.*
détacher, *v.*
détacher, *v.*
doucher, *v.*
ébaucher, *v.*
ébrancher, *v.*
ébrécher, *v.*
écacher, *v.*
échancrer, *v.*
écorcher, *v.*
effaroucher, *v.*
embaucher, *v.*
emboucher, *v.*
embrocher, *v.*
émécher, v.
emmancher, *v.*
émoucher, *v.*
empanacher, *v.*
empêcher, *v.*
empocher, *v.*
endimancher, *v.*
enfourcher, *v.*
ensacher, *v.*
entacher, *v.*
enticher, *v.*
épancher, *v.*
éplucher, *v.*
escarmoucher, *v.*
essoucher, *v.*
étancher, *v.*
fâcher, *v.*
faucher, *v.*
ficher, *v.*
fourcher, *v.*
gâcher, *v.*
gaucher
guillocher, *v.*
hacher, *v.*
harnacher, *v.*
hocher, *v.*
joncher, *v.*
jucher, *v.*
lâcher, *v.*
lécher, *v.*
mâcher, *v.*
maraîcher
marcher
marcher, *v.*
moucher, *v.*
nicher, *v.*
nocher
panacher, *v.*
pêcher
pécher, *v.*
pêcher, *v.*
pencher, *v.*
percher, *v.*
piocher, *v.*
plancher
porcher
prêcher, *v.*
rabâcher, *v.*
rancher
rapprocher, *v.*
rattacher, *v.*
reboucher, *v.*
rechercher, *v.*
recoucher, *v.*
recracher, *v.*
refaucher, *v.*
relâcher, *v.*
remâcher, *v.*
rempocher, *v.*
repêcher, v.
reprocher, v.
retoucher, *v.*
retrancher, *v.*
revancher, *v.*
rocher
rucher
sécher, *v.*
tacher, *v.*
tâcher, *v.*
torcher, *v.*
toucher
toucher, *v.*
trancher, *v.*
trébucher, .
tricher, *v.*
vacher

CHET, CHEUX, voir ET, EUX

CHI

affranchi
fléchi
irréfléchi
kamichi
mamamouchi
réfléchi

Plus les part. passés des verbes en *chir*.

CHIE

anarchie
dyarchie
entéléchie
hiérarchie
logomachie
monarchie
naumachie
oligarchie
tétrarchie
Valachie, *g*.

Ajoutez-y les part. passés féminins des verbes finissant en *chir*.

CHIER, CHIR, CHIT, voir IER, IR, IT

CHON

balluchon
barbichon
Berrichon
bichon
bouchon
cabochon
califourchon
capuchon
cochon
cornichon
Fanchon, *n*.
folichon
fourchon
godichon
greluchon
manchon
tire-bouchon
torchon

CHONS

Les pluriels des noms de la liste précédente riment avec les troisièmes pers. plur. du présent de l'indic. et de l'impératif des verbes en *cher. Nous marchons, approchons*, etc.

CHU

branchu
chu
crochu
déchu
échu
fichu
fourchu

CI, SIE, voir SI, SIE durs

CIER, CIEUX, CIN, CION, CIR, CIS, CIT, CO, COL, voir IER, IEUX, IN, ION, IR, IS, IT, O, OL

CON

balcon
catholicon
cocon
con
faucon
flacon
flocon
Gascon
hélicon
lexicon
Mâcon, *g*.
Montfaucon, *g*.
Rubicon, *g*.
Tarascon, *g*.

ÇON, voir SON dur

CONS, voir QUONS

COR, COU, CRER, CTION, voir OR, OU, RER, ION

CU, CUL

cocu
convaincu
cul
écu
invaincu
survécu
vaincu
vécu

D

DA

Adda, *g*.
agenda
Bouddha, *n*.
Canada, *g*.
da !
dada
Edda, *litt.*
Ida, *g*.
Juda, *n*.
lambda
Léda, *myth.*
Munda, *g*.
olla-podrida
réséda
Sierra-Nevada, *g*.
soda
Torquémada, *n*.
véda

Plus la 3e pers. sing. du passé simple des verbes en *der*.

DAL, voir AL

DANT et DENT

abondant
accident
accommodant
accordant
adent
adjudant
aidant
antécédent
ardent
ascendant
attendant (en)
cédant
cependant
chiendent
coïncidant
commandant
concordant
condescendant
confident
consolidant
contondant
correspondant
corrodant
cure-dent
dent
dépendant
descendant
discordant
dissident
évident
excédant
fécondant
fendant
fondant
imprudent
impudent
incident
incommodant
intendant
mordant
occident
outrecuidant
pédant
pendant
perdant
persuadant
plaidant
précédent
présidant
président
prétendant
prétendant
prudent
redent
redondant
regardant
rendant
répondant
résidant
résident
sous-intendant
surabondant
surintendant
tendant
transcendant
vice-président

Ajouter à cette catégorie les part. présent des verbes en *dre*, qui sont en *dant : vendant, attendant,* etc.

DAR, DARD et DART, DAS, DAT, DAU, voir AR, ARD, ART, AS, AT, AU

DÉ

accordé
affidé
amandé
amendé
bordé
condé
Condé, *g.* et *n.*
D *lettre*
dé
débordé
débridé
dégingandé
dévergondé
échaudé
mondé
ondé
possédé
prébendé
procédé
ridé
validé

Plus le participe passé masc. singulier des verbes en *der*.

DEAU, voir AU

DÉE

abordée
accordée
Amédée, *n.*
Asmodée, *n.*
bordée
Chaldée, *g.*
cordée
coudée
débridée
dévergondée
glandée
idée
Judée, *g.*
Médée, *n.*
ondée
Vendée, *g.*

Plus le participe passé féminin singulier des verbes en *der*

DEL, DEM, voir EL, EM

DER

abcéder, *v.*
abonder, *v.*
aborder, *v.*
accagnarder (s'), *v.*
accéder, *v.*
accommoder, *v.*
accorder, *v.*
accouder, *v.*
achalander, *v.*
affriander, *v.*
aider, *v.*
amender, *v.*
appréhender *v.*
attarder, *v.*
badauder, *v.*
baguenauder, *v.*
barder, *v.*
barricader, *v.*
bavarder, *v.*
blinder, *v.*
bombarder, *v.*
border, *v.*
bouder, *v.*
brider, *v.*
brigander, *v.*
brocarder, *v.*
broder, *v.*
canarder, *v.*
carder, *v.*
céder, *v.*
clabauder, *v.*
coïncider, *v.*
colluder, *v.*
commander, *v.*
concéder, *v.*
concorder, *v.*
consolider, *v.*
contremander, *v.*
corder, *v.*
corroder, *v.*
couder, *v.*
courtauder, *v.*
darder, *v.*
débander (se), *v.*
débander, *v.*
débarder, *v.*
débillarder, *v.*
débonder, *v.*
déborder, *v.*
débrider, *v.*
décéder, *v.*
décider, *v.*
décommander, *v.*
décorder, *v.*
dégrader, *v.*
délarder, *v.*
demander, *v.*
déposséder, *v.*
dérader, *v.*
dérider, *v.*
désaccorder, *v.*
désoxyder, *v.*
dessouder, *v.*
dévergonder, *v.*
dévider, *v.*
dilapider, *v.*
discorder, *v.*
dissuader, *v.*
échafauder, *v.*
échauder, *v.*
élider, *v.*
éluder, *v.*
embarder, *v.*
émonder, *v.*
entraider (s'), *v.*
escalader, *v.*
évader (s'), *v.*
évider, *v.*
excéder, *v.*
exhéréder, *v.*
exsuder, *v.*
faisander, *v.*
farder, *v.*
féconder, *v.*
fonder, *v.*
frauder, *v.*
fronder, *v.*
galvauder, *v.*
gambader, *v.*
garder, *v.*
goder, *v.*
goguenarder, *v.*
gourmander, *v.*
grader, *v.*
gronder, *v.*
guider, *v.*
guinder, *v.*
hasarder, *v.*
hourder, *v.*
incommoder, *v.*
inféoder, *v.*
inonder, *v.*
intercéder, *v.*
intimider, *v.*
invalider, *v.*
lapider, *v.*
larder, *v.*
liquider, *v.*
mander, *v.*
marauder, *v.*

marchander, *v.*
mignarder, *v.*
minauder, *v.*
monder, *v.*
obséder, *v.*
oxyder, *v.*
paillarder, *v.*
persuader, *v.*
pétarder, *v.*
placarder, *v.*
plaider, *v.*
poignarder, *v.*
pommader, *v.*
posséder, *v.*
précéder, *v.*
prédécéder, *v.*
préluder, *v.*
présider, *v.*
procéder, *v.*
quémander, *v.*
raccommoder, *v.*
raccorder, *v.*
rader, *v.*
ramender, *v.*
ravauder, *v.*
rebander, *v.*
reborder, *v.*
rebroder, *v.*
recarder, *v.*
reconsolider, *v.*
recorder, *v.*
redemander, *v.*
regarder, *v.*
reguinder, *v.*
renarder, *v.*
réprimander, *v.*
rescinder, *v.*
résider, *v.*
ressouder, *v.*
retarder, *v.*
rétrocéder, *v.*
rétrograder, *v.*
revalider, *v.*
rider, *v.*
rôder, *v.*
scander, *v.*
scinder, *v.*
seconder, *v.*
solder, *v.*
sonder, *v.*
souder, *v.*
succéder, *v.*
supercéder, *v.*
surabonder, *v.*
taillader, *v.*
tarauder, *v.*
tarder, *v.*
transsuder, *v.*
truander, *v.*
valider, *v.*
viander, *v.*
vider, *v.*
vilipender, *v.*

DET, DEU, DEUX, DEZ, voir ET, EU, EUX, ÈS

DI, DY

cadi
candi
décadi
duodi
effendi
étourdi
hardi
jeudi
lady
Lodi, *g.*
lundi
mardi
mercredi
midi
mylady
primidi
rebondi
samedi
septidi
sextidi
tridi
vendredi

Plus le participe passé singulier masc. des verbes en *dir*.

DIE

Acadie, *g.*
Arcadie, *g.*
Candie, *g.*
Canidie, *n.*
comédie
congédie, *v.*
dédie, *v.*
Die, *g.*
Elodie, *n.*
encyclopédie
étudie, *v.*
hardie
incendie
Lombardie, *g.*
Lydie, *g.* et *n.*
maladie
Médie, *g.*
mélodie
mendie, *v.*
Nicomédie, *g.*
Normandie, *g.*
Numidie, *g.*
orthopédie
palinodie
parodie
parodie, *v.*
perfidie
Picardie, *g.*
Pisidie, *g.*
prosodie
psalmodie
psalmodie, *v.*
rapsodie
remédie, *v.*
répudie, *v.*
tragédie
tragi-comédie

Plus le féminin des participes passés des verbes en *dir*.

DIEN, DIEUX, DIN, DIR, DIRE, DIS, DISE, DIT, DO, DOL, voir IEN, IEUX, IN, IR, IRE, IS, ISE, IT, O, OL

DOM, DON

abandon
amidon
bedon
bidon
bourdon
brandon
bridon
cardon
céladon
chardon
Château-Landon, *g.*
cordon
corindon
Corydon, *n.*

cotylédon
Cupidon, *myth.*
Didon, *n.*
dindon
dom
don
édredon
espadon
faux-bourdon
Gardon, *g.*
guéridon
guidon
lardon
Meudon, *g.*
myrmidon
pardon
rigodon
tendon

DONS

Le pluriel des noms en *don*, rime avec la 1re pers. pluriel du présent de l'indicatif et de l'impératif des verbes en *der*. *Nous aidons, procédons.* Il faut y joindre les mêmes personnes de quelques verbes en *endre : défendons, descendons, fendons, pendons, rendons, dépendons, tendons, vendons,* et de leurs composés, ainsi que du verbe *perdre : perdons.*

DOR, DOS, DOT, DOU, voir OR, OS, OT, OU

DU

ardu
assidu
attendu
capendu
confondu
correspondu
défendu, *part.*
démordu
descendu
détendu
dodu
du
dû
épandu
éperdu
étendu
fendu
fondu
inattendu
individu
indu
invendu
malentendu
mordu
morfondu
pendu
perdu
pourfendu
prétendu
refendu
refondu
rendu
répandu
reperdu
répondu
résidu
sous-entendu
suspendu
tendu
tondu
tordu
vendu

DUE

étendue, *s. f.*
fondue, *s. f.*

Le fém. des adj. et des part. de la liste précédente fournissent la rime en *due*.

E

É, rime non suffisante, voir **BÉ, CÉ, DÉ, ÉÉ...**

ÉA, ÆA

alinéa
althæa, *bot.*
Rhéa, *n.*

Plus la 3e pers. sing. du passé simple des verbes en *éer : il créa* ; et de nombreux noms scientifiques de plantes.

ÉAL, voir **AL**

ÉANT

agréant
béant
bienséant
créant
échéant
fainéant
géant
malséant
maugréant
mécréant
néant
recréant
récréant
séant
suppléant

ÉAS, ÉAT, EAU, EAUX, voir **AS AT, AU, AUX**

EB

Caleb, *g.*
Horeb, *g.*
Magreb, *g.*

ÈBE

cubèbe
éphèbe
Érèbe, *myth.*
Eusèbe, *n.*

ÈBES

Célèbes (les), *g.*
Thèbes, *g.*

Plus le pluriel des subst. en *èbe*.

ÈBLE, AIBLE

faible
hièble

ÈBRE

algèbre
célèbre
Èbre, *g.*
funèbre
vertèbre
zèbre

ÈBRES

ténèbres

Plus le pluriel des subst. et la 2e pers. sing. des verbes de la liste précédente.

EC, ECH, ECHT

Anderlecht, *g.*
arec
avec
bec
blanc-bec
chébec
échec
grec
kopeck
Lamech, *n.*
Lautrec, *n.*
Lubeck, *g.*
Québec, *g.*
salamalec
sec
teck
Utrecht, *g.*
varech

ÈCE, voir ESSE

ÈCHE, ÊCHE et AÎCHE long

bêche
bêche, *v.*
bobèche
chevêche
crèche
dépêche
drêche
empêche, *v.*
fraîche
grièche
pêche
prêche
rêche
revêche

ÈCHE bref

allèche, *v.*
Ardèche, *g.*
blèche
brèche
calèche
dessèche, *v.*
ébrèche, *v.*
flammèche
flèche
Flèche (la), *g.*
lèche
mèche
pèche
sèche, *v.*

ECHT, voir EC et ECT

ÈCLE

siècle

ECQUE, voir EQUE

ECS

échecs
Plus le pluriel des noms en *ec*, ect.

ECT

abject
aspect
circonspect
correct
direct
incorrect
indirect
infect
intellect
respect
suspect

Les substantifs en *ec* peuvent rimer avec ceux-ci sans qu'il faille dénaturer l'orthographe.

ECTE

abjecte
affecte, *v.*
architecte
circonspecte
collecte
correcte
délecte, *v.*
désinfecte, *v.*
dialecte
directe
humecte, *v.*
incorrecte
indirecte
infecte
infecte, *v.*
injecte, *v.*
insecte
inspecte, *v.*
objecte, *v.*
réinfecte, *v.*
respecte, *v.*
secte
suspecte
suspecte, *v.*

ECTES

pandectes
Plus le pluriel des noms et la 2e pers. sing. des verbes de la liste précédente.

ECTRE

Électre, *n.*
spectre

ED

Alfred, *n.*
Mohammed, *n.*

ÈDE

accède, *v.*
Andromède, *n.*
Archimède, *n.*
bipède
cède, *v.*
concède, *v.*
décède, *v.*
dépossède, *v.*
Diomède, *n.*
excède, *v.*
Ganymède, *n.*
guède
intercède, *v.*
intermède
Lacépède, *n.*
lagopède
Leyde, *g.*
Mède
Nicomède, *n.*
obsède, *v.*
parallélépipède
possède, *v.*
précède, *v.*
procède, *v.*
quadrupède
remède
rétrocède, *v.*
succède, *v.*
Suède, *g.*
tiède
Tolède, *g.*
vélocipède

Voir aussi les rimes en aide, qui vont avec celles-ci.

ÈDRE

cèdre
dodécaèdre
exèdre
hexaèdre
octaèdre
Phèdre, *n.*
polyèdre
tétraèdre

ÉÉ

Cette rime est formée par les participes passés masculin singulier des verbes en *éer* comme *créé, agréé,* etc. Les premières personnes du passé simple des mêmes verbes, *je créai, j'agréai,* peuvent à la rigueur rimer avec ces participes.

ÉÉE

Cette rime est formée par le féminin des participe en *éé.*

ÉE, rime non suffisante, voir BÉE, CÉE, DÉE, ÉÉE, FÉE...

ÉEN, voir AIN...

ÉER

agréer
béer
créer
dégréer
désagréger
gréer
guéer
maugréer
procréer
ragréer
recréer
regréer
suppléer

EF et EPH

aleph
bas-relief
bref
chef
couvre-chef
derechef
fief
Joseph, *n.*
nef
relief
sous-chef

ÈFE, EFFE et ÈPHE

F, lettre.
greffe, *subst.* et *v.*
Josèphe, *n. f.*
synalèphe

ÈFLE

nèfle
trèfle

ÈGE, EIGE

abrège, *v.*
agrège, *v.*
allège, *subst.* et *v.*
Ariège, *g.*
arpège
assiège, *v.*
beige
collège
Corrège (le), *n.*
cortège
grège
liège
manège
neige
Norvège, *g.*
perce-neige
piège
privilège
protège, *v.*
sacrilège
siège
solfège
sortilège
spicilège

On peut ajouter à ces rimes les formes interrogatives des verbes en *é-je* et *ai-je aimé-je, donnai-je, aurai-je, écrirai-je,* etc., etc.

ÈGES

Pluriel des noms et la 2e pers. des verbes de la liste précédente.

ÈGLE, EIGLE, AIGLE

aigle
espiègle
dérègle, *v.*
règle
seigle

EGME

apophtegme
flegme

ÈGNE, EIGNE, AIGNE

astreigne, *v.*
atteigne, *v.*
baigne, *v.*
ceigne, *v.*
châtaigne
contraigne, *v.*
craigne, *v.*
daigne, *v.*
dédaigne, *v.*
dépeigne, *v.*
duègne
empeigne
enfreigne, *v.*
enseigne
enseigne, *v.*
éteigne, *v.*
étreigne, *v.*
geigne, *v.*

imprègne, *v.*
interrègne
Mascareigne, *g.*
Montaigne, *v.*
peigne
peigne (peigner)
peigne (peindre)
plaigne, *v.*
règne
règne, *v.*
restreigne, *v.*
reteigne, *v.*
saigne, *v.*
Sardaigne, *g.*
teigne
teigne, *v.*

ÈGRE, voir AIGRE

EGS

legs

Ajoutez à ce mot le pluriel des subst. et adj. en ect, et et ait : respects, bienfaits, secrets, etc., et la 2e pers. pluriel du présent indicatif des verbes : *vous allez, parlez,* plus quelques pers. de certains autres : je mets, tu promets, etc. ; mais la consonne d'appui est nécessaire pour constituer une rime riche. *Voir* ÈS.

ÈGUE

allègue, *v.*
bègue
collègue
délègue, *v.*
Diègue, *n.*
fabrègue, *bot.*
lègue, *v.*
Nimègue, *g.*
relègue, *v.*
subdélègue, *v.*

ÈGUES

grègues

Joignez-y le pluriel des noms et la 2e personne singulier des verbes de la liste précédente.

EI monosyllabe, voir **AI**

ÉI dissyllabe

obéi
désobéi
Pompéi, *g.*

Ces mots riment avec ceux se terminant en *aï* dissyllabe, et *ahi*, comme *trahi*.

ÉYER, EIGE, EIGLE, EIGNE, voir AYER, ÈGE, ÈGLE, ÈGNE

EIL

appareil
conseil
Corbeil, *g.*
éveil
grand-conseil
méteil
non-pareil
orteil
pareil
réveil
soleil
sommeil
vermeil
vieil

EILLA, EILLANT, EILLARD, voir LLA, LLANT, LLARD

EILLE

abeille
appareille, *v.*
avant-veille
bouteille
conseille, *v.*
corbeille
corneille
déconseille, *v.*
dépareille, *v.*
désappareille, *v.*
émerveille, *v.*
éveille, *v.*
groseille
Marseille, *g.*
merveille
oreille
oseille
pareille
perce-oreille
réveille, *v.*
salsepareille
seille
sommeille, *v.*
surveille
surveille, *v.*
treille
veille
veille, *v.*
vide-bouteille
vieille

EILLÉ, EILLÉE, EILLER, EILLEUR, EILLEUX, EILLI, EILLIR, EILLON, voir LLÉ, LLÉE, LLER, LLEUR, LLEUX, LLI, LLIR, LLON

EIN, EIND, EINDRE, EINE, EINS, EINT, EINTE, voir AIN, AIND, INDRE, ÈNE AINS, AINT, AINTE

ÉIR, ÉIS, ÉIT, dissyllabes, voir **IR, IS, IT**

EITRE, voir **AITRE**

EISE, EIZE, *voir* **AISE**

EL, ELL

Abel, *n.*
accidentel
actuel
additionnel
agnel
annuel
anticonstitutionnel
appel
arc-en-ciel
archipel
artériel
artificiel
Arzel, *n.*
ascensionnel
auquel
autel
Babel, *g.*
bel
bétel
bisannuel
bordel
calomel
caramel
Carmel, *g.*
carrousel
cartel
castel
casuel
charnel
cheptel
ciel
circonstanciel
colonel
conditionnel
confidentiel
constitutionnel
consubstantiel
continuel
contractuel
conventionnel
conventuel
corporel
correctionnel
criminel
Cromwell, *n.*
cruel
Daniel, *n.*
dégel
différentiel
duel
duquel
Emmanuel, *n.*
essentiel
éternel
éventuel
excrémentiel
exponentiel
Ezéchiel, *n.*
fiel
formel
fraternel
Gabriel, n.
gel
graduel
habituel
hôtel
hydromel
immatériel
immortel
impersonnel
individuel
industriel
insurrectionnel
intentionnel
irrationnel
Ismaël, *n.*
Israël, *n.*
Jézabel, *n.*
Joël, *n.*
juridictionnel
Lebel, *n.*
lequel
Lionel, *n.*
listel
Machiavel, *n.*
maître d'hôtel
maître-autel
manuel
Marcel, *n.*
martel
matériel
maternel
ménestrel
menstruel
mensuel
mercuriel
Michel, *n.*
miel
ministériel
missel
mortel
mutuel
naturel
nickel
Noël
occasionnel
officiel
originel
Pantagruel, *litt.*
pastel
paternel
pénitentiel
perpétuel
personnel
pestilentiel
pluriel
ponctuel
potentiel
processionnel
proportionnel
providentiel
quel
Rachel, *n.*
Raphaël, *n.*
rappel
rationnel
réel
rituel
scalpel
sel
semestriel
sempiternel
sensuel
sexuel
solennel
spirituel
substantiel
superficiel
surnaturel
tel
Tell, *n.*
temporel
textuel
traditionnel
trimestriel
trisannuel
unipersonnel
universel
Uriel, *n.*
usuel
véniel
virtuel
visuel

ELBE

Elbe (île d'), g.

ELCE, voir ELSE

ÊLE long, ESLE, AILE

aile
ale (bière)
bêle, *v.*
démêle, *v.*
entremêle, *v.*
fêle, *v.*
grêle
frêle
mêle, *v.*
Nesle, *n.*
pêle-mêle
prêle, *bot.*
vêle, *v.*

ÈLE bref, voir ELLE

ELFE

elfe, *myth.*
guelfe

ELFES, ELPHES

Delphes, *g.*
elfes
guelfes

ELL, voir EL

ELLE, ÈLE

Adèle, *n*
airelle
aisselle
Angèle, n.
antiparallèle
appelle, *v.*
ascensionnelle
asphodèle
attelle, *v.*
bagatelle
bardelle
bartavelle
baselle
batelle, *v.*
belle
bottelle, *v.*
bourrelle
bretelle
brocatelle
campanelle
cannelle
caravelle
cautèle
cèle, *v.*
celle
cervelle
chandelle
chanterelle
chapelle
cisèle, *v.*
citadelle
citronelle
clientèle
coccinelle
colonelle
Compostelle, *g.*
congèle, *v.*
contre-scelle, *v.*
cordelle
coupelle
crécelle
crécerelle
cretèle, *v.*
cruelle
cuvelle, *v.*
Cybèle, *n.*
damoiselle
décèle, *v.*
dégèle, *v.*
démantèle, *v.*
demoiselle
dentelle
dentelle, *v.*
dépucelle, *v.*
descelle, *v.*
desselle, *v.*
dételle, *v.*
donzelle
écartèle, *v.*
échelle
échevèle, *v.*
écuelle
elle
embottelle, *v.*
encastèle, *v.*
épelle, *v.*
érysipèle
escabelle
escarcelle
Estelle, *n.*
étincelle
excelle, *v.*
femelle
ficelle
fidèle
filoselle
flagelle, *v.*
flanelle
fontanelle
Fontenelle, *n.*
gabelle
gamelle
gazelle
gèle, *v.*
gravelle
grivèle, *v.*
harcèle, *v.*
haridelle
hydrocèle
immortelle
infidèle
interpelle, *v.*
involucelle
Isabelle, *n.*
isocèle
javelle
jouvencelle
judelle, *zool.*
jumelle
kyrielle
laquelle
libelle
limoselle
mademoiselle
mamelle
mancelle
manivelle
manuelle
maquerelle
Marc-Aurèle, *n.*
marelle
margelle
martèle, *v.*
mercurielle
mirabelle
mitelle
modèle
moelle
morcelle, *v.*
mortelle
Moselle, *g.*
muselle, *v.*
nacelle
nielle
nivelle
nouvelle
obèle
ombelle
ombrelle
pantèle, *v.*
parallèle
parcelle
parentèle
pastourelle

patelle
paumelle
pédicelle
pèle, *v.*
pelle
péronnelle
piloselle
pimprenelle
Polichinelle, *n.*
pommelle
poutrelle
prunelle
pucelle
quelle
querelle
râtelle, *v.*
râtelle, *v.*
rebelle
recèle, *v.*
renivèle, *v.*
renouvelle, *v.*
resselle, *v.*
révèle, *v.*
ribambelle
ridelle
ritournelle
Rochelle (la), *g.*
rondelle
rouelle
ruelle
ruisselle, *v.*
sarcelle
sautelle, *v.*
sauterelle
scelle, *v.*
selle
selle, *v.*
semelle
sentinelle
soldanelle
sphacèle
telle
tonnelle
tourelle
tournelle
tourterelle
touselle
truelle
tunicelle
tutelle
urodèle, *zool.*
vaisselle
varicocèle
venelle
vermicelle
vielle
violoncelle
voyelle
zèle

Ajoutez à chacune de ces catégories le fém. des noms en *el*, avec l'appui de la consonne, *belle*, etc.

ÈLES et ELLES

Bruxelles, *g.*
Dardanelles, *g.*
Échelles, *g.*
écrouelles
Et les pluriels de la liste précédente.

ELME

Anselme, n.
Saint-Elme (feu)

ELPHE, voir ELFE

ELTE

celte
svelte
velte

EM prononcé ÈME

item
Bethléem, *g.*
Harlem, *g*
harem
hem !
idem
requiem
Jérusalem, *g.*
Mathusalem, *n.*
ibidem
Sem, *n.*
Sichem, *g.*

EMBLE, EMBRE, voir AMBLE, AMBRE

ÊME, ÈME, EMME, AIME

aime
anathème
Angoulême, *g.*
antépénultième
apothème
apozème
baptême
billionième
blasphème
blême
Bohême, *g.*
brème, *zool.*
carême
centième
chrême
cinquantième
cinquième
crème
deux-centième
deuxième
diadème
dilemme
dix-huitième
dix-neuvième
dix-septième
dixième
douzième
écrème, *v.*
elle-même
emblème
emphysème
empyème
épiphonème
érythème
exanthème
extrême
flemme
gemme
hélianthème
huitième
j'aime
lui-même
même
mi-carême
millième
millionième
moi-même, *etc.*
neuvième
Nicodème, n.
nonantième
œdème
onzième
parsème, *v.*
pénultième
poème
problème

quantième
quarantième
quatorzième
quatre-vingt-dixième
quatrième
quinzième
seizième
sème, *v.*
septantième
septième
sixième
soixante-dixième
soixantième
stratagème
suprême
système
tantième
thème
théorème
treizième
trentième
trirème
troisième
unième
vingt-deuxième…
vingt-unième
vingtième
xéranthème

EMME prononcé AME, voir AME bref

EMPE, EMPLE, EMPTE, voir AMPE, AMPLE, ANTE

EMS prononcé ans, voir ANS

EN prononcé AN, voir AN

EN prononcé ène

abdomen
Baden, *g.*
ben
cyclamen
éden
gluten
hymen
lichen
Niémen, *g.*
Yémen, *g.*

EN prononcé ine

Aberdeen, *g.*
spleen

EN prononcé ein, voir AIN

ENCE, ENCHE, ENCRE, END, ENDE, ENDRE, voir ANCE, ANCHE, ANCRE, AND, ANDE, ANDRE

ÈNE, ENNE long, voir AINE

ÈNES, ENNES

Ardennes, *g.*
Athènes, *g.*
Démosthènes, *n.*
Gênes, *g.*
Mycènes, *g.*
prolégomènes
rênes (les)
Rennes, *g.*
Valenciennes, *g.*
Varennes, *g.*
Vincennes, *g.*

Ajoutez le pluriel. des noms en *ène, enne, aine, eine* et la 2e personne sing. des verbes en *ène* et *enne*. Observez cependant que pour que les rimes soient riches, il faut la lettre d'appui. *Voir* à AINE et à IENNE

ENFLE

enfle
désenfle
renfle

ENG prononcé an, *voir* ANC

ENGE, voir ANGE

ENGS, voir le pluriel des désinences en ANC

ENNE bref

apprenne, *v.*
comprenne, *v.*
géhenne
prenne, *v.*
surprenne, *v.*

Ajouter les terminaisons en ienne et surtout celles dans lesquelles i-en est dissyllabe. *Voir* à I.

ENS prononcé ans

cens
Lens, *g.*
sens
Sens, *g.*

ENS dont le s est muet, voir ANS

ENS prononcé in, voir AINS et IENS

ENSE, voir ANSE

ENT prononcé an, voir ANT

ENT muet

Cette terminaison féminine ne se rencontre qu'à la troisième personne pluriel. des temps des verbes, quand la 3e personne du singulier est en *e* muet ; elle forme donc des rimes : *aiment* et *sèment* riment entre eux comme *aime* et *sème* ; de même, *renouvellent, révèlent* ; *formèrent, aimèrent ; rendirent, défendirent.* Il faut observer que précédée de *ai* sans consonne intermédiaire dans les imparfaits et les conditionnels, la terminaison *ent* ne fait pas une rime féminine, mais une rime masculine : *ils tombaient, ils courbaient ; ils seraient, ils aimeraient,* etc.

ENTE, ENTRE, ENTS, ENVRE, voir ANTE, ANTRE, ANTS, ANVRE

EOIR, EOIRE, EOIS, EOISE, voir OIR, OIRE, OIS, OISE

EON monosyllabe, voir GEON

ÉON dissyllabe

Actéon, *n.*	Léon, *g.* et *n.*
caméléon	Napoléon, *n.*
Éon (d'), *n.*	Odéon
Gédéon, *n.*	Panthéon
iléon	Siméon, *n.*

EP

Alep, g.	salep
cep	sep
julep	

ÊPE

crêpe	guêpe
crèpe, *v.*	recèpe, *v.*

EPH, ÈPHE, voir EF, ÈFE

EPPE

Dieppe, *g.*	steppe

Du fait du petit nombre de mots qui appartiennent à ces deux terminaisons, *êpe* et *eppe* riment ensemble.

ÈPRE, ÊPRES

lèpre	vêpres (les)

Il rime avec le pluriel du mot *lèpre*.

EPS

biceps	princeps
ceps	reps
creps	seps
forceps	

EPT

sept	trésept
transept	

Ces mots riment avec ceux en *et*, dans lesquels *t* se prononce, parce que dans *sept* le *p* ne se fait point entendre.

EPTE

accepte, *v.*	intercepte, *v.*
adepte	lepte
excepte, *v.*	précepte
inepte	

ÈQUE, ECQUE

bibliothèque	hypothèque
cercopithèque	intrinsèque
défèque, *v.*	Mecque (la), *g.*
dissèque, *v.*	pastèque
extrinsèque	Sénèque, *n.*
grecque	

ÊQUE

évêque	archevêque
Pont-l'Évêque	

Du fait du petit nombre de mot de la terminaison *êque*, ils riment avec ceux en *èque* et *ecque*.

ÈQUES

obsèques

Joignez-y le pluriel des noms et la 2e personne sing. des verbes des deux listes précédentes.

ER dans lequel r se prononce

amer
aster
auster
cancer
chair
cher
cuiller
cutter
enfer
Esther, *n.*
éther
Euler, *n.*
fer
fier
frater
haute-mer
hier
hiver
Jupiter
Kléber, *n.*
Lucifer, *n.*
Luther, *n.*
mâchefer
magister
mer
Munster, *g.*
Niger, *g.*
outremer
pleine-mer
porter
spencer
stathouder
ter
ver
Werther, *nn.*
Westminster

Voir la terminaison en *air*: elle rime bien avec celle-ci. Celle en *ert* peut aussi, à la rigueur, fournir des rimes semblables ; mais il faut la lettre d'appui pour qu'elles ne soient pas faibles : on fait donc rimer *hiver* avec *couvert*, et mieux encore *hivers* avec *couverts*.

ER prononcé sans faire sentir le r

Ces deux lettres ne suffisent pas pour faire une rime. Voir les terminaisons où elles sont accompagnées de la lettre d'appui BER, CER, CHER, DER, ÉER, etc.

ERBE

acerbe
adverbe
gerbe
gerbe, *v.*
herbe
imberbe
Malherbe, *n.*
proverbe
superbe
verbe

ERCE, ERSE

adverse
averse
berce
bouleverse, *v.*
commerce
controverse, *v.*
converse
déverse, *v.*
diverse
exerce, *v.*
gerce, *v.*
herse
inverse
obverse
perce
Perse, *g.*
perverse
renverse (à la)
reperce, *v.*
reverse, *v.*
tergiverse, *v.*
tierce
transverse
traverse
verse

ERCHE

cherche, *v.*
perche
recherche
Perche (le), *g.*

ERCLE

cercle
couvercle
demi-cercle
quart de cercle

ERD, voir ERT

ERDE

perde, *v.*
reperde, *v.*

ERDRE

Erdre, *g.*
perdre, *v.*

ÈRE et ERRE

accélère, *v.*
acère, *v.*
acrotère
adhère, *v.*
adultère
aère, *v.*
alexitère
altère, *v.*
amère
Angleterre, *g.*
anthère
aptère
argentifère
artère
atmosphère
aubère
austère
Auxerre, *g.*
avère, *v.*
baccifère
baptistère
beau-frère
beau-père
belle-mère
bergère
bocagère

bouchère
boulangère
caractère
cautère
célérifère
Cerbère, *myth.*
chambrière
chère
chimère
chylifère
cimeterre
clystère
cochère
coléoptère
colère
commère
commère, *v.*
compère
confère, *v.*
confrère
conifère
considère, *v.*
coopère, *v.*
corallifère
cratère
crucifère
cuprifère
Cythère, *g.*
débarcadère
décastère
défère, *v.*
déferre, *v.*
dégénère, *v.*
délétère
délibère, *v.*
désaltère, *v.*
désespère, *v.*
desserre, *v.*
déterre, *v.*
diptère
dure-mère
embarcadère
enchère
enferre, *v.*
enserre, *v.*
enterre, *v.*
éphémère
épinglière
équerre
équilatère
ère
erre
espère, *v.*
étagère
étrangère
exagère, *v.*
faux frère
Fère (la), *g*
ferre, *v.*
Finistère, *g.*
fondrière
fougère
frère
fructifère
fumeterre
galère
gère, *v.*
grand-mère
grand-père
guère
guerre
harengère
hémisphère
hère
Homère, *n.*
horlogère
ictère
impubère
infère, *v.*
ingère, *v.*
insère, *v.*
Isère, *g.*
jachère
La Sablière, *n.*
lacère, v.
lactifère
lanifère
lanigère
légère
lingère
Lozère, *g.*
macère, *v.*
Madère, *g.*
magistère
mammifère
marbrière
mégère
ménagère
mensongère
mère
métallifère
meurtrière
ministère
misère
modère, *v.*
monastère
monoptère
mystère
naguère
Nanterre, *g.*
nitrière
œillère
ombellifère
opère, *v.*
panthère
paratonnerre
parère
parterre
passagère
patère
père
périptère
persévère, *v.*
pestifère
phalanstère
phylactère
pie-mère
planisphère
plâtrière
poivrière
porchère
potagère
poudrière
préfère, *v.*
presbytère
prière
primevère
profère, *v.*
prolifère
prospère
prospère, *v.*
pubère
quadrilatère
rabouillère
récupère, *v.*
réfère, *v.*
régénère, *v.*
réitère, *v.*
rémunère, *v.*
repère
resserre, *v.*
réverbère
réverbère, *v.*
révère, *v.*
rotifère
sablière
salpêtrière
Sancerre, *g.*
Santerre, *g. n.*
séminifère
serre
sévère
Sévère, *n.*
somnifère
soufrière
sphère
statère
stère
stolonifère
sudorifère
suggère, *v.*
terre, *v.*
Tibère, *n.*
tonnerre
torchère
trachée-artère

transfère, *v.*	verre
trouvère	viagère
ulcère, *v.*	vipère
uretère	viscère
vachère	vitrière
ventrière	vitupère, *v.*

Les terminaisons en *aire* riment bien avec celles-ci, surtout avec la lettre d'appui. Celles en *ière* et *iaire* riment moins bien, surtout quand *ié, iai* sont monosyllabes. Voir *aire,* et *ière* à I. Ajoutez les féminins des adjectifs en *er*.

ERF

cerf	serf
nerf	

Ces trois mots riment au singulier Mais au pluriel *cerfs*, *nerfs* étant prononcés cers, ners, riment seuls ensemble. *Serfs* faisant entendre le *f* n'a pas de rime.

ERG

Nuremberg, *g.*	Wurtemberg, *n.*
Furstemberg, *n.*	

Ces mots peuvent rimer à la rigueur avec les terminaisons *er, air, ert*.

ERGE

alberge	émerge, *v.*
asperge	enverge, *v.*
auberge	flamberge
berge	goberge, *v.*
canneberge, *bot.*	héberge, *v.*
cierge	immerge, *v.*
concierge	serge
converge, *v.*	submerge, *v.*
déterge, *v.*	verge
diverge, *v.*	vierge

ERGUE

exergue	Rouergue, *g.*
envergue, *v.*	vergue

ERGUES

Pluriel des noms et la 2e pers. sing. du verbe de la liste qui précède.

ERLE

déferle, *v.*	gris-perle
ferle, *mar. v.*	perle
gerle, *bot.*	

ERME

afferme, *v.*	ferme
angiosperme	germe
berme	Palerme, *g.*
derme	referme, *v.*
échinoderme	renferme, *v.*
enferme, *v.*	sperme
épiderme	terme

ERMES

thermes, *s. pluriel.* Ajoutez-y le pluriel des noms et la 2e pers. sing. des verbes de la liste qui précède.

ERNE

alterne	hiverne, *v.*
baliverne	Holopherne, *n.*
Berne, *g.*	interne
berne, *v.*	lanterne, *v.*
caserne	Lerne, *g.*
caverne	Lucerne, *g.*
cerne, *v.*	luzerne
citerne	moderne
concerne	prosterne, *v.*
consterne, *v.*	quaterne
décerne, *v.*	sauterne.
discerne, *v.*	sterne
externe	subalterne
giberne	taverne
gouverne, *v.*	terne

ERPE

Euterpe, *myth.*	serpe

ERPES

herpes, *pluriel.*	serpes, *pluriel.*

ERQUE

Albuquerque, *n.* Dunkerque, g.

ERRE, voir ÈRE

ERS prononcé É

andouillers Angers, *g.*
Ajoutez le pluriel des noms en *er* comme *dangers, légers. Voir* aussi la terminaison IERS.

ERS prononcé ère

univers pervers
convers revers
divers travers
Gers, *g.* vers
Nevers, *g.* dévers
pers envers
perds. *v.* dessers, *v.*
reperds, *v.* ressers, *v.*
sers, *v.* Ajoutez le pluriel des noms en *er* et *air* (prononcé *ère*), ainsi que de ceux en *ert*. *Voir* aussi la terminaison *iers*; plus cerfs, nerfs.

ERS prononcé erce

Anvers, *g.* Gers, *g.*

ERSE, voir ERCE

ERT, ERD prononcé ère

Albert, *n.* entrouvert
Childebert, *n.* rouvert
Colbert, *n.* pivert
concert Robert, *n.*
couvert Cap-Vert, *g.*
découvert souffert
recouvert vert
disert appert, *v.*
expert perd, *v.*
Gilbert, *n.* reperd, *v.*
haubert sert, *v.*
dessert, *v.* offert, *part.*
ressert, *v.* ouvert

ERTE

alerte, *adj.* et *s.* entrouverte
Berthe, *n.* experte
concerte, *v.* inerte
couverte, *part.* offerte
déconcerte, *v.* ouverte
découverte, *adj.* et *s.* perte
déserte, *adj.* recouverte
déserte, *v.* rouverte
desserte soufferte
diserte verte

ERTES

certes Joignez-y le pluriel des noms et la deux. pers. sing. des verbes de la liste précédente.

ERTRE

tertre

ERVE

conserve préserve, *v.*
conserve, *v.* réserve
énerve, *v.* réserve, *v.*
Minerve, *myth.* serve, *subj.*
observe, *v.* verve

ÉS ou EZ prononcé é

assez chez
cache-nez nez
Le pluriel en és dans les noms, et la 2e personne pluriel en ez dans les verbes, riment avec ces mots; mais il faut que la lettre d'appui soit semblable. *Assez, percés, effacez, terrassez,* etc., *nez, amenés, prenez,* etc. Voir BES, DES, CHES, EES, FES, etc.

ÈS prononcé è

abcès cyprès
accès décès
agrès excès
auprès exprès
congrès insuccès

près
procès
profès
succès
très

Ajoutez le pluriel des noms en et et ait. Voir aussi les rimes en ais, qui vont avec cette désinence, surtout quand la lettre d'appui est semblable. *Voir* aussi EZ.

ÈS et **EZ** prononcé **èce**

Agnès, n.
aloès
Ambès (bec d'), *g.*
Aranjuez, *g.*
Averroès, *n.*
Bénarès, *g.*
Cérès, *myth.*
Cortez, *n.*
Damoclès, *n.*
florès (faire)
Hermès, *myth.*
Inès, *n.*
Inverness, *g.*
kermès
Méphistophélès
Metz, *g.*
patres (ad)
Périclès, *n.*
Retz (de), *n.*
Saint-Tropez, *n.*
Suez, *g.*
Thalès, *n.*
Vélasquez, *n.*
Xérès, *g*

ESCE, voir **ESSE**

ÈSE, voir **AISE**

ESLE, ESME, ESNE, ESPE, ESPRE, ESQUE, dont le **s** est muet, voir **ÈLE, ÈME, ÈNE, ÊPE, ÊPRE, ÊQUE**

ESQUE prononcé **éceque**

arabesque
barbaresque
burlesque
charlatanesque
chevaleresque
dantesque
fresque
gigantesque
grotesque
mauresque
pédantesque
pittoresque
presque
romanesque
soldatesque
tudesque

ESSE bref

acquiesce, *v.*
adresse
aînesse
allégresse
altesse
ânesse
archiduchesse
bailleresse
blesse, *v.*
Bresse, *g.*
caresse
cesse
chanoinesse
chasseresse
compresse
comtesse
déesse
défenderesse
délicatesse
demanderesse
désintéresse, *v.*
détresse
devineresse
diablesse
diaconesse
doctoresse
dogaresse
dresse, *v.*
drôlesse
duchesse
empresse, *v.*
enchanteresse
esse
étroitesse
expresse
faiblesse
fesse
finesse
forteresse
gentillesse
gesse
grand-messe
grandesse
grossesse
hardiesse
hautesse
hôtesse
impolitesse
intéresse, *v.*
ivresse
ivrognesse
jeunesse
justesse
kermesse
largesse
larronnesse
liesse
maîtresse
maladresse
messe
mollesse
morbidesse
mulâtresse
noblesse
oppresse, *v.*
pairesse
papesse
paresse
paresse, *v.*
patronnesse
pauvresse
pécheresse
petitesse
poétesse
politesse
presse, *v.*
prestesse
prêtresse
princesse
progresse, *v.*
promesse
prophétesse
prouesse
redresse, *v.*
richesse
rudesse

sagesse
sauvagesse
scélératesse
sécheresse
souplesse
suissesse
tendresse
tigresse
traîtresse
transgresse, *v.*
tresse, *subst.* et *v.*
tristesse
vengeresse
vesce, *bot.*
vesse
vicomtesse
vieillesse
vitesse

ESSE long, voir **AISSE**

EST prononcé **è**, voir **ET** long

EST

Brest, *g.*
Bucarest, *g.*
Budapest, *g.*
Ernest, *n.*
est
lest
nord-est
nord-ouest
ouest
sud-est
sud-ouest
test

ESTE

admoneste
agreste
Alceste, *n.*
almageste
anapeste
asbeste
atteste, *v.*
bupreste
céleste
ceste
conteste, *v.*
déleste, *v.*
déteste, *v.*
digeste
empeste, *v.*
este
Este (d'), *n.*
funeste
geste
immodeste
inceste
indigeste
infeste, *v.*
leste
manifeste, *v.*
modeste
moleste, *v.*
Oreste, *n.*
peste
preste
proteste, *v.*
reste
sieste
soubreveste
teste, *v.*
Trieste, *g.*
veste
zeste

ESTRE dont le **s** ne se prononce pas, voir **ÊTRE**

ESTRE prononcé estre

alpestre
bourgmestre
Clytemnestre, *myth.*
équestre
orchestre
palestre
pédestre
rupestre
semestre
sénestre
séquestre
sylvestre
terrestre
trimestre
vaguemestre

ÊT long et AIT long

acquêt
apprêt
arrêt
benêt
connaît (il), *v.*
conquêt
est (il), *v.*
forêt
genêt
intérêt
méconnaît (il), *v.*
naît (il), *v.*
paît (il), *v.*
prêt, *adj.*
prêt, *subst.*
protêt
renaît (il), *v.*
repaît (il), *v.*
têt

Ces mots riment avec les désinences en *ait*, surtout quand la lettre d'appui est la même : *benêt, renaît,* etc.

ET, AIT et **AID**

abstrait
admet, *v.*
affiquet
agnelet
aigrelet
alphabet
Anet, *g.*
angelet
annelet
armet
attifet
auget
avant-poignet
Bagnolet, *g.*
Bajazet, *n.*
ballet
banneret
baquet
barbet
barillet
baronnet
basset
bassinet
batelet
bâtonnet
baudet

bavolet
beignet
béquet
beset
bidet
bienfait
bilboquet
billet
biquet
biset
bistoquet
blanchet
blet
bolet
bonnet
bosquet
Bossuet, *n.*
boulet
bouquet
Bourget (le), *g.*
bourrelet
bourriquet
bracelet
brait, *v.*
bréchet
brésillet
brevet
briquet
brochet
brouet
brunet
budget
buffet
cabaret
cabasset
cabinet
cabriolet
cachet
cadet
calumet
camouflet
capelet
Capet, *n.*
caquet
carbet
caret
carnet
carrelet
cavet
cervelet
cet, *pron.*
chalet
chapelet
chardonneret
chasse-rivet
châtelet
chenet
chevalet
chevet
Cholet, g.
chou-navet
chouquet
ciselet
clairet
clapet
claquet
cliquet
cochet
cochonnet
coffret
colifichet
collet
commet, *v.*
complaît, *v.*
complet
compromet, *v.*
concret
Condorcet, *n.*
contrefait
contrefait
coqueret
coquet
cordonnet
cornet
corselet
corset
cotret
couperet
couplet
courcaillet
coussinet
creuset
criquet
crochet
croquet
daguet
déchet
décret
défait
défait
défet
démet, *v.*
déplaît, *v.*
discret
distrait, *v.*
doublet
doucet
douillet
droguet
duvet
échet, *v.*
effet
émouchet
entremet (s'), *v.*
estaminet
et
extrait, *v.*
fait
farfadet
fauchet
fausset
ferret
feuillet
fichet
filet
flageolet
flanchet
flet, zool.
fleuret
fluet
follet
foret
forfait
formeret
fouet
Fouquet, *n.*
fourchet
freluquet
fret
friquet
fumet
furet
fustet
galet
galoubet
gantelet
garçonnet
genet
gibelet
gibet
gilet
gobelet
godet
goret
gouet
goulet
gourmet
gousset
grandelet
grasset
grassouillet
griset
guéret
guet
guichet
guillemet
guilleret
haquet
havenet
hochet
hoquet
huchet
imparfait
incomplet
indiscret
inquiet
Japhet, n.
jardinet
jarret
jaunet

jet
jeunet
joliet
jouet
juillet
lacet
laid
lait
lansquenet
lazaret
livret
Loiret, *g.*
longuet
loquet
louchet
magret
Mahomet, *n.*
maigrelet
maillet
mantelet
marjolet
martinet
mascaret
méfait
mentonnet
menuet
met, *v.*
millet
minaret
motet
moulinet
mousquet
muet
muguet
mulet
muscadet
navet
nichet
nouet
objet
œillet
oiselet
omet, v.
onglet
orgelet
orvet
osselet
ourlet
paillet
palet
paltoquet
pamphlet
paquet
Paraclet
parapet
parfait
parquet
pauvret
permet, *v.*
perroquet
pet
piquet
pistolet
placet
plaid
plaît, *v.*
plumet
plus-que-parfait
poignet
portrait
poulet
préfet
projet
promet, *v.*
propret
quinquet
quolibet
récollet
refait
reflet
réglet
regret
remet, *v.*
rentrait, *v.*
replet
retrait
ricochet
rivet
robinet
rochet
roitelet
rondelet
roquet
rossignolet
rouet
rouget
Rouget (de l'Isle)
rousselet
sachet
sacret
sansonnet
satisfait
saupiquet
sauret
secret
serpolet
seulet
sifflet
signet
sillet
sobriquet
sonnet
sorbet
souchet
soufflet
souhait
soumet
sous-préfet
soustrait, *v.*
stérilet
stupéfait, *adj.*
stylet
sujet
suret
surfait
surjet
tabouret
tantinet
tercet
Tibet, *g.*
tiercelet
Tintoret, *n.*
tiret
tonnelet
toquet
toupet
tourniquet
traceret
trait, *v.*
trajet
tranchet
transmet, *v.*
traquet
trébuchet
Triboulet, *n.*
trinquet
triolet
triquet
Tronchet, *n.*
valet
vannet
varlet
verdelet
verdet
verset
violet
volet
voulait, *v.*

Ajoutez à chacune de ces séries la troisième personne singulier des imparfaits des verbes en *er* dont la terminaison est précédée de la même lettre d'appui.

ET prononcé **éte**

Albret, *g.*
aneth
débet
Japhet, *n.*
Macbeth, *n.*
Nazareth, *g.*
sept
Seth, *n.*
tacet

ÈTE bref et ETTE

ablette
achète, *v.*
admette, *v.*
affrète, *v.*
aigrette
aiguillette
aissette
allumette
alouette
ambrette
amourette
amusette
anachorète
andouillette
anisette
Annette, *n.*
Antoinette, *n.*
appète, *v.*
ariette
ascète
assiette
athlète
aveuglette
baguette
baïonnette
bandelette
bannette
banquette
barbette
barcelonette
barrette
bassette
bavette
belette
bergerette
bergeronnette
bette
billette
bisette
blanquette
blette
blondinette
bluette
bonnette
bouffette
boulette
brette
brochette
broquette
brouette
brunette
bûchette
burette
buvette
cachète, *v.*
cachette
cadenette
cadette
caillette
canette
carpette
casquette
cassette
cassolette
centripète
cerisette
cette, pron.
chaînette
chambrette
chansonnette
chardonnette
charrette
chaussette
chemisette
chenillette
chevillette
chevrette
chopinette
chouette
ciboulette
civette
clairette
clarinette
clavette
cliquette
collerette
comète
commette, *v.*
coquette
cordelette
cornette
côtelette
couette
courbette
crevette
crossette
cueillette
curette
cuvette
Damiette, *g.*
démette, *v.*
dette
diabète
diète
discrète
disette
doublette
doucette
douillette
échelette
émette, *v.*
emplette
endette, *v.*
entremette, *v.*
épaulette
Epictète, n.
épine-vinette
épinette
épithète
éprouvette
escampette
escarpolette
escopette
espagnolette
étiquette
facette
fauvette
femmelette
feuillette
fillette
finette
fleurette
fossette
fourchette
franquette
frète, *v.*
frette
frisquette
galette
gargoulette
gazette
genette
gentillette
gimblette
girouette
goélette
gouttelette
grenouillette
grisette
guète, *v.*
guinguette
hâtelette
Henriette, *n.*
herbette
herminette
historiette
houlette
indigète
inquiète
interjette, *v.*
interprète
ivette
jambette
jaquette
Jeannette, *n.*
jette, *v.*
joliette
lancette
languette
lavette
layette
levrette
lignette
Lisette, *n.*

logette
longuette
Lorette
lorgnette
lunette
maisonnette
mallette
manette
marionnette
marquette
mauviette
mazette
mette, *subj. v.*
miette
mignonnette
minette
molette
mollette
moquette
mouillette
muette
mulette
musette
navette
noisette
nonnette
ombrette
omelette
omette, v.
oreillette
paillette
palette
palmette
pâquerette
paulette
percerette
permette, *v.*
Perrette, *n.*
Pierrette, *n.*
pirouette
plaquette
pochette
pochette
poète
pommette
pompette
poudrette
poulette
poussette
projette, *v.*
promette, *v.*
psallette
puisette
quillette
rainette
ramette
raquette
recette
reginglette
réglette
rejette, *v.*
remette, *v.*
répète, *v.*
roquette
rosette
Rosette, *n.*
rouannette
rougette
roulette
roussette
sagette
sarrette
sarriette
savonnette
saynète
secrète
sellette
serinette
serpette
serrette
serviette
sonnette
sornette
soubrette
soumette, *v.*
squelette
suette
Suzette, *n.*
tablette
taillette
tapette
tartelette
tassette
tette
tinette
toilette
transmette, *v.*
trinquette
tripette
trompette
turquette
vedette
vignette
vinaigrette
violette
vrillette

Joignez à chacune de ces catégories le féminin des adjectifs en et avec la même lettre d'appui.

ÊTE long et **ÈTE** long

apprête, *v.*
arbalète
arrête, *v.*
bête
casse-tête
conquête
contre-enquête
coupe-tête
crête
Crète, *g.*
déshonnête
écrête, *v.*
enquête, *s.* et *v.*
entête, *v.*
étête, *v.*
faîte
fête
hébète, *v.*
honnête
malhonnête
prête
prophète
quête
requête
revête, *v.*
serre-tête
tempête, *subst* et *v.*
tête
trouble-fête
tue-tête (à)

Voir les mots en aite pour la rime avec ceux-ci.

ÈTES et **ETTES** bref

massorètes
mouchettes
olivettes
oubliettes
pincettes

Joindre le pluriel des noms et la 2ᵉ pers. singulier des verbes de la série en ète bref.

ÊTES long

êtes (vous)

Joindre le pluriel des noms et la 2ᵉ pers. singulier des verbes de la série en ête long.

ÈTRE bref et ETTRE

admettre, *v.*
aéromètre
anémomètre
baromètre
calorimètre
centimètre
chronomètre
commettre, *v.*
contre-lettre
décamètre
diamètre
dynamomètre
électromètre
émettre, *v.*
entremettre, *v.*
eudiomètre
galvanomètre
géomètre
goniomètre
graphomètre
hectomètre
hexamètre
hydromètre
hygromètre
kilomètre
lettre
manomètre
mètre
mettre, *v.*
micromètre
millimètre
odomètre
omettre, *v.*
pantomètre
paramètre
pénètre, *v.*
périmètre
permettre, *v.*
piètre
promettre, *v.*
radiomètre
remettre, *v.*
soumettre, *v.*
tétramètre
thermomètre
transmettre, *v.*
trimètre

ÊTRE long

archi-prêtre
Bicêtre, *g.*
bien-être
champêtre
dépêtre, *v.*
empêtre, *v.*
enchevêtre, *v.*
être
fenêtre
guêtre
hêtre
mal-être
peut-être, *adv.*
prêtre
salpêtre

Voir les mots terminés en *aître* qui riment avec ceux-ci.

ÊTRES

ancêtres
êtres (les)

Joindre le pluriel des noms en *être* et en *aître*.

ETS

admets, *v.*
aguets (être aux)
commets, *v*,
démets, *v.*
entremets
mets, *subst.* et *v.*
omets, *v.*
osselets
permets, *v.*
promets, *v.*
soumets, *v.*

Joindre le pluriel des noms en *et*, *ait*, *aid*; plus la 1re et la 2e pers. sing. du verbe *mettre* et de ses composés: *je mets, tu promets,* etc.; plus les mots en *ais* et *ès* prononcés *è : je fais, palais, succès.*

EU

alleu
aveu
bleu
boutefeu
corbleu
cordon-bleu
couvre-feu
désaveu
enjeu
Eu, *g.*
feu
feu, *adj.*
garde-feu
hébreu
heu
jeu
morbleu
neveu
palsambleu
parbleu
petit-neveu
peu
peu-à-peu
vœu

Ces mots peuvent rimer avec ceux en *ieu*; mais la rime est à peine suffisante.

EUBLE

meuble
garde-meuble
immeuble

EUDE, EUDES

Eudes, *n.*
leudes
leude

EUE

banlieue
bleue adj.
lieue
queue
rouge-queue
trousse-queue

EUF et ŒUF

Babeuf, *n.*
bœuf
Elbeuf, *g.*
Marbeuf, *n.*
neuf
œil-de-bœuf
œuf
veuf

Ces mots riment entre eux au pluriel, excepté *bœufs* et *œufs*, qui se prononcent *beu* et *eu* et qui riment avec les pluriels en *eux*.

EUGLE

aveugle, *subst.* et *v.*
beugle, v.
meugle, *v.*

EUIL, UEIL, prononcé euil

accueil
Argenteuil, *g.*
Auteuil, *g.*
bouvreuil
Breteuil, *n.* et *g.*
breuil
cercueil
cerfeuil
chevreuil
demi-deuil
deuil
écueil
écureuil
fauteuil
Luxeuil, *g.*
Montreuil, *g.*
œil
orgueil
recueil
seuil
treuil

EUILLE, UEILLE, prononcé euille

accueille, *v.*
chèvrefeuille
cueille, *v.*
effeuille, *v.*
feuille
mille-feuille
portefeuille
recueille, *v.*

EUILLÉ, EUILLÉE, EUILLER, EUILLI, EUILLIE, EUILLIR, voir LLE, LLÉE LLER, LLI, LLIE, LLIR

EUL

aïeul
bisaïeul
épagneul
filleul
glaïeul
ligneul
linceul
seul
tilleul
trisaïeul

EULE

aïeule
bégueule
bisaïeule
dégueule, *v.*
éteule
filleule
gueule
gueule, *v.*
meule
seule
trisaïeule
veule

EUNE bref et long

jeune, *adj.*
jeûne, *s.*
déjeune, *v.*

EUPLE

peuple
depeuple, *v.*
répeuple, *v.*

EUR

abaisseur
abatteur
abducteur
aboyeur
abréviateur
abrutisseur
abuseur
accélérateur
accepteur
acclamateur
accompagnateur
accordeur
accoucheur
accusateur
acheteur
acquéreur
acteur
administrateur
admirateur
adorateur
afficheur
affineur
affréteur
affronteur
agioteur
agitateur
agresseur
agriculteur
aigreur
aiguiseur
ajusteur
allumeur
amateur
ambassadeur
ambleur
amodiateur
ampliateur
amplificateur
amuseur
animateur
annotateur
antérieur

appareilleur
appariteur
appréciateur
apprêteur
approbateur
approvisionneur
ardeur
argenteur
argumentateur
armateur
arpenteur
arracheur
arrière-fleur
artilleur
assembleur
assesseur
assureur
attiseur
attrapeur
auditeur
auteur
avaleur
avant-coureur
avertisseur
bachoteur
bâfreur
baigneur
bailleur
bâilleur
baiseur
balayeur
bambocheur
baragouineur
barboteur
barbouilleur
bardeur
barguigneur
batailleur
bateleur
bâtisseur
batteur
baveur
belle-sœur
bienfaiteur
blancheur
blanchisseur
blasphémateur
bonheur
botteleur
boudeur
boueur
bouquineur
bousilleur
boxeur
brailleur
brasseur
bredouilleur
bretailleur
bretteur
briseur
brocanteur
brocheur
brodeur
brûleur
brunisseur
buccinateur
buveur
caboteur
cajoleur
calculateur
cambrioleur
candeur
captateur
caqueteur
cardeur
carillonneur
casseur
causeur
censeur
centuriateur
certificateur
chaleur
chamoiseur
Chandeleur
chanteur
chargeur
chasseur
chauffeur
chercheur
chicaneur
chiffreur
chœur
chou-fleur
chroniqueur
chuchoteur
ciseleur
citérieur
clabaudeur
clameur
co-recteur
coadjuteur
codétenteur
cœur
coiffeur
collaborateur
collecteur
colleur
colporteur
commandeur
commentateur
compétiteur
compilateur
complimenteur
compositeur
composteur
compteur
conciliateur
condensateur
conducteur
confesseur
confiseur
conjurateur
connaisseur
consécrateur
conservateur
consœur
consolateur
consommateur
conspirateur
constricteur
constructeur
consulteur
contemplateur
contempteur
conteur
continuateur
contradicteur
contrefacteur
contrôleur
convertisseur
coopérateur
corailleur
corneur
correcteur
corrupteur
cotuteur
coucheur
couleur
coupeur
coureur
couvreur
covendeur
cracheur
craqueur
crayonneur
créateur
crève-cœur
criailleur
cribleur
crieur
crocheteur
croiseur
cueilleur
cultivateur
curateur
curseur
damasquineur
dameur
danseur
daubeur
débardeur
débiteur
déchargeur
déchiffreur
déchiqueteur
décimateur
décorateur
défaveur
défendeur
défenseur

définiteur
défricheur
dégraisseur
délateur
demandeur
démonstrateur
dénicheur
dénominateur
dénonciateur
dépréciateur
déprédateur
désapprobateur
déserteur
déshonneur
désorganisateur
dessinateur
destructeur
détenteur
détracteur
détrousseur
dévaliseur
dévastateur
dévideur
dictateur
diffamateur
digesteur
dîneur
directeur
discoureur
dispensateur
dissecteur
dissimulateur
dissipateur
distillateur
distributeur
diviseur
docteur
dogmatiseur
dominateur
dompteur
doreur
dormeur
doubleur
douleur
dupeur
ébaucheur
éclaireur
écorcheur
écornifleur
écrivailleur
écumeur
édificateur
éditeur
égorgeur
électeur
éleveur
Elseneur, *g.*
émailleur
emballeur
embaucheur
émouleur
empailleur
empereur
empoisonneur
emprunteur
émulateur
encenseur
enchanteur
enchérisseur
endormeur
endosseur
enfonceur
enfouisseur
enjoliveur
enlumineur
enquêteur
enrôleur
ensorceleur
entendeur
entremetteur
entrepreneur
envahisseur
épaisseur
éplucheur
équateur
érecteur
ergoteur
erreur
escamoteur
escrimeur
essayeur
estimateur
étalonneur
étameur
ex-recteur
exacteur
examinateur
excitateur
excréteur
exécuteur
exploiteur
explorateur
exportateur
extérieur
exterminateur
extirpateur
fabricateur
facteur
fadeur
faiseur
falsificateur
faneur
farceur
faucheur
fauteur
faveur
fécondateur
fendeur
ferrailleur
ferreur
ferveur
fileur
finasseur
finisseur
flagorneur
flaireur
flâneur
flatteur
fléchisseur
fleur
flotteur
fondateur
fondeur
forgeur
fornicateur
fossoyeur
fouetteur
fouleur
fourbisseur
fournisseur
fourrageur
fourreur
fraîcheur
frappeur
fraudeur
frayeur
fréteur
froideur
frondeur
frotteur
fumeur
fureteur
fureur
gâcheur
gageur
gagneur
gardeur
gaspilleur
gaufreur
générateur
gesticulateur
gladiateur
glaneur
glossateur
gouverneur
grand-veneur
grandeur
graveur
grimpeur
grogneur
grondeur
grosseur
guetteur
habilleur
haleur
harangueur
Harfleur, g.
harponneur
hauteur
herseur

heur (l')
hideur
Honfleur, g.
hongroyeur
honneur
horreur
humeur
illuminateur
imitateur
immolateur
importateur
imposteur
imprimeur
improbateur
improvisateur
impudeur
indicateur
inférieur
informateur
ingénieur
inquisiteur
inspecteur
inspirateur
instigateur
instituteur
instructeur
intercesseur
intérieur
interlocuteur
interpolateur
interrogateur
interrupteur
introducteur
inventeur
investigateur
jaseur
jaugeur
javeleur
jeteur
jeûneur
jongleur
joueur
jouteur
jureur
justificateur
labeur
laboureur
laceur
laideur
langueur
largeur
laveur
lecteur
législateur
lenteur
leur
libérateur
licteur
lieur
ligueur
liqueur
liquidateur
littérateur
logeur
longueur
louangeur
loueur
lourdeur
lueur
mâcheur
magnétiseur
maigreur
majeur
malfaiteur
malheur
mangeur
maraudeur
marcheur
mareyeur
marieur
marqueur
massacreur
médiateur
meilleur
meneur
menteur
mesureur
minéralisateur
mineur
modérateur
moissonneur
moiteur
moniteur
monnayeur
monopoleur
monseigneur
moqueur
moteur
mouleur
multiplicateur
mystificateur
nageur
narrateur
nasilleur
navigateur
négociateur
niveleur
noirceur
nomenclateur
non-valeur
novateur
numérateur
observateur
obturateur
odeur
offenseur
oiseleur
opérateur
oppresseur
orateur
ordonnateur
organisateur
ouvreur
pâleur
parfumeur
parieur
parleur
passeur
pasteur
patineur
paveur
payeur
pécheur
pêcheur
peigneur
penseur
percepteur
persécuteur
persifleur
perturbateur
pesanteur
pétrisseur
peur
piailleur
pileur
pipeur
piqueur
plaideur
planeur
planteur
plaqueur
pleur
pleureur
plieur
plongeur
pointeur
polisseur
porteur
poseur
possesseur
postérieur
pourfendeur
pourvoyeur
précepteur
prêcheur
précurseur
prédécesseur
prédicateur
preneur
présentateur
pressureur
préteur
prêteur
prévaricateur
prieur
priseur
procurateur
procureur
producteur
profanateur

professeur
profondeur
prometteur
promoteur
pronateur
prôneur
pronostiqueur
propagateur
prosateur
proscripteur
protecteur
protuteur
proviseur
puanteur
pudeur
qualificateur
quémandeur
querelleur
questeur
questionneur
quêteur
rabâcheur
raccommodeur
racleur
racoleur
raconteur
radoteur
raffineur
raisonneur
rameur
ramoneur
rançonneur
rapporteur
ravageur
ravaudeur
ravisseur
receveur
réconciliateur
recruteur
recteur
récupérateur
rédacteur
rédempteur
redresseur
réducteur
réformateur
régénérateur
régisseur
régulateur
releveur
relieur
rémouleur
rémunérateur
réorganisateur
réparateur
repasseur
répétiteur
restaurateur
réveilleur
revendeur
rêveur
réviseur
rhéteur
ricaneur
rieur
rigueur
rimailleur
rimeur
rocailleur
rôdeur
roideur
rondeur
rongeur
rougeur
rumeur
sacré-cœur
sacrificateur
saleur
sanctificateur
sapeur
sarcleur
sauteur
sauveur
saveur
scarificateur
scieur
scripteur
scrutateur
sculpteur
sécréteur
sectateur
secteur
séducteur
seigneur
semeur
sénateur
senteur
septembriseur
sermonneur
serveur
serviteur
sieur
siffleur
sœur
solliciteur
sondeur
songeur
souffleur
souffre-douleur
soupeur
souscripteur
souteneur
spectateur
spéculateur
splendeur
spoliateur
stimulateur
stucateur
stupeur
suborneur
subrogateur
successeur
sueur
supérieur
supinateur
tailleur
tambourineur
tamiseur
tanneur
tapageur
tâteur
tatoueur
taxateur
teneur
tentateur
terreur
testateur
thésauriseur
tiédeur
tirailleur
tireur
tondeur
torpeur
touffeur
tourneur
tousseur
traditeur
traducteur
traîneur
traiteur
transgresseur
trappeur
traqueur
travailleur
trembleur
tresseur
tricheur
tricoteur
triomphateur
trompeur
troqueur
trotteur
trouveur
tueur
tumeur
tuteur
tutoyeur
ultérieur
usurpateur
vainqueur
valeur
vanneur
vapeur
vecteur
veilleur
vendangeur
vendeur
veneur
vengeur
ventilateur

verdeur
vérificateur
vernisseur
verseur
versificateur
vétilleur
vidangeur
vielleur
vigueur
violateur
violeur
visiteur
viveur
voleur
voltigeur
voyageur
zélateur

EURE et EURRE

affleure, *v.*
antérieure
beurre
citérieure
demeure
demeure, *v.*
demi-heure
désaffleure, *v.*
effleure, *v.*
Eure, *g.*
extérieure
fleure, *v.*
heure
inférieure
intérieure
leurre
majeure
meilleure
meure, *subj.*
mineure
pleure, *v.*
postérieure
prieure
redemeure, *v.*
supérieure
ultérieure

EURE prononcé ure, voir URE

EURS

ailleurs
couleurs
d'ailleurs
meurs, *v.*
mœurs
pleurs
plusieurs
vapeurs
Vaucouleurs, *g.*

Plus le pluriel des noms en *eur*, excepté *messieurs* qui se prononce *messieux*.

EURT

heurt
meurt, *v.*

EURTE

heurte, *v.*
Meurthe, *g.*

EURTRE

meurtre

EUS, voir EUX

EUSE

aboyeuse
accoucheuse
acéteuse
acheteuse
acrimonieuse
adipeuse
affectueuse
affreuse
affronteuse
agioteuse
albumineuse
allumeuse
ambitieuse
amoureuse
amuseuse
anguleuse
apprêteuse
aqueuse
argileuse
arracheuse
artificieuse
assembleuse
astucieuse
attrapeuse
audacieuse
avaleuse
avantageuse
avaricieuse
aventureuse
baigneuse
bailleuse
baiseuse
balayeuse
bambocheuse
baragouineuse
barboteuse
barbouilleuse
batailleuse
baveuse
belliqueuse
bienheureuse
bilieuse
blanchisseuse
boiteuse
botteleuse
boudeuse
boueuse
bourbeuse
bousilleuse
boutonneuse
brailleuse
brasseuse
bredouilleuse
briseuse
brocanteuse
brocheuse
brodeuse
brumeuse
brunisseuse
buissonneuse
bulbeuse
buveuse
cadavéreuse
cagneuse
cajoleuse
calamiteuse
calleuse
calomnieuse
cancéreuse
capiteuse
capricieuse
captieuse
caqueteuse
cardeuse
cartilagineuse
casseuse
catarrheuse
causeuse, *adj.*
cauteleuse
caverneuse
cendreuse
cérémonieuse

chaleureuse
chanceuse
chancreuse
changeuse
chanteuse
charbonneuse
chartreuse
chassieuse
chatouilleuse
chauffeuse
chercheuse
Chevreuse, *g.*
chicaneuse
chuchoteuse
clabaudeuse
coiffeuse
colleuse
colporteuse
comateuse
complimenteuse
confiseuse
connaisseuse
consciencieuse
contagieuse
conteuse
convoiteuse
copieuse
cotonneuse
coucheuse
coureuse
coûteuse
couveuse
covendeuse
cracheuse
crapuleuse
crasseuse
crayonneuse
creuse, *adj. f.* et *v.*
Creuse, *g.*
crieuse
cueilleuse
curieuse
dangereuse
danseuse
dartreuse
dédaigneuse
défectueuse
défricheuse
délicieuse
dénicheuse
désastreuse
désireuse
dévideuse
dévotieuse
difficultueuse
discoureuse
disetteuse
disgracieuse
dispendieuse
dormeuse
doubleuse
doucereuse
douloureuse
douteuse
dupeuse
duveteuse
écailleuse
écrivailleuse
écumeuse
émailleuse
embaucheuse
empailleuse
emprunteuse
endormeuse
enjôleuse
enjoliveuse
enlumineuse
ennuyeuse
ensorceleuse
entremetteuse
entrepreneuse
envieuse
épineuse
éplucheuse
ergoteuse
érysipélateuse
essayeuse
fabuleuse
fâcheuse
faiseuse
fameuse
faneuse
fangeuse
farceuse
farineuse
fastidieuse
fastueuse
faucheuse
fesseuse
fibreuse
fiévreuse
filamenteuse
filandreuse
fileuse
finisseuse
fistuleuse
flagorneuse
flaireuse
flâneuse
flatteuse
fraudeuse
frauduleuse
frileuse
frotteuse
fructueuse
fumeuse
furieuse
gâcheuse
gageuse
gagneuse
galeuse
gardeuse
gaspilleuse
gaufreuse
gazeuse
gélatineuse
généreuse
giboyeuse
glaireuse
glanduleuse
glaneuse
globuleuse
glorieuse
glutineuse
goitreuse
gommeuse
goûteuse
goutteuse
gracieuse
graisseuse
grappilleuse
graveleuse
graveuse
grogneuse
grondeuse
gypseuse
habilleuse
haineuse
hargneuse
harmonieuse
hasardeuse
herbeuse
heureuse
hideuse
honteuse
houleuse
huileuse
ignominieuse
impérieuse
impétueuse
incestueuse
industrieuse
infructueuse
ingénieuse
injurieuse
insidieuse
irrévérencieuse
jardineuse
javeleuse
jeûneuse
joueuse
joyeuse
judicieuse
juteuse
laborieuse
laineuse
laiteuse
lamelleuse
langoureuse
lanugineuse

laveuse
légumineuse
libidineuse
licencieuse
lieuse
ligamenteuse
ligneuse
limoneuse
liquoreuse
liseuse
litigieuse
logeuse
louangeuse
loueuse
lumineuse
luxurieuse
mâcheuse
magnétiseuse
majestueuse
malencontreuse
malheureuse
malicieuse
mangeuse
maraudeuse
marécageuse
marieuse
médicamenteuse
mélodieuse
membraneuse
meneuse
menteuse
merveilleuse
Meuse, *g.*
mielleuse
minutieuse
miraculeuse
miséricordieuse
moelleuse
moissonneuse
monopoleuse
monstrueuse
montueuse
moqueuse
morveuse
mouleuse
mousseuse
mucilagineuse
muqueuse
musculeuse
mystérieuse
nageuse
nébuleuse
nécessiteuse
neigeuse
nerveuse
niveleuse
nombreuse
nuageuse
obséquieuse
odieuse
œdémateuse
officieuse
oiseleuse
oiseuse
oléagineuse
ombrageuse
onéreuse
orageuse
orgueilleuse
osseuse
oublieuse
outrageuse
ouvreuse
pailleuse
parcimonieuse
paresseuse
parfumeuse
parieuse
parleuse
pâteuse
patineuse
payeuse
pêcheuse
peigneuse
penseuse
périlleuse
pernicieuse
peureuse
phosphoreuse
piailleuse
pierreuse
pieuse
plaideuse
plantureuse
plâtreuse
pleureuse
plieuse
pointilleuse
poissonneuse
polisseuse
pompeuse
pondeuse
populeuse
poreuse
porteuse
poudreuse
pouilleuse
pourvoyeuse
prêcheuse
précieuse
présomptueuse
prêteuse
priseuse
prodigieuse
prôneuse
pulpeuse
quartzeuse
quémandeuse
querelleuse
questionneuse
quêteuse
quinteuse
rabâcheuse
raccommodeuse
raccrocheuse
raconteuse
radieuse
radoteuse
raffineuse
raisonneuse
rameuse
rançonneuse
rapporteuse
ravaudeuse
ravisseuse
receleuse
receveuse
relieuse
religieuse
rempailleuse
remueuse
repasseuse
résineuse
respectueuse
revendeuse
révérencieuse
rêveuse
ricaneuse
rieuse
rigoureuse
rocailleuse
rôdeuse
rogneuse
rouleuse
ruineuse
sableuse
sablonneuse
sanieuse
sarcleuse
sarmenteuse
sauteuse
savonneuse
savoureuse
scabieuse
scabreuse
scandaleuse
scrofuleuse
scrupuleuse
séditieuse
séléniteuse
sentencieuse
séreuse
sérieuse
sermonneuse
siffleuse
silencieuse
siliceuse
sirupeuse
soigneuse
somptueuse

soucieuse
souffleuse
souffreteuse
soupçonneuse
sourcilleuse
spacieuse
spécieuse
spiritueuse
spongieuse
studieuse
suborneuse
sulfureuse
superstitieuse
tailleuse
tapageuse
teigneuse
tendineuse
ténébreuse
tondeuse
tortueuse
tourmenteuse
tousseuse
travailleuse
trembleuse
tricheuse
tricoteuse
trompeuse
troqueuse
trotteuse
tuberculeuse
tubéreuse
tueuse
tumultueuse
tutoyeuse
valeureuse
vaniteuse
vaporeuse
variqueuse
vaseuse
veilleuse
vendangeuse
vendeuse
venimeuse
venteuse
verbeuse
véreuse
vernisseuse
vertueuse
vétilleuse
vicieuse
victorieuse
vielleuse
vigoureuse
vigoureuse
visiteuse
visqueuse
vitreuse
voleuse
volumineuse
voluptueuse
voyageuse
yeuse

EUSSE, voir UCE

EUT prononcé eu

émeut, *v.*
meut, *v.*
nœud
peut, *v.*
pleut, *v.*
veut, *v.*

EUT prononcé u, voir. UT

EUTE

ameute, *v.*
émeute
meute
rameute, *v.*
thérapeute

EUTRE

calfeutre, *v.*
feutre
neutre
pleutre

EUVE

contre-épreuve
émeuve, *v. subj.*
épreuve
fleuve
meuve, *v. subj.*
neuve
pleuve, *v. subj.*
preuve
Terre-neuve, *g*
veuve
Villeneuve, *g.*

EUVRE et ŒUVRE

chef-d'œuvre
couleuvre
grand-œuvre
manœuvre
œuvre

EUX

acéteux
acrimonieux
adipeux
affectueux
affreux
albugineux
albumineux
alumineux
ambitieux
amoureux
anfractueux
anguleux
aqueux
aréneux
argileux
arsénieux
artificieux
astucieux
audacieux
avantageux
avaricieux
aventureux
aveux, *plur.*
baveux
belliqueux
bienheureux
bilieux
bitumineux
boiteux
boueux
bourbeux
boutonneux
breneux
brumeux
buissonneux
bulbeux
butyreux
cadavéreux
cagneux
calamiteux
calleux
calomnieux
cancéreux
capiteux
capricieux
captieux
cartilagineux
casilleux
catarrheux
cauteleux
caverneux
cendreux

cérémonieux
chaleureux
chanceux
chancreux
charbonneux
chassieux
chatouilleux
cheveux, *plur.*
comateux
consciencieux
contagieux
copieux
cotonneux
coûteux
crapuleux
crasseux
crayonneux
creux
curieux
dangereux
dartreux
dédaigneux
défectueux
délicieux
dépiteux
désastreux
désaveux, *plur.*
désireux
deux
dévotieux
difficultueux
disetteux
disgracieux
dispendieux
doucereux
douloureux
douteux
Dreux, *g.*
duveteux
écailleux
écumeux
enjeux
entre-deux
envieux
épineux
érugineux
érysipélateux
eux
Évreux, *g.*
excrémenteux
fabuleux
facétieux
fâcheux
factieux
fallacieux
fameux
fangeux
farineux
fastidieux
fastueux
fibreux
fiévreux
filamenteux
filandreux
fistuleux
flacheux
fongueux
fougueux
frauduleux
frileux
fructueux
fuligineux
fumeux
furieux
galeux
gangréneux
gazeux
gazonneux
gélatineux
généreux
gibbeux
glaceux
glaireux
glaiseux
glanduleux
globuleux
glorieux
glutineux
goitreux
gommeux
goutteux
gracieux
graisseux
graveleux
grumeleux
gueux
gypseux
haineux
hargneux
harmonieux
hasardeux
hébreux, *plur.*
herbeux
heureux
hideux
honteux
houleux
huileux
hyposulfureux
ignominieux
impécunieux
impérieux
impétueux
incestueux
incurieux
industrieux
infructueux
injurieux
insidieux
irréligieux
irrévérencieux
jeux
judicieux
juteux
laborieux
laineux
laiteux
lamelleux
langoureux
lanugineux
légumineux
lépreux
libidineux
licencieux
ligamenteux
ligneux
limoneux
liquoreux
litigieux
lumineux
luxurieux
majestueux
malandreux
malencontreux
malgracieux
malheureux
malicieux
marécageux
matineux
médicamenteux
mélodieux
membraneux
merveilleux
mielleux
minutieux
miraculeux
miséricordieux
moelleux
monstrueux
montueux
morveux
mousseux
mucilagineux
muqueux
musculeux
mystérieux
nébuleux
nécessiteux
neigeux
nerveux
neveux, *plur.*
nitreux
nombreux
nuageux
obséquieux
odieux
œdémateux
officieux
oléagineux
ombrageux

onctueux
onéreux
orageux
orgueilleux
osseux
outrageux
parcimonieux
paresseux
pâteux
Périgueux, *g.*
périlleux
pernicieux
peureux
peux, (je, tu), *v.*
phosphoreux
pierreux
pieux, *adj.*
piteux
pituiteux
plantureux
plâtreux
pointilleux
poissonneux
polypeux
pompeux
populeux
poreux
poudreux
pouilleux
précieux
présomptueux
preux
prodigieux
pulpeux
quartzeux
queux
quinteux
radieux
rameux
religieux
résineux
respectueux
révérencieux
rigoureux
rocailleux
rugueux
ruineux
sableux
sablonneux
saigneux
sanieux
sarmenteux
savonneux
savoureux
scabreux
scandaleux
scrofuleux
scrupuleux
séditieux
séléniteux
sentencieux
séreux
sérieux
silencieux
siliceux
sirupeux
soigneux
somptueux
songe-creux
soucieux
souffreteux
soupçonneux
sourcilleux
spacieux
spécieux
spiritueux
spongieux
studieux
sulfureux
superstitieux
teigneux
tendineux
ténébreux
terreux
tortueux
tuberculeux
tumultueux
urineux
valeureux
vaniteux
vaporeux
variqueux
vaseux
venimeux
venteux
verbeux
véreux
vertigineux
vertueux
verveux
vétilleux
veux, (je, tu), *v.*
vicieux
victorieux
vigoureux
vineux
visqueux
vitreux
vœux, *plur.*
volumineux
voluptueux

ÈVE et AIVE

achève, *v.*
brève
crève, *v.*
élève
élève, *v.*
enlève, *v.*
Ève, *n.*
fève
Genève, *g.*
Geneviève, *n.*
glaive
grève
griève
lève, *v.*
Lodève, *g.*
parachève, *v.*
relève, *v.*
rêve
sève
soulève, *v.*

ÈVES

Trèves, *g.*
Joindre le pluriel des noms et la 2e pers. sing. des verbes de la série précédente.

ÈVRE

Bièvre, *g.*
chèvre
fièvre
genièvre
lèvre
lièvre
mièvre
Nièvre, *g.*
orfèvre
plèvre

ÈVRES

Sèvres, *g.*
Plus le pluriel des noms et la 2e pers. sing. des verbes de la catégorie précédente.

EX

Essex, *g.* et *n.*
index
latex
Middlesex, *g.*
Sussex, *g.* et *n.*
vertex

EXE

annexe
circonflexe
complexe
connexe
convexe
perplexe
sexe
vexe, *v.*

EXTE

sexte
bissexte
texte
contexte
prétexte

EXTRE

adextre
ambidextre
dextre

EZ prononcé **é**, voir **ÈS**

EZ prononcé **èze**, voir **ÈS**

ÈZE et EIZE, voir **ÈSE**

F

FA et PHA

alpha
fa
Jaffa, g,
Mustapha, *n.*
sofa
Plus la 3ᵉ personne singulier du passé simple des verbes en *fer* et *pher* : *coiffa, apostropha,* etc.

FAI, FAIT, FAL, voir AI, AIT, AL

FANT, FEND, PHANT

bouffant, *adj.*
échauffant, *adj.*
éléphant
enfant
étouffant
fend, *v.*
fieffant
infant
refend, *subst.*
refend, *v.*
triomphant, *adj.*

Plus le participe présent des verbes en *fer* et *pher* : *agrafant, apostrophant.* etc.

FAR, FAT, voir ART, AT

FÉ et PHÉ

autodafé
café
ébouriffé
échauffé
fieffé
réchauffé
Santa-Fé, *g.*
Urfé (d'), *n.*
Plus le participe passé masculin des verbes en *fer* et en *pher* : *attifé, paraphé,* etc.

FÉE et PHÉE

Alphée, *g.*
bouffée
Céphée, *myth.*
coryphée
fée
fieffée
Morphée, *myth.*
Orphée, *myth.*
trophée
Typhée, *myth.*
Plus le fém. du participe passé des verbes en fer et pher : coiffée, apostrophée, etc.

FEND, voir FANT

FER et PHER prononcé fé

agrafer
apostropher
attifer
biffer
bouffer
chauffer
coiffer
décoiffer
dégrafer
désagrafer
échauffer
étoffer
étouffer
gaffer
greffer
griffer
parapher
philosopher
piaffer
pouffer
ragrafer
rebiffer (se)
réchauffer
recoiffer
tarifer
triompher
truffer

FET, FEU et FEUX, voir EU et EUX

FI

bouffi
défi
fi
suffi

Tous les mots terminés en *i* forment entre eux des rimes suffisantes ; excepté ceux en *ui* diphtongue, qui ne peuvent rimer qu'ensemble.

FIE et PHIE

amplifie, *v.*
angiographie
atrophie
atrophie, *v.*
barbifie, *v.*
béatifie, *v.*
bibliographie
biographie
bouffie
cacographie
certifie, *v.*
chorégraphie
chronographie
clarifie, *v.*
confie, *v.*
cosmographie
crucifie, *v.*
cryptographie
défie, *v.*
déifie, v.
diversifie, *v.*
dulcifie, *v.*
édifie, *v.*
falsifie, *v.*
fie, *v.*
fortifie, *v.*
géographie
glorifie, *v.*
gratifie, *v.*
horographie
iconographie
identifie, *v.*
justifie, *v.*
lénifie, *v.*
lignifie, *v.*
liquéfie, *v.*
lithographie
lubrifie, *v.*
magnifie, *v.*
méfie, *v.*
micrographie
modifie, *v.*
monographie
mortifie, *v.*
mystifie, *v.*
orphie
orthographie
ossifie, v.
pacifie, *v.*
paléographie
personnifie, *v.*
pétrifie, *v.*
Philadelphie, *g.*
polygraphie
purifie, *v.*
putréfie, *v.*
qualifie, *v.*
ramifie, *v.*
raréfie, *v.*
ratifie, *v.*
rectifie, *v.*
revivifie, v.
runographie
sacrifie, *v.*
sanctifie, *v.*
scarifie, *v.*
scénographie
sélénographie
signifie, *v.*
simplifie, *v.*
solfie, *v.*
solidifie, *v.*
Sophie, *n.*
spécifie, *v*
sténographie
stéréographie
stupéfie, *v.*
tachygraphie
topographie
torréfie, *v.*
tuméfie, *v.*
typographie
vérifie, *v.*
versifie, *v.*
vitrifie, *v.*
vivifie, *v.*

FIER, FIN, FIR, FIS, FIT, voir IER, IN, IR, IS, IT

FLÉ, FLÉE, FLER, FLI, FLIE, voir LÉ, LÉE, LER, LI, LIE

FON et PHON

Bellérophon, *myth.*
bouffon
Buffon, *n.*
carafon
chiffon
griffon
siphon
typhon
Xénophon, *n.*

FRER, voir RER

FU

touffu
Voir les rimes en *bu*, *du*, etc.

G

GA

aga
alpaga
Ladoga, *g.*
Malaga, *g.*
Olga, *n.*
oméga
Riga, *g.*
seringa, *bot.*
Véga, *n.*
Volga, *g.*

Plus la 3e pers. singulier du passé simple des verbes en *guer : brigua, intrigua,* etc.

GAND, GANT, GUANT, GUENT

arrogant
brigand
élégant
extravagant
fatigant
fringant
Gand, *g.*
gant
inélégant
intrigant
onguent
suffragant
vaguant

Plus le participe présent des verbes en *guer* : *alléguant, distinguant* etc.

GAT, voir AT

GÉ

abrégé
âgé
agrégé
arrangé
chargé
clergé
congé
dégagé
dérangé
engagé
enragé
g, *lettre*
gagé
jugé
losangé
mitigé
naufragé
négligé
obligé
orangé
ouvragé
préjugé
protégé
rangé
soulagé

Plus le participe passé masculin des verbes en ger.

GEA monosyllabe, voir JA

GEANT et GENT

affligeant
agent
argent
assiégeant
astringent
changeant
constringent
contingent
convergent
copartageant
décourageant
dérogeant
désobligeant
détergent
diligent
divergent
émergent
encourageant
engageant
enrageant
entregent
exigeant
gent
indigent
indulgent
inintelligent
insurgent
intelligent
négligeant
négligent
obligeant
outrageant

partageant
plongeant
réfringent
régent
sergent
soulageant
urgent
vif-argent

Plus le part. présent des verbes en ger.

GÉE

Aggée, *n.*
apogée
dragée
Égée (mer)
gorgée
hypogée
nagée
orangée
périgée
rangée

Plus le fém. des adj. et des part. en *gé.*

GEL, voir EL

GENT, voir GEANT

GEON, JON et JONC (on ne fait point sentir le **c**)

ajonc
badigeon
bourgeon
Dijon, g.
donjon
drageon
escourgeon
esturgeon
goujon
jonc
pigeon
plongeon
sauvageon
surgeon

GEONS

Cette rime est formée par le pluriel des noms de la liste précédente et par la 1re personne plur. du présent indicatif des verbes en *ger : nous partageons, nous mangeons.*

GER prononcé jé

abréger, *v.*
abroger, *v.*
adjuger, *v.*
afféager *v.*
affliger, *v.*
agréger, *v.*
Alger, *g.*
alléger, *v.*
allonger, *v.*
aménager, *v.*
apanager, *v.*
arpéger, *v.*
arranger, *v.*
arrérager, *v.*
arroger, *v.*
asperger, *v.*
assiéger, *v.*
avantager, *v.*
Béranger, *n.*
berger
blanc-manger
bocager
bouger, *v.*
boulanger
changer, *v.*
charger, *v.*
chevau-léger
colliger, *v.*
converger, *v.*
corriger, *v.*
danger
décager, *v.*
décharger, *v.*
décourager, *v.*
dédommager, *v.*
dégager, *v.*
dégorger, *v.*
déjuger, *v.*
déloger, *v.*
démanger, *v.*
déménager, *v.*
départager, *v.*
déranger, *v.*
déroger, *v.*
désavantager, *v.*
désobliger, *v.*
déterger, *v.*
dévisager, *v.*
diriger, *v.*
diverger, *v.*
échanger, *v.*
égorger, *v.*
égruger, *v.*
élonger, *v.*
émarger, *v.*
emménager, *v.*
encager, *v.*
encourager, *v.*
endommager, *v.*
engager
engorger, *v.*
engranger, *v.*
entr'égorger (s'), *v.*
enverger, *v.*
envisager, *v.*
éponger, *v.*
ériger, *v.*
étager, *v.*
étranger
exiger, *v.*
figer, *v.*
forger, *v.*
fouger, *v.*
fourrager, *v.*
franger, *v.*
fromager
fumiger, *v.*
fustiger, *v.*
gager, *v.*
garde-manger
goberger (se), *v.*
gorger, *v.*
gruger, *v.*
héberger, *v.*
herbager
horloger
imager
infliger, *v.*
insurger, *v.*
interroger, *v.*
jauger, *v.*
juger, *v.*
léger
linger
loger, *v.*
longer, *v.*
louanger, *v.*
manger
marger, *v.*
mélanger, *v.*
ménager
mensonger

messager
mitiger, *v.*
nager, *v.*
naufrager, *v.*
négliger, *v.*
neiger, *v.*
obliger, *v.*
ombrager, *v.*
oranger
outrager, *v.*
ouvrager, *v.*
partager, *v.*
passager
patauger, *v.*
plonger, *v.*
potager
préjuger, *v.*
présager, *v.*
prolonger, *v.*
propager, *v.*
proroger, *v.*
protéger, *v.*
purger, *v.*
rallonger, *v.*
ramager, *v.*
ranger, *v.*
ravager, *v.*
rechanger, *v.*
recharger, *v.*
recolliger, *v.*
recorriger, *v.*
rédiger, *v.*
reforger, *v.*
regorger, *v.*
réinterroger, *v.*
reloger, *v.*
remanger, *v.*
rengager, *v.*
rengorger (se), *v.*
replonger, *v.*
revoyager, *v.*
saccager, *v.*
ségréger, *v.*
siéger, *v.*
singer, *v.*
songer, *v.*
soulager, *v.*
submerger, *v.*
subroger, *v.*
surcharger, *v.*
surnager, *v.*
transiger, *v.*
usager
vendanger, *v.*
venger, *v.*
verger
viager
vidanger, *v.*
voltiger, *v.*
voyager, *v.*

GET, GEUX, voir ET, EUX

GI

agi, *vv.*
élargi, *v.*
hadji, *s., m.*
J, lettre
mugi, *v.*
rélargi, *v.*
rougi, *v.*
rugi, *v.*
surgi, *v.*
réagi, *v.*
régi, *v.*

GIE

amphibologie
analogie
anthologie
anthropologie
anthropophagie
antilogie
apologie
aranéologie
archéologie
astrologie
battologie
bougie
Bougie, *g.*
cardialgie
céphalalgie
chirologie
chirurgie
chondrologie
chronologie
conchyliologie
cosmologie
cystalgie
démagogie
doxologie
effigie
élégie
embryologie
énergie
entomologie
étiologie
étymologie
gastralgie
généalogie
géologie
Géorgie, *g.*
hémiplégie
hémorragie
iconologie
idéologie
léthargie
lithologie
liturgie
magie
ménorragie
métallurgie
météorologie
mimologie
minéralogie
myologie
mythologie
nécrologie
néologie
névralgie
nosologie
nostalgie
odontalgie
odontologie
orgie
ornithologie
ostéologie
paraplégie
pathologie
pédagogie
périssologie
pharmacologie
philologie
phrénologie
physiologie
pneumatologie
psychologie
réfugie, *v.*
régie
stomatologie
stratégie
tabagie
tautologie
technologie
terminologie
théologie
théurgie
toxicologie
uranologie
vigie
zoologie

Plus le féminin du participe passé des verbes en *gir : rougir, élargir,* etc.

GIER, GIN, GION, GIR, GIS, GIT, voir IER, IN, ION, IR, IS, IT

GNANT

enseignant
épargnant
joignant, part.
plaignant
poignant
régnant
répugnant
saignant

Plus le participe présent des verbes en *gner*, en *aindre* et en *eindre*.

GNÉ

Sévigné, *n. f.*

Plus le participe passé masculin des verbes en *gner*. Les mots en *né* riment également avec cette désinence.

GNÉE

araignée
cognée
lignée
poignée
saignée

Plus le participe passé féminin des verbes en *gner*. Les mots en née riment également avec cette désinence.

GNER

accompagner, *v.*
aligner, *v.*
assigner, *v.*
baigner, *v.*
barguigner, *v.*
besogner, *v.*
cligner, *v.*
cogner, *v.*
consigner, *v.*
contresigner, *v.*
daigner, *v.*
dédaigner, *v.*
dépeigner, *v.*
désigner, *v.*
éborgner, *v.*
égratigner, *v.*
éloigner, *v.*
empoigner, *v.*
enseigner, *v.*
épargner, *v.*
forligner, *v.*
gagner, *v.*
grogner, *v.*
guigner, *v.*
imprégner, *v.*
indigner, *v.*
interligner, *v.*
ligner, *v.*
lorgner, *v.*
peigner, *v.*
provigner, *v.*
réassigner, *v.*
rechigner, *v.*
regagner, *v.*
régner, *v.*
renfrogner, *v.*
renseigner, *v.*
répugner, *v.*
résigner, *v.*
ressaigner, *v.*
rogner, *v.*
saigner, *v.*
signer, *v.*
soigner, *v.*
souligner, *v.*
sous-signer, *v.*
témoigner, *v.*
trépigner, *v.*

Les mots en *ner* riment aussi avec cette désinence.

GNI et GNY

Coligny, *n.*
Lagny, *g.*
Marigny, *n.*
Vigny, *n.*

Voir les rimes en *ni* et en *ny*.

GNIE

compagnie

Voir les rimes en *nie*.

GNON

Avignon, *g.*
Bourguignon
brugnon
champignon
chignon
compagnon
Grignon, *g.*
grognon
guignon
lumignon
maquignon
moignon
oignon
pignon
rognon
trognon

GNY, voir GNI

GON

Aragon, *g.*
Dagon, *myth.*
dragon
estragon
fourgon
Harpagon, *n.*
jargon
Magon, *n.*
parangon
patagon
sagon
sang-de-dragon

GRER, voir RER

GRIN, voir IN

GU

aigu
ambigu
bégu
contigu
exigu

GUA, GUANT, voir GA, GAND

GUË

aiguë
ambiguë
bisaiguë
ciguë
contiguë
exiguë

GUÉ

délégué
fatigué
gué
langué

Plus le participe passé masculin des verbes en *guer*.

GUÉE

Cette rime est formée par le féminin du participe passé des verbes en *guer*.

GUER

Verbes

alléguer
baguer
briguer
carguer
conjuguer
daguer
déléguer
dialoguer
distinguer
divaguer
divulguer
draguer
droguer
élaguer
endiguer
enverguer
épiloguer
extravaguer
fatiguer
fringuer
haranguer
homologuer
instiguer
intriguer
larguer
léguer
liguer
narguer
naviguer
prodiguer
promulguer
ralinguer
reléguer
seringuer
subdéléguer
subjuguer
targuer (se)
vaguer
vaquer
voguer

GUET, voir ET

GUI, GUY et GHI

gui
Guy, *n.*
Missolonghi, *g.*

Voir aussi la désinence *ui* qui rime avec celle-ci.

GUIER, GUIN, GUIR, GUIS, GUIT, GUT, voir IER, UIN, UIR, UIS, UIT, UT

H

HA

brouhaha
cahin-caha
ha !

Voir les rimes en *a* pur, c'est-à-dire en AA, ÉA, IA, OA, UA dissyllabes.

HI

ébahi
envahi
haï
Sinaï, *g.*
spahi
trahi

Ces mots riment aussi avec ceux où i est précédé d'une voyelle : obéi, ouï, etc. ; et moins richement avec les mots en bi, ci, di, fi, etc.

I

Pour la terminaison I, voir les terminaisons en *i* pur, c'est-à-dire en *AÏ* ou *AHI, ÉÏ, OÏ, UÏ,* qui riment bien ensemble. Voir aussi les mots en *bi, ci, di, fi,* etc., qui ne peuvent rimer - laborieusement - avec les premiers.

IA

acacia	Lia, *n.*
alléluia	magnolia
Bahia, *g.*	Maïa, *myth.*
Bastia, *g.*	Maria, *n.*
camélia	paria
cochléaria	sépia
dahlia	ténia
dia (à)	thuya, *bot.*
Doria, *n.*	tibia
hortensia	Victoria, *n.*

Plus la 3e pers. sing. du passé simple des verbes en *ier : confia, cria*, etc, et en *ayer, éier, oyer* et *uyer : paya, grasseia, aboya, appuya.*

IABLE dissyllabe, voir ABLE

IABLE monosyllabe

diable	payable
impayable	

IANT et IENT dissyllabe

ambiant	justifiant
client	liant
coefficient	luxuriant
communiant	méfiant
conciliant	mendiant
confiant	mortifiant
contrariant	négociant
criant	officiant
défiant	orient
déficient	patient
déifiant	pliant
édifiant	quotient
efficient	radiant
émollient	raréfiant
escient	rassasiant
étudiant	récipient
excipient	riant
expédient	rubéfiant
falsifiant	sacrifiant
fortifiant	sanctifiant
humiliant	signifiant
impatient	souriant
inconvénient	stupéfiant
ingrédient	suppliant
insignifiant	variant
insouciant	vivifiant
irradiant	

IANT monosyllabe, ou **AYANT, OYANT, UYANT**

aboyant
attrayant
ayant
bruyant
clairvoyant
croyant
délayant
effrayant
faux-fuyant
flamboyant
foudroyant
fuyant
grasseyant
grossoyant
larmoyant
noyant
ondoyant
oyant
payant
prévoyant
retrayant
soudoyant
trayant
verdoyant

IAT dissyllabe, voir **AT**

IBE

bribe
Caraïbe, *g.*
exhibe
imbibe
inhibe
prohibe
scribe

IBLE

accessible
admissible
amovible
bible
cessible
cible
combustible
comestible
compatible
compréhensible
compressible
convertible
corruptible
crible
destructible
disponible
divisible
éligible
exigible
extensible
faillible
flexible
fongible
fusible
horrible
illisible
immarcescible
impassible
imperceptible
impossible
imprescriptible
inaccessible
inadmissible
inamovible
incessible
incombustible
incompatible
incompréhensible
incompressible
inconvertible
incorrigible
incorruptible
indéfectible
indestructible
indicible
indisponible
indivisible
inéligible
inextensible
inextinguible
infaillible
inflexible
inintelligible
insensible
insubmersible
intelligible
intraduisible
intransmissible
invincible
invisible
irascible
irréductible
irrémissible
irrésistible
irréversible
lisible
loisible
miscible
nuisible
ostensible
paisible
passible
pénible
perceptible
plausible
possible
prescriptible
réductible
réflexible
réfrangible
rémissible
réversible
risible
sensible
submersible
susceptible
terrible
traduisible
transmissible
visible

IBRE

calibre
équilibre
fibre
libre
Tibre, *g.*

IC, ICH, ICK et ISC

agaric
alambic
Alaric, *n.*
arsenic
aspic
astic
basilic
brick
carrick
Copernic, *n.*
cric
diagnostic
fisc
Frédéric, *n.*
mastic
Munich, *g.*
pic
pronostic
public
syndic
Théodoric, *n.*
tic
trafic
Zurich, *g.*

ICE, ISSE et YSSE

abréviatrice
accusatrice
actrice
admiratrice
adoratrice
agitatrice
Alice, *n.*
ambassadrice
appendice
approbatrice
armistice
artifice
aruspice
auspice
avarice
bénéfice
Bérénice, n.
bienfaitrice
blasphématrice
calculatrice
calice
cantatrice
caprice
captatrice
cicatrice
cilice
Clarisse, *n.*
clisse, *v.*
collaboratrice
complice
conciliatrice
conductrice
conservatrice
consolatrice
continuatrice
coopératrice
corruptrice
coulisse
créatrice
crisse, *v.*
débitrice
délatrice
délice
délisse, *v.*
dénonciatrice
dentifrice
déplisse, *v.*
déprédatrice
désapprobatrice
désolatrice
destructrice
détentrice
dévastatrice
dévoratrice
diffamatrice
directrice
dispensatrice
dissimulatrice
dissipatrice
distributrice
dominatrice
éclisse
éclisse, *v.*
écrevisse
écrivisse, *v.*
édifice
électrice
émulatrice
épice
épice, *v.*
épisse, *v*,
esquisse
Eurydice, *myth.*
exagératrice
examinatrice
excitatrice
exécutrice
exercice
exterminatrice
factice
fautrice
fisse (que je), *v.*
fondatrice
frontispice
Galice, *g.*
génératrice
génisse
glisse, *v.*
haute-justice
hisse, *v.*
hospice
immisce, *v.*
impératrice
improbatrice
improvisatrice
indicatrice
indice
informatrice
injustice
inquisitrice
inspectrice
inspiratrice
instigatrice
institutrice
interlocutrice
interrogatrice
introductrice
inventrice
investigatrice
jaunisse
Jocrisse, *n.*
justice
justificatrice
lambrisse, *v.*
lectrice
législatrice
libératrice
lice
lisse
maléfice
malice
matrice
Maurice, n.
médiatrice
mélisse
milice
misse (que je), *v.*
modératrice
motrice
naquisse (que je), *v.*
Narcisse, *n.*
narratrice
navigatrice
négociatrice
Nice, *g.*
notice
nourrice
novatrice
novice
observatrice
office
opératrice
ordonnatrice
organisatrice
orifice
pâtisse, *v.*
Patrice, *n.*
pelisse
persécutrice
perturbatrice
pisse, *subst.* et *v.*
plisse, *v.*
police
polisse, *v.*
précipice
prédicatrice
préjudice
prémisse
prévaricatrice
procuratrice
profanatrice
promotrice
propagatrice
propice
protectrice
puisse, *v.*
pythonisse
rapetisse, *v.*
ratisse, *v.*
récitatrice
réconciliatrice
rectrice
récupératrice
réformatrice
réglisse
régulatrice
réparatrice
répétitrice

replisse, *v.*
restauratrice
sacrificatrice
sacrifice
sanctificatrice
saucisse
scrutatrice
sectatrice
séductrice
sentisse (que je), *v.*
service
sévisse, v.
silice
solstice
spectatrice
spéculatrice
spoliatrice
Suisse, *g.*
Sulpice, *n.*
supplice
tapisse, *v.*
tentatrice
testatrice
tisse, *v.*
tontisse
traductrice
treillisse, *v.*
triomphatrice
tutrice
Ulysse, *n.*
usurpatrice
varice
vérificatrice
vernisse, *v.*
versificatrice
vice
violatrice
visse (devisser), *v.*
visse (que je), *v.*
zélatrice

Ajoutez à chacune de ces séries les 1re et 3e pers. du présent du subjonctif des verbes réguliers en *ir* ayant la même lettre d'appui. Ainsi, *que je roidisse* rime richement avec *appendice*; *qu'il abolisse* avec *calice*, etc.
Ajoutez de même la 1re personne de l'imparfait du subj. des verbes en DRE: *que je rendisse, prisse, craignisse,* etc.

ICES et **ISSES**

comices
épices (pain d')
immondices
prémices
prémisses
sévices

Ajoutez-y le pluriel des noms et les 2e pers. des verbes de la liste qui précède.

ICH, voir **IC**

ICHE

acrostiche
affiche
affiche, *v.*
arbiche
Autriche, *g.*
biche
bourriche
caniche
chiche
corniche
défriche, *v.*
déniche, *v.*
derviche
fétiche
fiche
flamiche
friche
godiche
hémistiche
miche
niche
niche, *v.*
pois-chiche
postiche
potiche
pouliche
riche
triche, *v.*

ICK, voir **IC**

ICLE et **YCLE**

article
bernicle
cycle
épicycle
manicle
sicle
tricycle

ICT

district
strict

ICTE

Picte, *g.*
stricte, *f.*
vindicte
dicte, *v.*

ID prononcé **ide**

Cid (le), *n.*
David, *n.*
Madrid, *g.*
Valladolid, *g.*

ID prononcé **i,** voir **IT**

IDE et YDE

acide
Adélaïde, *n.*
Alcide, *myth.*
algide
aride
Aristide, *n.*
ascaride
astéroïde
Atlantide, *g.*
Atride, *myth.*
Aulide, *g.*
avide
bastide
bifide
bride *subst.* et *v.*
candide
cantharide
carotide
caryatide
choroïde
chrysalide
cissoïde

Colchide, *g.*
conchoïde
consolide, *v.*
coralloïde
cupide
cycloïde
Danaïde, *myth.*
débride, *v.*
décide, *v.*
déicide
déride, *v.*
désoxyde
dévide, *v.*
dilapide, *v.*
druide
égide
Élide, *g.*
élide, *v.*
ellipsoïde
Énéide, *litt.*
éphélide
épicycloïde
Euclide, *n.*
Euripide, *n.*
fétide
Floride, *g.*
fluide
fratricide
guide
hémorroïde
Héraclide, *n.*
hispide
homicide
humide
hybride
hydatide
hyperoxyde
infanticide
insipide
intimide, *v.*
intrépide
invalide
lapide, *v.*
liberticide
limpide
liquide

livide
lucide
Memnonide, *myth.*
morbide
néréide
Océanide, *myth.*
Ovide, *n.*
oxyde
parotide
parricide
perfide
philippide
préside, *v.*
protoxyde
putride
pyramide
rapide
régicide
réside, *v.*
revide, *v.*
rhomboïde
ride
rigide
sapide
séide
solide
sordide
sphénoïde
sphéroïde
splendide
stupide
styloïde
subside
suicide
sursolide
Thébaïde, *g.*
Thucydide, *n.*
timide
torride
translucide
trapézoïde
turgide
turpide
tyrannicide
valide
vide

IDES

éphélides
éphémérides
Euménides, *myth.*
hespérides, *myth.*
hémorroïdes

hydatides
ides
Memnonides, *myth.*
Océanides, *myth.*
Pélopides, *myth.*

Joindre le pluriel des noms et la 2e pers. des verbes de la liste précédente.

IDRE et YDRE

anhydre
clepsydre

cidre
hydre

IE, voir AÏE, BIE, CIE, DIE…

IÉ dissyllabe

allié
asphyxié
associé
avarié
convié
délié
disgracié
domicilié
épié
estropié
excommunié
exfolié
fascié
folié
gracié
initié
labié

lacinié
licencié
maléficié
marié
mortifié
notarié
oublié
plié
privilégié
radié
rallié
réconcilié
replié
répudié
stibié
strié
trié

Ajoutez-y en général tous les part. pass. masc. sing. des verbes en *ier*, et pour avoir des rimes riches accouplez ceux qui ont la même lettre d'appui. *Voir* IER.

IÉ monosyllabe

amitié
inimitié

moitié
pitié

Ces mots ne riment bien qu'entre eux ; la rime avec une terminaison dissyllabe, bien que portant la lettre d'appui, comme châtié, est à peine suffisante. Les participes passés en *ayé, éié, oyé, uié,* appartiennent aussi à cette rime monosyllabe.

IED prononcé **ié**, monosyllabe

assied, *v.*
chauffe-pied
chausse-pied
chèvre-pied
contre-pied
couvre-pied
marchepied
messied, *v.*
passe-pied
petit-pied
pied
plain-pied
sied, *v.*
tire-pied
trépied

IÉE

criée
labiée

Et en général le féminin des adjectifs et participes passés en *ié, ayé, éié, oyé, uyé.*

IEL, voir EL

IEN

académicien
Adrien, *n.*
aérien
Algérien
Alsacien
ambrosien
ancien
ange-gardien
antichrétien
Argien
arien
aristotélicien
arithméticien
Artésien
Assyrien
Asturien
Athénien
Aurélien, n.
Autrichien
Babylonien
Bastien, n.
Béotien
bien, *adv.*
biscaïen
Bohémien
bon-chrétien
bourbonien
Brésilien
capétien
Carien
carolingien
cartésien
chien
chiromancien
chirurgien
chrétien
cicéronien
citoyen
Claudien, n.
coccygien
collégien
colombien
combien.
comédien
concitoyen
Corinthien
dialecticien
diluvien
Dioclétien, *n.*
Domitien, *n.*
Dorien
doyen
Égyptien
entretien
Éolien
épicurien
Essénien
étésien
Éthiopien
fabricien
faubourien
galérien
gardien
géomancien
Géorgien
Gordien, *n.*
grammairien
Gratien, *n.*
grégorien
Haïtien
historien
Indien
Ionien
Istrien
Italien
Jovien, *n.*
Julien, *n.*
Lacédémonien
Laconien
Languedocien
lien
Lithuanien
logicien
Lucien, *n.*
luthérien
Lydien
Macédonien
magicien
maintien
mastoïdien
mathématicien
Maximilien, *n.*
mécanicien
méridien
mérovingien
métacarpien
métaphysicien
mien, *pron.*
mien, *pron.*
milicien
mitoyen
monarchien
moyen
musicien
nécromancien
nestorien
newtonien
nœud-gordien
Océanien
Octavien, *n.*
œsophagien
olympien
opticien
oratien
oratorien
Parisien
parnassien
paroissien
patricien
péripatéticien
Péruvien
pharyngien
Phrygien
physicien
platonicien
plébéien
praticien
presbytérien
prétorien
Prussien
pyrrhonien
pythagoricien

Pythien
quotidien
régalien
rhétoricien
Rhodien
rien
salien
saturnien
Sicilien
sien, *pron.*
Silésien
socinien
sous-doyen
soutien
stoïcien
sulpicien
Syrien
tacticien
Tertullien, *n.*
théologien
théoricien
tien, *pron.*
Titien, *n.*
tragédien
Troyen
Tyrolien
Ukrainien
Valentinien, *n.*
Valérien, *n.*
vaurien
vénérien
Vespasien, *n.*
vésuvien
Victorien, *n.*
virgilien

IENNE

abstienne (m'), *v.*
Adrienne, *n.*
advienne, *v.*
ancienne
antichrétienne
antienne
antienne
appartienne, *v.*
appienne (voie)
Autrichienne
Brienne, *v.*
Caspienne (mer)
Cayenne, *g.*
césarienne
chienne
chienne, *v.*
chrétienne
citoyenne
concitoyenne
contienne, *v.*
contrevienne, *v.*
convienne, *v.*
détienne, *v.*
devienne, *v.*
disconvienne, *v.*
doyenne
entretienne, *v.*
Étienne, *n.*
Fabienne, *n.*
faubourienne
Guyenne, *g.*
intervienne, *v.*
julienne
maintienne, *v.*
Mayenne, *g.*
méridienne
messénienne
mienne, *pron.*
mitoyenne
moyenne
moyenne, *v.*
obtienne, *v.*
païenne
persienne
plébéienne
prévienne, *v.*
provienne, *v.*
quotidienne
retienne, *v.*
Sienne, *g.*
sienne, *pron.*
soutienne, *v.*
souvienne, *v.*
subvienne, *v.*
tienne (que je), *v.*
tienne, *pron.*
Troyenne
vienne (que je),
Vienne, *g.*

Ajoutez à ces mots le féminin des adjectifs en ien ; mais observez que la rime pour être riche doit avoir la lettre d'appui.

IENS

abstiens, *v.*
appartiens, *v.*
contiens, *v.*
contreviens, *v.*
conviens, *v.*
détiens, *v.*
deviens, v.
disconviens, *v.*
entretiens, *v.*
interviens, *v.*
Lydiens
maintiens, *v.*
obtiens, *v.*
parviens, *v.*
Phrygiens
préviens, *v.*
proviens, *v.*
redeviens, *v.*
ressouviens, *v.*
retiens, *v.*
reviens, *v.*
soutiens, *v.*
souviens, *v.*
surviens, *v.*
tiens, *v.*
viens, *v.*

Ajouter le pluriel des noms en *ien.*

IENT monosyllabe prononcé i-in

tient
vient

et leurs composés ; voir liste ci-dessus.

IENT prononcé i-an dissyllabe, voir IANT

IER prononcé ié monosyllabe

aboyer, *v.*
abricotier
acier
aiguillier
albergier
Allier, *g.*
altier
amandier
amidonnier
anacardier
ânier
apitoyer, *v.*
appuyer, *v.*
arbousier
archi-chancelier
argentier
armurier
arquebusier

artificier
atelier
atermoyer, *v.*
aubier
audiencier
aumônier
avant-dernier
aventurier
avoyer
avoyer, *v.*
bachelier
baguenaudier
baguier
balancier
balaustier
balayer, *v.*
balisier
bananier
banqueroutier
banquier
barbier
batelier
bâtonnier
baumier
bayer, *v.*
bégayer, *v.*
bélier
bénéficier
bénitier
besacier
bigarreautier
bijoutier
bistortier
boisselier
boîtier
bombardier
bonnetier
bordier
bornoyer, *v.*
bottier
boucanier
bouquetier
bourbier
bourrelier
boursier
boutiquier
bouvier
braconnier
brasier
brayer
brayer, *v.*
brigadier
briquetier
broyer, *v.*
buandier
buissonnier
cabaretier
cacaoyer
cafetier
cahier
caissier
camérier
canonnier
cantinier
carabinier
carnassier
carottier
caroubier
carrier
carrossier
cartier
cartonnier
casanier
cavalier
cellérier
cellier
centenier
cerisier
chamelier
chancelier
chandelier
chansonnier
chantier
chapelier
charbonnier
charnier
charpentier
charretier
charrier
charroyer, *v.*
châtaignier
chatoyer, *v.*
chaudronnier
chaufournier
chaussetier
Chénier, n.
chevalier
chicanier
chocolatier
choyer, *v.*
cimier
cinquantenier
cirier
citronnier
clapier
clavier
cloutier
cocotier
cognassier
collier
colombier
compotier
confiturier
contrebandier
convoyer, *v.*
coquetier
coquillier
cordelier
cordier
cordonnier
cormier
cornier
corroyer, *v.*
côtier
cotonnier
côtoyer, *v.*
coudoyer, *v.*
courrier
coursier
courtier
coutumier
couturier
créancier
croupier
cuirassier
cuisinier
cuvier
Cuvier, *n.*
damier
dattier
davier
déblayer, *v.*
défrayer, *v*
délayer, *v.*
demi-setier
denier
dépensier
déployer, *v.*
dernier
désennuyer, *v.*
désenrayer, *v.*
devancier
dévoyer, *v.*
dinandier
doigtier
dossier
douanier
drapier
drayer, *v.*
droitier
ébénier
échiquier
éclusier
écolier
écrivassier
effrayer, *v.*
égayer, *v.*
employer, *v.*
ennuyer, *v.*
enrayer, *v.*
entier
envoyer, *v.*
épervier
épicier
épistolier
escalier
espalier
essayer, *v.*
essuyer, *v.*
estafier

étalier
évier
façonnier
faïencier
familier
fauconnier
fermier
ferronnier
fessier
festoyer, *v.*
figuier
financier
finassier
flibustier
foncier
fontainier
forestier
fossoyer, *v.*
foudroyer, *v.*
fournier
fourrier
fourvoyer, *v.*
foyer
fraisier
framboisier
frayer, *v.*
fripier
fruitier
fusilier
galonnier
gantier
gargotier
gazetier
gazier
geôlier
gésier
gibier
giboyer, *v.*
glacier
gommier
gondolier
gonfalonier
gosier
grainetier
grainier
grasseyer, *v.*
gravatier
gravier
greffier
grenadier
grenier
grimacier
groseillier
grossier
grossoyer, *v.*
guêpier
guerrier
guerroyer, *v*
guichetier
hallebardier
hallier
hebdomadier
herbier
héritier
hospitalier
hôtelier
huilier
huissier
hunier
infirmier
inhospitalier
irrégulier
janvier
jardinier
joaillier
jointoyer, *v.*
journalier
jujubier
justicier
lainier
lancier
landier
larmier
larmoyer, *v.*
latanier
laurier
Lavoisier, *n.*
layer, *v.*
levier
limier
limonadier
limonier
loup-cervier
louvetier
louvoyer, *v.*
loyer
lunetier
luthier
mancenillier
manufacturier
marguillier
marinier
maroquinier
marronnier
massier
matinier
médaillier
mégissier
menuisier
mercier
merisier
messier
métier
meunier
mi-denier
micocoulier
millier
minaudier
miroitier
mobilier
monnayer, *v.*
Montgolfier, *n.*
Montpellier, *g.*
moutardier
moutier
moutonnier
muletier
mûrier
muscadier
nattier
nettoyer, *v.*
noisetier
nourricier
noyer
noyer, *v.*
obusier
octroyer, *v.*
officier
oiselier
olivier
ondoyer, *v.*
ordurier
osier
palefrenier
palier
palmier
panetier
panier
paperassier
papetier
papier
particulier
passementier
pâtissier
payer, v.
peaussier
pelletier
pénitencier
Perrier, *n.*
perruquier
pierrier
pigeonnier
pilier
pincelier
pionnier
piquier
pistachier
plaidoyer
plombier
ployer, *v.*
plumassier
pluvier
poêlier
poirier
poissonnier
pommier
pompier
Pontarlier, *g.*
pontonnier
portier

pourpier
prébendier
premier
pressier
princier
printanier
prisonnier
prunellier
prunier
psautier
quartier
radier
ramier
rancunier
râtelier
ratier
Regnier, *n.*
regrattier
régulier
rejointoyer, *v.*
relayer, *v.*
remblayer, *v.*
remployer, *v.*
rentier
reployer, *v.*
ressuyer, *v.*
romancier
roturier
roulier
routier
rubanier
rudoyer, *v.*
sabotier
saladier
saunier
savetier
savonnier
séculier
sellier
semainier
sentier
serrurier
setier
singulier
sommelier
sommier
sorbier
sorcier
sottisier
soulier
sourcier
surpayer, *v.*
tabletier
taillandier
tapissier
taupier
tavernier
teinturier
tenancier
terrassier
terre-neuvier
terrier
timbalier
timonier
tisonnier
toilier
tonnelier
tournoyer, *v.*
tracassier
tréfoncier
trésorier
tripier
troupier
tuilier
tutoyer, *v.*
usurier
vannier
verdier
verdoyer, *v.*
vermicellier
verrier
vice-chancelier
viguier
violier
vivandier
vivier
voilier
voiturier
voyer
Xavier, *n.*

IER dissyllabes

allier, *v.*
apparier, *v.*
approprier, *v.*
arbalétrier
asphyxier, *v.*
associer, *v.*
atrophier, *v.*
balbutier, *v.*
barbifier, *v.*
baudrier
béatifier, *v.*
bénéficier, *v.*
bonifier, *v.*
bouclier
calendrier
calomnier, *v.*
carier, *v.*
cendrier
certifier, *v.*
chambrier
charrier, *v.*
chartrier
châtier, *v.*
circonstancier, *v.*
clarifier, *v.*
colorier, *v.*
communier, *v.*
concilier, *v.*
confier, *v.*
congédier, *v.*
contrarier, *v.*
convier, *v.*
copier, *v.*
coudrier
crier, *v.*
crucifier, *v.*
décrier, *v.*
dédier, *v.*
défier, *v.*
déifier, *v.*
délier, *v.*
démarier, *v.*
dénier, *v.*
déparier, *v.*
déplier, *v.*
déprimer, *v.*
destrier
dévier, *v.*
différencier, *v.*
diversifier, *v.*
domicilier, *v.*
dulcifier, *v.*
écrier (s'), *v.*
édifier, *v.*
émier, *v.*
encrier
enlier, *v.*
envier, *v.*
épier, *v.*
épinglier
estropier, *v.*
étrier
étudier, *v.*
excommunier, *v.*
excorier, *v.*
exfolier, *v.*
expatrier, *v.*
expédier, *v.*
expier, *v.*
exproprier, *v.*
extasier (s'), *v.*
falsifier, *v.*
février
fier (se), *v.*
fortifier, *v.*
fructifier, *v.*
gaufrier
genévrier
giroflier
glorifier, *v.*
gratifier, *v.*
historier, *v.*
humilier, *v.*
humilier, *v.*
identifier, *v.*
ingénier (s'), *v.*
initier, *v.*
injurier, *v.*

inventorier, *v.*
justifier, *v.*
justifier, *v.*
lénifier, *v.*
lévrier
licencier, *v.*
lier, *v.*
lignifier, *v.*
liquéfier, *v.*
lubrifier, *v.*
madrier
manier, *v.*
manœuvrier
marbrier
marier, *v.*
méfier, *v*
mendier, *v.*
ménétrier
mésallier, *v.*
meurtrier
modifier, *v.*
mortifier, *v.*
multiplier, *v.*
mystifier, *v*
néflier
négocier, *v.*
négrier
nier, *v.*
notifier, *v.*
obvier, *v.*
officier, *v.*
orthographier, *v.*
ossifier, *v.*
oublier, *v.*
ouvrier
pacifier, *v.*
pallier, *v.*
parier, *v.*
parodier, *v.*
pépier, *v.*
personnifier, *v.*
pétrifier, *v.*
plâtrier
plier, *v.*
poivrier
poudrier
prier, *v.*
psalmodier, *v.*
publier, *v.*
purifier, *v.*
putréfier, *v.*
qualifier, *v.*
rallier, *v.*
ramifier, *v.*
rapatrier, *v.*
raréfier, *v.*
rassasier, *v.*
ratifier, *v.*
réconcilier, *v.*
recopier, *v.*
récrier (se), *v.*
rectifier, *v.*
réédifier, *v.*
relier, *v.*
remanier, *v.*
remarier, *v.*
remercier, *v.*
remplier, *v.*
renier, *v.*
replier, *v.*
répudier, *v.*
résilier, *v.*
revivifier, *v.*
sacrifier, *v.*
salarier, *v.*
sanctifier, *v.*
sanglier
scarifier, *v.*
scier, *v.*
signifier, *v.*
simplifier, *v.*
solfier, *v.*
soucier, *v.*
spécifier, *v.*
spolier, *v.*
stipendier, v.
stratifier, v.
stupéfier, *v.*
sucrier
supplicier, *v.*
supplier, *v.*
tablier
templier
titrier
torréfier, *v.*
trier, *v.*
tuméfier, *v.*
varier, *v.*
vérifier, *v.*
versifier, *v.*
vicier, *v.*
vitrier
vitrifier, *v.*
vivifier, *v.*

Ces terminaisons dissyllabiques riment mal avec celles en ier monosyllabe, même quand la lettre d'appui est semblable : dernier rime faiblement avec le verbe dénier, mais richement avec denier, subst.

IER prononcé ière, voir **AIR**

IÈRE et **IERRE** monosyllabe

acquière, *v.*
aiguière
altière
ardoisière
arrière
arrière
aumônière
avant-courrière
aventurière
baissière
bandoulière
bannière
banqueroutière
banquière
barrière
batelière
Bavière, *g.*
bélière
beurrière
bière
bobinière
bonbonnière
bondonnière
bonnetière
bouquetière
boutiquière
boutonnière
bouvière
braisière
brassière
bruyère
buandière
buissonnière
cabaretière
cafetière
canardière
cantonnière
caponnière
carnassière
carrière
chandelière
chapelière
charbonnière
charcutière
chatière
chaudière
chaudronnière
chaumière
chènevière
chiffonnière
chocolatière
civadière
civière
clairière
cloutière
cloyère

confiturière
conquière, *v.*
cordelière
cordonnière
côtière
coursière
coutelière
coutumière
couturière
crapaudière
crémière
cressonnière
crinière
croisière
croupière
cuillère
cuisinière
culière
culottière
Dampierre, *g.*
dépensière
derrière
devancière
dossière
douairière
enquière, *v.*
épaulière
épicière
épierre, *v.*
épinière
étrivière
façonnière
faîtière
familière
fière
filandière
filière
financière
foncière
fourmilière
fourrière
frontière
fruitière
gantière
garancière
garçonnière
gargotière
gentilhommière
gibecière
giletière
glacière
glaisière
gouttière
grenadière
grimacière
gruyère
hauturière
héritière
héronnière
hospitalière
houblonnière
irrégulière
jambière
jardinière
jarretière
journalière
La Bruyère, *n.*
laitière
lanière
Lariboissière, *n.*
lierre
limonière
lingotière
linière
lisière
litière
luzernière
manière
marnière
matinière
melonnière
mentonnière
meulière
meunière
minaudière
minière
miroitière
mobilière
Molière, *n.*
muselière
officière
ornière
panetière
pantière
particulière
paupière
pépinière
pétaudière
pierre
Pierre, *n.*
pissotière
platière
plénière
Plombière, *g.*
poissonnière
portière
potière
poussière
poussinière
princière
rapière
ratière
ravière
régulière
renardière
rentière
requière, *v.*
rivière
rizière
Robespierre, *n.*
rosière
roturière
sablonnière
sablonnière
sabotière
safranière
sapinière
saucière
séculière
serpillière
sommelière
sorbetière
soupière
souricière
tabatière
talonnière
tanière
tapissière
tarière
taupière
teinturière
tenancière
terrière
têtière
théière
toilière
tourbière
tourrière
tourtière
tracassière
trémière (rose)
tripière
truffière
turbotière
usufruitière
usurière
Vallière (La), *n.*
verrière
vivandière
volière

Ajoutez à chacune de ces séries le féminin des adjectifs en *ier* monosyllabe. Quant aux terminaisons en *iaire* et *ière* dissyllabes, elles riment faiblement avec celles-ci, même quand !a lettre d'appui est semblable. Les terminaisons en *ère* riment à la rigueur avec celles-ci.

IÈRE dissyllabe, voir AIRE

IÈRES

Hyères, *g*. Ajouter le pluriel. des noms féminins en *ière*.

IERGE, voir ERGE

IERS monosyllabe

Béziers, *g*.	Pithiviers, *g*.
Brinvilliers, *n*.	Poitiers, *g*.
Louviers, *g*.	volontiers
Noirmoutiers, *g*.	

Plus le pluriel masc. des subst. et adj. terminés en *ier* (prononcés ié) monosyllabe.

IES prononcé i

androgénies	gémonies
anomies	harpies
Asturies, *g*.	lamies
complies	litanies
délies	lochies
féries	orgies
furies	tuileries

Joindre le pluriel des noms en *ie* et la 2e personne des temps des verbes dont la terminaison est en *ier*; mais pour obtenir une rime riche il faut que les deux terminaisons aient la même lettre d'appui.

IÉS

Cette terminaison, tant monosyllabe que dissyllabe, est formée par le pluriel des noms en *ié*. Elle rime avec le pluriel des noms en *iet* et en *ied*, et avec la 2e pers. du pluriel, en *iez*.

IET dissyllabe, voir ET et AIT

IEU monosyllabe

adieu	demi-dieu
caïeu	Dieu
camaïeu	épieu
essieu	moyeu
Fête-Dieu	pardieu !
Hôtel-Dieu	pieu
lieu	prie-dieu
Mathieu, *n*.	Richelieu, *n*.
milieu	Saulieu, *g*.
Montesquieu, *n*.	tonlieu

IEUE monosyllabe

banlieue	lieue

Du fait de leur petit nombre, ces mots riment avec ceux en *eue*.

IEUX monosyllabe

adieux	joyeux
aïeux	lieux
Bayeux, *g*.	Lisieux, *g*.
caïeux	mieux
camaïeux	milieux
cieux	moyeux
demi-dieux	pieux, *s. plur*.
dieux	rouvieux
ennuyeux	soyeux
épieux	vieux
essieux	yeux
giboyeux	

Ces mots riment à la rigueur avec ceux en eux ou ieux dissyllabes.

IEZ monosyllabe

Cette terminaison comprend la 2e pers. pluriel du passé simple, du conditionnel présent et de l'imparfait du subjonctif dans tous les verbes: *vous aimiez, vous aimeriez, que vous aimiez, que vous aimassiez*. La rime a besoin d'être soutenue par la lettre d'appui. Les pluriels en *iés* monosyllabes, comme *amitiés, pieds*, etc., riment à la même condition avec ces formes verbales.

IEZ dissyllabe

Cette terminaison comprend la 2e pers. pluriel. du prés. et de l'imp. de l'indicatif, de l'impératif et du prés. du subjonctif des verbes en *ier*: *vous priez, vous priiez, priez, que vous priiez*. Ces formes verbales riment avec le pluriel des noms en *iés* dissyllabes, comme *mariés*.

IF

ablatif
abortif
abréviatif
abstractif
abusif
accusatif
actif
adjectif
adjudicatif
administratif
admiratif
adoptif
adventif
adversatif
affectif
affirmatif
afflictif
agglutinatif
alternatif
ampliatif
annulatif
apéritif
appellatif
appétitif
appréciatif
appréhensif
approbatif
attentif
attractif
attributif
auditif
augmentatif
Baïf, *n.*
canif
carminatif
causatif
chérif
chétif
coactif
coercitif
cognitif
collatif
collectif
colliquatif
commémoratif
communicatif
commutatif
comparatif
complétif
compréhensif
compressif
conclusif
confirmatif
conglutinatif
conjonctif
consécutif
consolatif
consomptif
constitutif
constructif
contemplatif
contentif
contributif
convulsif
coopératif
copulatif
correctif
corroboratif
corrosif
craintif
cumulatif
curatif
datif
décisif
déclaratif
défectif
défensif
définitif
délibératif
démonstratif
dépuratif
dérivatif
descriptif
désignatif
destructif
déterminatif
détersif
dévolutif
digestif
diminutif
directif
discursif
disjonctif
dissolutif
distinctif
distributif
dormitif
dubitatif
effectif
électif
énonciatif
énumératif
épuratif
esquif
estimatif
évasif
excessif
exclamatif
exclusif
expansif
expéditif
explétif
explicatif
expressif
expulsif
extractif
facultatif
fautif
fédératif
fermentatif
fictif
figuratif
fixatif
fréquentatif
frustratif
fugitif
furtif
génératif
gérondif
gustatif
hâtif
if
illuminatif
imaginatif
imitatif
immersif
impératif
improductif
impulsif
inactif
incisif
indicatif
infinitif
infirmatif
informatif
instinctif
instructif
interprétatif
interrogatif
intransitif
introductif
intuitif
inventif
itératif
jointif
juif
justificatif
lascif
laxatif
législatif
lénitif
limitatif

locatif
lucratif
maladif
massif
modificatif
motif
natif
négatif
nominatif
nuncupatif
nutritif
objectif
obstructif
offensif
oisif
olfactif
opératif
oppressif
optatif
palliatif
partitif
passif
pendentif
pensif
perceptif
perspectif
persuasif
pignoratif
plaintif
plumitif
portatif
positif
possessif
poussif
préparatif
prépositif
préservatif
présomptif
préventif
primitif
privatif
processif
productif
progressif
prohibitif
pulsatif
purgatif
putatif
réactif
rébarbatif
réceptif
récif
récitatif
réflexif
réitératif
relatif
représentatif
répressif
reproductif
répulsif
résolutif
respectif
restrictif
rétif
rétroactif
révulsif
roboratif
rosbif
sédatif
sensitif
shérif
significatif
spéculatif
subjectif
subjonctif
substantif
subversif
successif
suif
superlatif
suspensif
tardif
tarif
transitif
translatif
unitif
végétatif
vif
vindicatif
vocatif
vomitif
votif

IFE, IFFE, IPHE, YPHE

apocryphe
attife, *v.*
biffe, *v.*
briffe, *v.*
Caïphe, *n.*
calife
chiffe
escogriffe
glyphe
griffe, *v.*
hiéroglyphe
pontife
rebiffe, *v.*
tarife, *v.*
Ténérife, *g.*
triglyphe

IFLE, IFFLE

écornifle, *v.*
mornifle
persifle, *v.*
renifle, *v.*
siffle, *v.*

IFRE et IFFRE

chiffre
empiffre, *v.*
fifre
déchiffre, *v.*

IGE, YGE

Adige, *g.*
afflige, *v.*
callipyge
corrige, *v.*
désoblige, *v.*
dirige, *v.*
érige, *v.*
exige, *v.*
fige, *v.*
fumige, *v.*
fustige, *v.*
inflige, *v.*
lige
litige
mitige, *v.*
néglige, *v.*
oblige, *v.*
prestige
prodige
quadrige
recorrige, *v.*
rédige, *v.*
stryge
tige
transige, *v.*
vertige
vestige
volige

Plus les formes interrogatives en *is-je : dis-je, fis-je, répondis-je.*

IGLE

bigle
sigle

IGME et YGME

borborygme
énigme
paradigme

IGNE et YGNE

aligne, *v.*
assigne, *v.*
barguigne, *v.*
bénigne
cligne, *v.*
consigne
consigne, *v.*
contresigne, *v.*
curviligne
cygne
désigne, *v.*
digne
Digne, *g.*
égratigne, *v.*
enligne, *v.*
forligne, *v.*
guigne
guigne, *v.*
indigne
indigne, *v.*
insigne
interligne
interligne, *v.*
ligne
ligne, *v.*
maligne
provigne, *v.*
réassigne, *v.*
rechigne, *v.*
rectiligne
résigne, *v.*
signe
souligne, *v.*
soussigne, *v.*
trépigne, *v.*
vigne

IGRE

Aligre (d'), *n.*
émigre, *v.*
Tigre, *g.*
dénigre, *v.*
tigre

IGUE

bigue
brigue
brigue, *v.*
digue
fatigue
fatigue, *v.*
figue
gigue
intrigue
intrigue, *v.*
ligue
ligue, *v.*
prodigue
prodigue, *v.*
Rodrigue, *n.*
sarigue

IGUES

Martigues, g.
Ajouter le pluriel des noms et la 2e pers. des verbes de la liste précédente.

IL prononcé ile

alguazil
anil
avril
babil
bill
Brésil, *g.*
cil
civil
courtil
exil
fil
il
incivil
mil
morfil
Nil, *g.*
péril
pistil
profil
puéril
sil
subtil
tortil
vil
viril
volatil

Plus les formes interrogatives de la 3e personne singulier : *dit-il, fit-il. Voir* l'article suivant.

IL prononcé i

baril
chenil
coutil
fenil
fournil
fusil
gentil
grésil
gril
nombril
outil
pénil
persil
sourcil

gril, nombril et persil se prononcent souvent en faisant entendre le L : si l'on adopte cet usage, on fait rentrer ces mots dans la catégorie de la liste précédente, *alguazil*, etc. Pour les pluriels *voir* ILS.

ILDE

Bathilde, *n.*
Clotilde, *n.*
Mathilde, *n.*
tilde

ILE, ILLE non-mouillé, **YLE, YLLE**

Abbeville, *g*.
Achille, *n*.
affile
affile, *v*.
amphiprostyle
annihile
aréostyle
argile
assimile, *v*.
atrabile
Basile, *n*.
Belle-Ile, *g*.
Belleville, *g*.
bibliophile
bile
calville
Cécile, *v*.
Charleville, *g*.
chef de file
chyle
civile
codicille
compile, *v*.
condyle
cotyle
crocodile
Cyrille, *n*.
dactyle
débile
défile, *v*.
délébile
dépile, *v*.
désopile, *v*.
difficile
distille, *v*.
docile
domicile
ductile
édile
éfaufile, *v*.
effile, *v*.
Émile, *n*.
émorfile, *v*.
empile, *v*.
enfile, *v*.
éolipyle
épile, *v*.
épistyle
Eschyle, *n*.
Euripyle, *n*.
évangile
exile, *v*.
facile
faufile, *v*.
fébrile
fertile
fibrille
file
file, *v*.
fluviatile
fossile
fragile
futile
habile
hile (le)
hostile
hôtel-de-ville
huile
huile, *v*.
idylle
île
île
imbécile
immobile
incivile
indélébile
indocile
infertile
inhabile
inutile
Joinville, *g*.
jubile, *v*.
labile
Lille, *g*.
Lucile, n
malhabile
mercantile
mille
mobile
mutile, *v*.
nubile
péristyle
pile
pile, *v*.
presqu'île
primipile
profile, *v*.
projectile
prostyle
puérile
renfile, *v*.
reptile
rutile
rutile, *v*.
saxatile
sébile
serre-file
servile
sessile
sibylle
Sicile, *g*.
spondyle
squille
style
subtile
tactile
textile
Théophile, *n*.
Thionville, *g*.
Tourville, *n*.
tranchefile, *v*.
tranquille
tuile, *subst*. et *v*.
ustensile
utile
vacille, *v*.
vaudeville
ventile, *v*.
versatile
vigile
vile
ville
Virgile, *n*.
virile
volatile
Zoïle, *n*.

ILLA voir **LA**

ILLA mouillé, voir **LLA**

ILLANT, ILLARD, voir **ANT** et **ARD**

ILLE mouillé

aiguille, *s*. et *v*.
anguille
anille
apostille, *s*. et *v*.
armadille
babille, *v*.
bastille
belle-fille
béquille, *s*. et *v*.
bille, *subst*. et *v*.
bisbille
brandille, *v*.
brasille, *v*.
brille, *v*.
brindille
camomille
cannetille
Castille, *g*.

cédille
cévadille
charmille
chenille
cheville, *s.* et *v.*
cille, *v.*
cochenille
coquille
courtille
croustille, *s.* et *v.*
dégobille, *v.*
déshabille, *v.*
dessille, *v.*
détortille, *v.*
drille, *s.* et *v.*
écarquille, *v.*
échenille, *v*
écoutille
égosille, *v.*
émoustille, *v.*
entortille, *v.*
éparpille, *v.*
escadrille
esquille
essorille, *v.*
estampille, *s.* et *v.*
étoupille, *s.* et *v.*
étrille, *s.* et *v.*
faucille
fendille, *v.*
fille
flottille
fourmille, *v.*
frétille, *s.* et *v.*
fusille, *v.*
gambille, *v.*
gaspille, *v.*
gentille
gobille
goupille, *s.* et *v.*
grapille, *v.*
grenadille
grésille, *v.*
grille, *s.* et *v.*
guenille
habille, *v.*
houspille, *v.*
jonquille
lentille
manille
Manille, *g.*
mantille
mordille, *v.*
nasille, *v.*
nille
ormille
outille, *v.*
pacotille
papille
pastille
peccadille
pendille, *v.*
pétille, *v.*
pille, *v.*
pointille, *v.*
pontille, *v.*
porte-aiguille
potentille
quadrille
quille
ramille
recroqueville, *v.*
rhabille, *v.*
roupille, *v.*
sautille, *v.*
Séville, *g.*
souquenille
sourcille, *v.*
tille
titille, *v.*
torpille
tortille, *v.*
toupille, *v.*
vanille
verticille
vétille, *s.* et *v.*
vrille, *s.* et *v.*

ILLÉ, voir **LLÉ**

ILLES mouillé

Antilles, *g.*

Ajoutez le pluriel des noms et la 2ᵉ pers. des verbes en *ille.*

ILLEUR et **ILLEUX,** voir **EUR et EUX**

ILLI, ILLON, voir **LLI, LLON**

ILTRE

philtre
filtre, *v.*
infiltre, *v.*

IM prononcé **ime**

Ephraïm, *n.*
Ibrahim, *n.*
intérim
Joachim, *n.*
passim
Sélim, *n.*

IMBE et **YMBE**

corymbe
limbe
nimbe
regimbe, *v.*

IMBRE

Cimbre
Coïmbre, *g.*
timbre
timbre, *v.*

IME et YME

abîme
amplissime
anime, *v.*
anonyme
arrime, *v.*
azyme
bellissime
cacochyme
centime
chyme
cime
comprime, *v.*
crime
décime
déprime, *v.*
didyme
dîme
dîme, *v.*
écime, *v.*
élime, *v.*
éminentissime
envenime, *v.*
épididyme
éponyme
escrime
escrime (s'), *v.*
estime
excellentissime

exprime, *v.*
frime
généralissime
grandissime
grime
grime (se), *v.*
homonyme
illégitime
illustrissime
imprime, v.
infinitésime
intime
légitime
lime, *v.*
magnanime
maritime
maxime
Maxime, *n.*
mésestime
mésestime, *v.*
millésime
mime
minime
monorime
nonagésime
Onésime, *n.*
opprime, *v.*
pantomime
parenchyme
périme, *v.*
prime
prime, *v.*
pseudonyme
pusillanime
quadragésime
quinquagésime
ranime, *v.*
rarissime
rédime, *v.*
régime
réimprime, *v.*
relime, *v.*
renvenime, *v.*
réprime, *v.*
richissime
rime, *subst.* et *v.*
savantissime
septuagésime
sérénissime
sexagésime
simplissime
sublime
sublime, *v.*
supprime, *v.*
synonyme
trime, v.
unanime
victime
vidime, v.
Zozime, *n.*

IMPE et YMPE

guimpe
grimpe, *v.*
Olympe, *n.*
Olympe, *g*

IMPHE ou YMPHE

lymphe
nymphe
paranymphe

IN, AIN, EIN et IM

abat-faim
Abyssin
adultérin
afin
Africain
agnelin
aigrefin
Ain
airain
Aladin, *n.*
Albin, *n.*
alcalin
alevin
alexandrin
Algonquin
Américain
andin
Antonin, *n.*
après-demain
aquilin
Aquitain
archi-vilain
architriclin
argentin
argousin
arlequin
armoisin
Armoricain
arrière-main
assassin
aubain
Augustin, *n*
avant-main
avant-train
Aventin (mont) *g.*
badin
badin
bain
baisemain
baladin
baldaquin
ballotin
banvin
Barbin, n.
basin
bassin
bec de corbin
béguin
bénédictin
bénin
Benjamin, *n.*
Berlin, *g.*
bernardin
Bernardin, *n.*
biscotin
bisquain
blondin
boudin
boulin
boulingrin
bouquetin
bouquin
bousin
boute-en-train
brassin
brigantin
brin
brodequin
buccin
bulletin
burin
butin
cabotin
Caïn, *n.*
calcin
calepin
câlin
calotin
Calvin, *n.*
canin
capitolin
capucin
carabin
carlin
carmin
casaquin
cassetin
catin,

Célestin, *n.*
certain
chagrin
chambourin
Chapelain, *n.*
châtelain
Chauvin, *n.*
chemin
chérubin
chevrotin
chicotin
cipolin
circonvoisin
cisalpin
citadin
citrin
clampin
clandestin
clavecin
Cochin, *n.*
Colin, *n.*
consanguin
Constantin, *n.*
contemporain
coquin
corallin
corbin
cousin
coussin
couvain
crapoussin
craquelin
Crépin (saint)
crétin
crin
crincrin
cristallin
crottin
cumin
cyprin
daim
Dandin, *n.*
dauphin
déclin
dédain
demain
demi-fin
Denain, *g.*
dessein
dessin
destin
diablotin
diocésain
dizain
dominicain
doucin
douvain
douzain
drelin
Dublin, *g.*
Duguesclin, *n.*
échevin
écrin
écrivain
éléphantin
enclin
enfantin
enfin
engin
entrain
éparvin
escarpin
essaim
étain
Euxin (le pont)-, *g.*
fagotin
faim
fantassin
faquin
farcin
féminin
festin
fin
Firmin, *n.*
flandrin
Florentin
florin
forain
franciscain
francolin
Franklin, *n.*
frein
fretin.
fusain
gagne-pain
gain
galantin
galopin
gamin
garde-magasin
germain
gibelin
gobelin
gorgerin
gourdin
gradin
grain
grappin
gratin
gredin
grelin
Grenadin
Guillotin, *n.*
hautain
huitain
humain
ignorantin
incarnadin
incertain
inhumain
intestin
jacobin
jardin
Jocelyn, *n.*
Jourdain, *g.*
Justin, *n.*
kaolin
Kremlin, *g.*
lamantin
lambin
lapin
larcin
latin
lendemain
léonin
levain
libertin
Limousin, *g.*
lin
lointain
lopin
Lorrain
Louvain, *g.*
Lubin, *n.*
lupin
lutin
lutrin
magasin
main
malin
mandarin
Mandarin, n.
mannequin
marasquin
marcassin
Marcellin, *n.*
marin
maroquin
Martin, *n.*
masculin
massepain
Mathurin, *n.*
matin
mâtin
Maximin, *n.*
Mazarin, *n.*
médecin
médiastin
Mein, *g.*
Menin, *g.*
Merlin, *n.*
mesquin
messin
meurt-de-faim
Mexicain
mondain
moulin
muscadin
mutin
nain

Nankin, *g.*
Napolitain
Navarin, *g.*
nervin
nonnain
Odin, myth.
ondin
opalin
organsin
orphelin
orpin
oursin
pain
paladin
palanquin
palatin
pantin
Pantin, *g.*
Papin, *n.*
parchemin
parrain
Pasquin, *n.*
patelin
patin
Pékin, *g.*
pèlerin
pépin
pérégrin
périgourdin
perlimpinpin
pétrin
picotin
pin
plain
plantain
plein
Plotin, *n.*
Poitevin
pot-de-vin
potin
poulain
poupin
poussin
prochain
provin
publicain
pulvérin
puritain
purpurin
putain
quadratin
quatrain
rabbin
raisin
ramequin
ravin
refrain
regain
rein
républicain
requin
réveille-matin
Rhin, *g.*
ricin
robin
Rollin, *n.*
romain
romarin
rondin
rotin
roussin
Sabin, *g.*
sac-à-vin
sacristain
sain
Saint-Quentin, *g.*
Saladin, *n.*
salin
samaritain
sanguin
sanhédrin
sapin
Sarrasin
satin
Saturnin, *n.*
sauvagin
Scapin, *n.*
scrutin
sein
sequin
séraphin
serein
serin
serpentin
Séverin, *n.*
sibyllin
sixain
smaragdin
soudain
souterrain
souverain
spadassin
staphylin
strapontin
succin
sucrin
superfin
supin
surhumain
surlendemain
suzerain
Sylvain, *n.*
tain
tamarin
tambourin
taquin
Tarentin
tarin
Tarquin, *n.*
tartarin
tâte-vin
taupin
Tencin, *n.*
terrain
terre-plein
tétin
théatin
thym
tintin
tocsin
Tonkin, *g.*
Toulousain
tourmentin
tournemain
train
transalpin
traversin
tremplin
trentain
Tripolitain
trottin
Turin, *g.*
turlupin
turquin
ultramontain
urbain
Urbain, *n.*
utérin
vaccin
vagin
vain
vélin
vérin
vertugadin
Vexin, *g.*
vilain
vilebrequin
vin
voisin
Vulcain, *myth.*
vulpin
zain
zinzolin

Rimes: *voir* AIN, AIM, AING, EN, EIN, EING, AINT et EINT.

INC, INQ

cinq
zinc

INCE, INSE, INSSE

émince, *v.*
évince, *v.*
grince, *v*
mince
pince, *subst.* et *v.*
Port-au-Prince
prince
province
rince, *v.*

Plus la 1re et la 3e pers. de l'imparfait du subjonctifs. des verbes *tenir, venir* et leurs composés : *tinsse, continsse, vinsse,* etc.

INCHE

clinche
grinche
guinche

INCT prononcé in

distinct
instinct
succinct

Ces trois mots riment avec ceux en *aint* et *eint*. Voir cette terminaison.

INCTE

distincte
succincte

Ces deux mots peuvent rimer avec ceux qui se terminent en *ainte* et *einte*. *Voir* cette terminaison.

INDE

blinde, *subst.* et *v.*
Clorinde, n
coq-d'Inde
dindeguinde, *v.*
Inde, *g.*
Olinde, *g.*
Pinde, *g.*
scinde, *v.*

INDES

Brindes, *g.*
Indes (les), *g*

Plus le pluriel des noms et la 2e pers. sing. des verbes de la liste précédente.

INDRE, EINDRE, AINDRE

atteindre, *v.*
ceindre, *v.*
complaindre, *v.*
contraindre, *v.*
craindre, *v.*
cylindre
dépeindre, *v.*
déteindre, *v.*
empreindre, *v.*
enceindre, *v.*
enfreindre, *v.*
épreindre, *v.*
éteindre, *v.*
étreindre, *v.*
feindre, *v.*
geindre
geindre, *v.*
Indre, *g.*
peindre, *v.*
plaindre, *v.*
restreindre, *v.*
teindre, *v.*

INE et YNE

abomine, *v.*
achemine, *v.*
acoquine, *v.*
Adeline, *n.*
affine, *v.*
agneline
Agrippine, *n.*
aigue-marine
Albine, *n.*
albumine
alcaline
alevine, *v.*
alexandrine, *adj.*
Alexandrine, *n.*
Aline, *n.*
alpine
alumine
alvine
amarine, *v.*
Angevine
angine
ansérine
apalachine
argentine
Argentine, *g.*
asparagine
assassine
assassine, *v.*
aubépine
aubergine
Augustine, *n.*
aveline
aventurine
avine, *v.*
avoisine, *v.*
babine
badine
balancine
balsamine
barbotine
bassine
bécassine
béguine
bénédictine
berline
bine, *v.*
bobine
bottine
bouline
bouline, *v.*
bouquine, *v.*
brigantine
bruine
bruine, *v.*
buratine
burgaudine
burine, *v.*
calamine
calcine, *v.*
câline

cameline
canine
cantine
capeline
capucine
carabine
cardamine
carline
carmeline
Caroline, *n.*
cassine
castine
Catherine, *n.*
Céline, *n.*
chagrine
chaumine
chemine, *v.*
chevaline
chevrotine
Chine, *g.*
chopine
chopine, v.
Christine, *n.*
circonvoisine
cisalpine
citadine
citrine
clandestine
clarine
Claudine, *n.*
clémentine
clopine, v.
Cochinchine, *g.*
colline
colombine
Colombine, *n.*
combine, *v.*
concubine
Condamine (la), *n.*
confine, *v.*
contamine, *v.*
contre-mine
coqueline, *v.*
coquine
coquine, *v.*
coraline
coralline
Corinne, *n.*
cornaline
cortine
courtine
cousine
cousine, v.
crapaudine
crapoussine
crépine
crinoline
cristalline
cuisine
Custine, *n.*
damasquine, *v.*
dandine, *v.*
dauphine
décline, *v.*
Delphine, *n.*
déracine, *v.*
destine, *v.*
détermine, *v.*
devine, *v.*
discipline
dissémine, *v.*
doctrine
dodine, *v.*
domine, *v.*
doucine
ébousine, *v.*
échine
échine, *v.*
efféminе, *v.*
églantine
élimine, *v.*
embéguine, *v.*
émétine
emmagasine, *v.*
encline
endoctrine, *v.*
enfarine, *v.*
enlumine, *v.*
enracine, *v.*
ensaisine, *v.*
entérine, *v.*
épine
érine
Ernestine, *n.*
étamine
examine, *v.*
extermine, *v.*
farine
fascine
fascine, *v.*
Faustine, *n.*
féminine
feuillantine
fibrine
fine
flamine
Florentine, *adj. n.*
fulmine, *v.*
galantine
garde-marine
gélatine
géline
gésine
glucine
gomme-résine
gourgandine
guillotine
hémine
hermine
héroïne
houssine
houssine, *v.*
illumine, *v.*
imagine, *v.*
incarnadine
incline, *v.*
incrimine, *v.*
indiscipline
Jacqueline, *n.*
jardine, *v.*
javeline
Joséphine, *n.*
Justine, *n.*
lambine, *v.*
lapine
léonine
Lépine, *n.*
lésine
lésine, *v.*
libertine
limousine
lithine
lutine, *v.*
machine
magasine, *v.*
mandoline
marine
marine, *v*
maroquine, *v.*
mâtine
médecine
médecine
Médine, *g.*
Mélusine, *n.*
Messaline, *n.*
Messine, g.
mine
mine, *v.*
misogyne
morphine
mouline, *v.*
mousseline
mutine
narcotine
narine
obstine, *v.*
opine, *v.*
origine
orpheline
palatine
Palestine, *g.*
pateline
patine
Pauline, *n.*
Philippine, *n.*
picholine
piétine, *v.*
piscine
platine
Pline, *n.*

plombagine
poitrine
pouline, *v.*
poupine
praline
prédestine, *v.*
prédétermine
prédomine, *v.*
purpurine
quine
quinine
racine
Racine, *n.*
raffine, *v.*
rapine
ratatine, *v.*
ratine
ratiocine, *v.*
ravine
récrimine, *v.*
résine
rétine
routine
rugine
ruine
ruine, *v.*
rumine, *v.*
sabine, *bot.*
Sabine, *g.*
sacristine
saisine
saline
sanguine
santoline
sapine
sardine
Sarrasine
sentine
serine
serpentine
Sixtine (chapelle)
sourdine
tambourine, *v.*
taquine
taquine, *v.*
tartine
tartine, *v.*
térébenthine
termine, *v.*
terrine
tétine
thorine
tine
tontine
tourmaline
transalpine
turlupine, *v.*
tzarine
Udine, *g.*
urine
ursuline
usine
utérine
vaccine
Valentine, *n.*
vérine
vermine
Victorine, *n.*
vipérine
visitandine
voisine
voisine, *v.*
zibeline

INES

Gravelines, *g.*
latrines
Luynes, *g. n.*
Malines, *g.*
matines
Philippines, *g.*

Plus le pluriel des noms et les 2e pers. sing. des verbes de la série précédente.

INGE

linge
méninge
singe
Thuringe, *g.*

Plus les formes interrogatives de la 1re pers. en *ins, ains et eins : vins-je, plains-je, éleins-je.* Il faut observer cependant que ces formes sont dures.

INGLE

cingle, *v.*
épingle
épingle, *v.*
tringle

INGRE

malingre
pingre

INGUE

bastingue, *s.* et *v.*
bastringue, *s.* et *v.*
bourlingue
camerlingue
carlingue
distingue, *v.*
Domingue, *n.*
élingue
fringue, *v.*
meringue
ralingue, *s.* et *v.*
seringue, *s.* et *v.*

INGUES

Sorlingues, g.

Plus le pluriel des noms et les 2e pers. sing. des verbes de la liste précédente.

INMES

tînmes (nous)
vînmes (nous)

Et les 1re pers. pluriel du passé simple des composés des verbes *tenir* et *venir*.

INQUE et YNQUE

convainque
ornithorynque
requinque (se), *v.*
trinque, *v.*
vainque, *subj.*

INRENT

tinrent (ils)
vinrent (ils)

Et leurs composés.

INS

confins
Gobelins
lambrequins
Lérins (îles), *g.*
Moulins, *g.*
Pontins (marais)
Provins, *g.*
quatre-vingts
Quinze-Vingts
Salins, *g.*
Vervins, *g.*

Ajouter le pluriel des noms en *in, ain, aint, ein, eing et eint,* et les 1re et 2e personnes singulier du présent de l'indicatif. des verbes en *aindre, eindre, aincre : crains, étreins, vaincs,* etc. ; la 1re et 2e personne singulier du passé simple des verbes *tenir, venir* et de leurs composés. *Je tins, tu vins,* etc.

INSE et INSSE, voir INCE

INT, AINT et EINT

ceint, *v.* et *part.*
Charles-Quint, *n.*
craint, *v.* et *part.*
éteint, *v.* et *part.*
étreint *v.* et *part.*
feint, *v.* et *part.*
geint, *v.* et *part.*
plaint, *v.* et *part.*
quint
saint
Sixte-Quint, *n.*
vingt
tint (il) *et composés.*
vint (il) *et composés.*

Voir les verbes en *aindre* et *eindre*.

INTE, INTHE, AINTE, EINTE

absinthe
atteinte
coloquinte
complainte
contrainte
Corinthe, *g.*
crainte
empreinte
enceinte
éreinte, *v.*
hyacinthe
jacinthe
labyrinthe
mainte
pinte
plinthe
quinte
sainte
suinte, *v.*
teinte
térébinthe
tinte, *v.*

Ajouter le féminin des participes en *aint* et *eint*.

INTES

Cette rime est formée par le pluriel des noms et participes, et la 2e pers. des verbes de la liste précédente, à quoi il faut ajouter : *vous tîntes, vous vîntes,* et les composés de ces deux verbes.

INTRE, EINTRE

cintre
peintre

INX et YNX

larynx
lynx
pharynx
sphinx
syrinx

INZE

quinze

ION dissyllabe, YON

abdication
abduction
aberration
abjection
abjuration
ablactation
ablation
ablégation
ablution
abnégation
abolition
abomination
abréviation
abrogation
absolution
absorption
abstention
abstraction
accélération
accentuation
acceptation
acception
accession
acclamation
accumulation
accusation
acquisition
action
adaptation
addition
adduction
adhésion
adjonction
adjudication
adjuration
administration
admiration
admission
admonition
adoption
adoration
adulation
adultération
affabulation
affectation
affection
affiliation
affirmation
affliction
affusion

agglomération
agglutination
agitation
agnation
agrégation
agression
Albion, *g.*
Alcyon, *myth.*
alérion
aliénation
allégation
allocation
allocution
allusion
alluvion
altération
altercation
ambition
amélioration
amodiation
amphion
Amphitryon, *n.*
ampliation
amplification
amputation
animadversion
animation
annexion
annihilation
annonciation
annotation
annulation
anticipation
apparition
appellation
appétition
application
apposition
appréciation
appréhension
approbation
approximation
argumentation
arrestation
articulation
ascension
aspersion
aspiration
assertion
assignation
assimilation
association
attention
atténuation
attestation
attraction
attribution
attrition
audition
augmentation
auscultation
autorisation
aversion
bastion
béatification
bénédiction
bibion
bifurcation
billion
bonification
brimborion
brion
calcination
caléfaction
canonisation
capitation
capitulation
captation
carbonisation
carnation
cassation
castramétation
castration
caution
célébration
cémentation
centralisation
centurion
certification
cessation
cession
champion
chorion
chylification
circoncision
circonlocution
circonscription
circonspection
circonvallation
circonvention
circonvolution
circulation
citation
civilisation
classification
claudication
Clodion, *n.*
coaction
coagulation
coalition
coction
coemption
coercition
cognation
cognition
cohabitation
cohésion
cohobation
collaboration
collation
collection
colliquation
collision
collocation
collusion
combustion
commémoration
commination
commission
commotion
communication
communion
commutation
comparution
compassion
compensation
compétition
compilation
complexion
complication
componction
composition
compréhension
compression
compromission
compulsion
concentration
conception
concession
conciliation
concision
conclusion
concrétion
concussion
condamnation
condensation
condition
conduction
confabulation
confection
confédération
confession
configuration
confirmation
confiscation
conflagration
conformation
confrontation
confusion
congélation
conglutination
congrégation
conjonction
conjuration
connexion
connotation
conscription
consécration
consécution
conservation

considération
consignation
consolation
consolidation
consommation
consomption
conspiration
constellation
consternation
constipation
constitution
constriction
construction
consultation
contagion
contamination
contemplation
contention
contestation
continuation
contorsion
contraction
contradiction
contravention
contre-indication
contre-révolution
contrefaction
contrevallation
contribution
contrition
contusion
convention
conversation
conversion
conviction
convocation
convulsion
coopération
cooptation
coordination
copermutation
copulation
corporation
correction
corrélation
corroboration
corrosion
corruption
cotisation
création
crépitation
crispation
cristallisation
croupion
crucifixion
culmination
curion
damnation
dation
débilitation
décantation
décapitation
décentralisation
déception
décimation
décision
déclamation
déclaration
décoction
décollation
déconstruction
décoration
décortication
décrépitation
décurion
déduction
défalcation
défécation
défection
définition
déflagration
déflexion
défloration
dégénération
déglutition
dégradation
dégustation
déification
déjection
délation
délectation
délégation
délégation
délibération
délimitation
délinéation
démarcation
démission
démonstration
dénégation
dénomination
dénonciation
dénotation
dent-de-lion
dentition
dénudation
déperdition
dépilation
dépopulation
déportation
déposition
dépossession
dépravation
déprécation
dépréciation
déprédation
dépression
dépuration
députation
dérision
dérivation
dérogation
désagrégation
désapprobation
désarticulation
description
désertion
désignation
désinfection
désolation
désorganisation
dessiccation
destination
détention
détérioration
détermination
détestation
détonation
détraction
dévastation
déviation
dévolution
dévotion
diction
diffamation
diffraction
diffusion
digestion
digression
dilacération
dilapidation
dilatation
dilection
dimension
diminution
direction
discrétion
disculpation
discussion
disjonction
dislocation
disparition
dispersion
disposition
disproportion
dissection
dissémination
dissension
dissertation
dissimulation
dissipation
dissolution
dissuasion
distension
distillation
distinction
distorsion
distraction
distribution
divagation

diversion
divination
division
divulgation
divulsion
domination
donation
dotation
dulcification
duplication
ébullition
éclosion
ectropion
édification
édition
éducation
édulcoration
effraction
effusion
égalisation
éjaculation
éjection
élaboration
élection
élévation
élimination
élision
élocution
élongation
élucidation
élucubration
émanation
émancipation
embrocation
embryon
émersion
émigration
émission
émotion
émulation
émulsion
Endymion, *n.*
énonciation
énumération
épellation
épilation
épuration
équation
équitation
éradication
éradication
érection
érosion
éructation
érudition
éruption
espion
estimation
évacuation
évaluation
évaporation
évasion
éviction
évocation
évolution
évulsion
exacerbation
exaction
exagération
exaltation
exaspération
excavation
exception
excision
excision
excitation
exclusion
excommunication
excoriation
excrétion
excursion
exécration
exécution
exemption
exfoliation
exhalation
exhérédation
exhibition
exhortation
exhumation
expansion
expatriation
expectoration
expédition
expiation
expiration
explication
exploitation
exportation
exposition
expression
expropriation
expulsion
exsudation
extension
exténuation
extermination
extinction
extirpation
extorsion
extraction
extradition
extrême-onction
fabrication
faction
falsification
fascination
fécondation
fédération
fermentation
fiction
filiation
filtration
finition
fixation
flagellation
flagellation
flexion
fluctuation
fluxion
foliation
fomentation
fonction
fondation
forclusion
formation
fornication
fortification
fourmi-lion
fraction
fréquentation
friction
fructification
fulguration
fulmination
fumigation
fusion
fustigation
gabion
ganglion
généralisation
génération
génuflexion
germination
gestation
gesticulation
gestion
glorification
gradation
granulation
gratification
gravitation
gustation
habilitation
habitation
herborisation
hésitation
histrion
homologation
horion
horripilation
humiliation
Hypérion, *myth.*
ignition
Ilion, *g.*
illumination
illusion
illustration
imagination
imbibition
imitation
immatriculation

immersion
immigration
immixtion
immobilisation
immodération
immolation
immortalisation
impanation
imperfection
imperforation
impétration
implantation
implication
imploration
importation
imposition
imprécation
imprégnation
impression
improbation
impulsion
imputation
inaction
inanition
inapplication
inattention
inauguration
incantation
incarcération
incarnation
incinération
incirconcision
incision
incitation
inclination
incorporation
incorrection
incrimination
incrustation
incubation
inculpation
incursion
indécision
indévotion
indication
indiction
indigestion
indignation
indiscrétion
indisposition
indistinction
indivision
induction
induration
inexécution
infatuation
infection
inféodation
infestation
infibulation
infiltration
inflammation
inflation
inflexion
information
infraction
infusion
inhalation
inhibition
inhumation
initiation
injection
injonction
innovation
inobservation
inoccupation
inoculation
inondation
inquisition
inscription
insertion
insolation
inspection
inspiration
installation
instauration
instigation
institution
instruction
insubordination
insurrection
intégration
intellection
intention
intention
intercalation
interception
intercession
interdiction
interjection
interlocution
intermission
interpellation
interpolation
interposition
interprétation
interrogation
interruption
intersection
intervention
interversion
intimidation
intonation
introduction
intromission
intronisation
introspection
intrusion
intuition
invalidation
invasion
invention
inversion
investigation
invitation
invocation
involution
irradiation
irréflexion
irréligion
irrésolution
irrigation
irritation
irroration
irruption
ischion
jonction
jubilation
juridiction
jussion
justification
juxtaposition
lacération
lallation
lamentation
lampion
lapidation
latinisation
légalisation
légation
légion
législation
légitimation
lésion
lévigation
libation
libération
libration
licitation
limitation
lion
liquation
liquéfaction
liquidation
lixiviation
location
location
locomotion
lotion
lustration
luxation
Lyon, *g.*
macération
machination
maculation
malédiction
malversation
manducation
manifestation
manipulation
manutention
mastication

maturation
médiation
méditation
mellification
menstruation
mention
migration
million
minéralisation
mission
mixtion
mobilisation
modération
modification
modulation
momification
monition
morion
morpion
mortification
motion
multiplication
munition
mutation
mutilation
mystification
narration
natation
nation
naturalisation
navigation
négation
négociation
neutralisation
nomination
non-intervention
notation
notion
novation
numération
nutation
nutrition
objection
objurgation
oblation
obligation
obsécration
observation
obsession
obstination
obstruction
obtention
obturation
occasion
occasion
occultation
occupation
omission
onction
ondulation
opération
opinion
opposition
oppression
option
ordination
organisation
Orion, *myth.*
oscillation
ossification
ostentation
ovation
oxydation
pacification
palpitation
panification
participation
partition
passation
passion
pénétration
pension
perception
percussion
perdition
pérégrination
péremption
perfection
perforation
permission
permutation
perquisition
persécution
perspiration
persuasion
perturbation
perversion
pétition
pétrification
pied-de-lion
pion
plantation
polarisation
pollution
ponction
population
possession
postulation
potion
précaution
précession
précipitation
précision
préconisation
prédestination
prédication
prédiction
prédilection
prédomination
préemption
préfixion
préhension
prélibation
préméditation
prémonition
prénotion
préoccupation
préparation
préposition
prescription
présentation
préservation
présomption
pression
prestation
prétention
prétérition
prévarication
prévention
prévision
privation
probation
procession
proclamation
procréation
procuration
production
profession
profusion
progression
prohibition
projection
projection
prolongation
promotion
promulgation
pronation
prononciation
propagation
propension
proportion
proposition
propulsion
prorogation
proscription
prosternation
prostitution
prostration
protection
protestation
provision
provocation
psaltérion
publication
pulsation
pulsion
pulvérisation
punition
purgation
purification
putréfaction
Pygmalion, *myth.*

qualification
radiation
ramification
ratification
ration
réaction
réalisation
réapparition
réassignation
rébellion
récapitulation
réception
récitation
réclamation
réclusion
récognition
récollection
recommandation
recomposition
réconciliation
reconstitution
reconstruction
récréation
récrimination
récupération
récusation
rédaction
reddition
rédemption
redistribution
réduction
réduplication
réédification
réfection
réflexion
réformation
réfraction
réfrigération
réfutation
régénération
région
réhabilitation
réimposition
réintégration
réitération
relation
relaxation
relégation
religion
relocation
rémission
rémunération
renonciation
rénovation
réordination
réorganisation
réparation
répartition
répercussion
répétition
réplétion
répréhension
représentation
répression
réprobation
reproduction
répudiation
répulsion
réputation
réquisition
rescision
rescription
résection
réservation
résignation
résiliation
résolution
résorption
respiration
restauration
restitution
restriction
résurrection
rétention
retiration
rétorsion
rétractation
rétraction
rétribution
rétroaction
rétrocession
rétrogradation
rétrospection
réunion
révélation
revendication
réverbération
réversion
révision
révocation
révolution
révulsion
rotation
rotation
rumination
salivation
saltation
salutation
sanctification
sanction
satisfaction
saturation
scarification
scintillation
scion
Scipion, *n.*
scission
scorpion
sécrétion
section
sécularisation
sédition
séduction
ségrégation
sensation
séparation
septentrion
séquestration
session
sidération
signification
simplification
simulation
Sion, *g.*
situation
sollicitation
sommation
sophistication
soumission
souscription
soustraction
spécification
spéculation
spiritualisation
spoliation
stagnation
station
stillation
stipulation
strangulation
stratification
stupéfaction
subdélégation
subdivision
sublimation
submersion
subordination
subornation
subrogation
substitution
substruction
subtilisation
subvention
subversion
succession
succion
succussion
suffocation
suggestion
sujétion
superfétation
superposition
superstition
supination
supplication
supposition
suppression
suppuration
supputation
supputation

surérogation
suscription
suspension
suspicion
tabellion
talion
taxation
temporisation
tension
tentation
tergiversation
titillation
titubation
torréfaction
torsion
traction
tradition
traduction
transaction
transcription
transfiguration
transfusion
transgression
transition
translation
transmigration
transmission
transmutation
transpiration
transplantation
transposition
transsudation
trépidation
tribulation
trillion
trisection
trituration
tuméfaction
ulcération
union
usucapion
usurpation
vacation
vaccination
vacillation
validation
vaporisation
variation
végétation
vénération
ventilation
vérification
versification
version
vésication
vexation
vibration
violation
vision
visitation
vitrification
vivification
vocation
vocifération
volatilisation
volition
votation

ION monosyllabe, YON

broyon
crayon
Noyon, *g.*
pleyon
rayon
sayon

IONNE dissyllabe, YONNE

crayonne, *v.*
Yonne (l'), *g.*
rayonne, *v.*
Voir ONNE.

IONS

Nyons. *g.*
rogations

Ajoutez le pluriel des noms de la série en ion ; plus la 1re personnes pluriel des temps de ces verbes : le présent de l'indicatif et de l'impératif des verbes en *ayer, eyer, oyer, uyer : essayons, employons, appuyons* ; l'imparfait de l'indicatif, le conditionnel, le présent et l'imparfait du subjonctif, sauf quand la terminaison est précédée de *b, dr, bl, pl, fl* : *nous aimions, nous aimerions, que nous aimions, que nous aimassions.* ; le présent de l'indicatif, l'imparfait, l'impératif et le présent du subjonctif des verbes en *ier* : *nous ni-ons, nous pri-ons, cri-ons, que nous li-ions.* ; l'imparfait de l'indicatif et le présent du subjonctif des verbes en *ayer, eyer, oyer, uyer : nous pay-i-ons, que nous employ-i-ons.*

IPE, IPPE, YPE

anticipe, *v.*
antitype
archétype
chipe, *v.*
cippe
constipe, *v.*
dissipe, *v.*
écotype
émancipe, *v.*
équipe
équipe, *v*
étripe, *v.*
excipe, *v.*
fripe
fripe, *v.*
grippe
grippe, *v.*
guipe, *v.*
lippe
monotype
municipe
nippe
nippe, *v.*
Œdipe, *myth.*
participe, *v.*
Philippe, *n.*
pipe
polype
principe
prototype
ripe
stéréotype
tripe
tulipe
type
Xantippe, *n.*

IPHE, voir IFE

IPLE

condisciple
disciple
équimultiple
multiple
périple
triple, *subst.* et *v.*

IPSE et YPSE

Apocalypse
éclipse
ellipse
gypse

IPTE et YPTE

crypte
Égypte.), *g.*

IQUE

abdique, v.
académique
acatalectique
acétique
achromatique
acoustique
Adriatique, *g.*
adynamique
aérostatique
Afrique, *g.*
agronomique
alambique, *v.*
alcaïque
alchimique
algébrique
allégorique
aloétique
alphabétique
Amérique, *g.*
amphigourique
anacathartique
anacréontique
anagogique
analeptique
analogique
analytique
anapestique
anarchique
angélique
anomalistique
antalgique
antarctique
antimonarchique
antipathique
antipsorique
antique
antiscorbutique
antispasmodique
antivariolique
apathique
apocalyptique
apodictique
apologétique
apologique
aponévrotique
apoplectique
apostolique
applique
applique, v.
aquatique
arabique
archangélique
arctique
aristocratique
arithmétique
Armorique, *g.*
aromatique
arthritique
ascétique
asiatique
asthmatique
astrologique
astronomique
ataxique
athlétique
Atlantique, *g.*
atmosphérique
Attique, *g.*
aulique
authentique
bachique
ballistique
balsamique
Baltique, *g.*
barométrique
barrique
basilique
béatifique
béchique
Belgique, *g.*
bénéfique
benzoïque
bernique, *pop.*
biographique
bique
boracique
borique
botanique
bourrique
boutique
brique
britannique
bronchique
bucolique
bureaucratique
butyrique
cabalistique
cachectique
cacique
caïque
calorifique
calorique
canonique
cantique
caractéristique
carbonique
catalectique
cataleptique
cathartique
catholique
catoptrique
caustique
celtique
cénobitique
céphalique
céramique
chaldaïque
chimérique
chimique
chique
chique, *v.*
chlorhydrique
chlorique
choraïque
chorégraphique
chromatique
chromique
chronique
chronologique
citrique
civique
climatérique
clique
colchique
colérique
colique
comique
communique, *v.*
complique, *v.*
conique
cosmétique
cosmique
cosmographique
cosmologique
coufique
crique
critique
cubique
cyclique
cynique
Cyrénaïque, *g.*
cystique

dactylique
darique
démagogique
démastique, *v.*
démocratique
dépique, *v.*
désapplique, *v.*
despotique
diabolique
diagnostique, *v.*
diaphorétique
diaphragmatique
diatonique
didactique
diététique
digastrique
dioïque
dioptrique
diplomatique
dissyllabique
dithyrambique
diurétique
dogmatique
domestique
Dominique, *n.*
dorique
dramatique
drastique
duplique
duplique, *v.*
dynamique
ecclésiastique
éclectique
écliptique
économique
élastique
électrique
elliptique
emblématique
émétique
emphatique
emphytéotique
empirique
empyreumatique
encaustique
enclitique
encyclique
encyclopédique
endémique
énergique
enharmonique
énigmatique
épidémique
épigastrique
épigrammatique
épileptique
épique
épisodique
épizootique
érémitique
érotique
erratique
ésotérique
esthétique
éthiopique
éthique
ethnique
étique
étymologique
eucharistique
euphonique
exégétique
exotérique
exotique
explique, *v.*
extatique
fabrique
fabrique, *v.*
falarique
famélique
fanatique
fantastique
fatidique
flegmatique
formique
fornique, *v.*
frénétique
frigorifique
galactique
gallique
galvanique
gastrique
généalogique
générique
géocentrique
géodésique
géographique
géologique
géomantique
géométrique
géorgique
germanique
glyptique
gnomonique
gothique
graphique
gymnastique
gymnique
harmonique
hébraïque
hectique
hellénique
helvétique
hémisphérique
hémoptysique
hémostatique
hépatique
héraldique
hérétique
hermétique
héroï-comique
héroïque
hiérarchique
hiéroglyphique
historique
homérique
homocentrique
honorifique
horrifique
hydraulique
hydrodynamique
hydrographique
hydropique
hydrostatique
hygiénique
hyperbolique
hypercritique
hypnotique
hypogastrique
hypostatique
hypothétique
hystérique
iambique
iconographique
iconologique
ictérique
identique
idiopathique
idolâtrique
idyllique
implique, *v.*
impudique
incivique
indique, *v.*
inique
inorganique
ionique
ironique
italique
Jamaïque, *g.*
jésuitique
judaïque
juridique
laconique
lactique
laïque
léthargique
lévitique
lexique
linguistique
lithique
liturgique
logarithmique
logique
logistique
loxodromique
lubrique
lunatique
lymphatique
lyrique

macaronique
magique
magnétique
magnifique
maléfique
malique
manique
Martinique, *g.*
massique
mastique, *v.*
mathématique
mécanique
mélancolique
mélodique
méphitique
mésentérique
métallique
métallurgique
métaphorique
métaphysique
métastatique
météorologique
méthodique
métrique
microscopique
mimique
mirifique
misanthropiqu
modique
molybdique
monarchique
monastique
monosyllabique
morganatique
mosaïque, *adj.*
mosaïque, *s. f.*
moustique
muriatique
musique
mutique
mystique
mythique
mythologique
narcotique
nautique
néologique
néphrétique
nique
nitrique
numérique
numismatique
oblique
odontalgique
œcuménique
oligarchique
olympique
ophtalmique
optique
organique
orthographique
oxalique
pacifique
pancréatique
pandémique
panégyrique
panique
parabolique
paralytique
parégorique
parodique
pathétique
pathologique
patriotique
patronymique
pédagogique
peptique
périodique
périscopique
Persique, *g.*
phallique
pharisaïque
pharmaceutique
philanthropique
philharmonique
philippique
philologique
philosophique
phlogistique
phonique
phosphorique
phtisique
physiologique
physique
pindarique
pique
pique, *v.*
pique-nique
plastique
platonique
pléthorique
pleurétique
pneumatique
polémique
politique
politique, *v.*
polytechnique
portique
pragmatique
pratique
pratique
prévarique, *v.*
prismatique
problématique
prolifique
pronostique, *v.*
prophétique
prophylactique
prosaïque
prosodique
prussique
psychologique
publique
pudique
punique
pylorique
pyrotechnique
pyrrhique
pythagorique
rabbinique
rachitique
relique
repique, *v.*
réplique
réplique, *v.*
république
revendique, *v.*
rhétorique
rubrique
runique
rustique
rustique, *v.*
rythmique
sabbatique
salique
Salonique, *g.*
saphique
sardonique
satanique
satirique
scénique
scénographique
sceptique
schismatique
sciatique
scientifique
sclérotique
scolastique
scorbutique
séméiotique
septique
séraphique
silique
socratique
sophistique, *v.*
soporifique
spasmodique
spathique
spécifique
spermatique
sphérique
splanchnique
spondaïque
sporadique
statique
statistique
stigmatique
stoïque
stomachique
styptique
succinique

sudorifique
sulfurique
supplique
syllabique
syllogistique
symbolique
symétrique
sympathique
symptomatique
synallagmatique
synodique
synonymique
tactique
talismanique
tautologique
technique
télégraphique
télescopique
tellurique
teutonique
théocratique
théologique
théorique
thérapeutique
Thessalonique, *g.*
thoracique
tique, *zool.*
tique, *v.*
tonique
topique
topographique
topologique
toxique
trafique, *v.*
tragi-comique
tragique
traumatique
trigonométrique
trique
trochaïque
tropique
tungstique
tunique
typique
typographique
tyrannique
unique
urique
variolique
véridique
véronique
viatique
voltaïque
vomique
zététique
zygomatique

IR

abasourdir, *v.*
abâtardir, *v.*
abêtir, *v.*
abolir, *v.*
abonnir, *v.*
Aboukir, *g.*
aboutir, *v.*
abrutir, *v.*
abstenir (s'), *v.*
accomplir, *v.*
accourcir, *v.*
accourir, *v.*
accroupir, *v.*
accueillir, *v.*
acquérir, *v.*
adoucir, *v.*
affadir, *v.*
affaiblir, *v.*
affermir, *v.*
affranchir, *v.*
agir, *v.*
agrandir, v.
aguerrir, v.
ahurir, *v.*
aigrir, *v.*
alentir, *v.*
alourdir, *v.*
Altaïr, *g.*
amaigrir, *v.*
amatir, v.
ameublir, *v.*
amincir, *v.*
amoindrir, *v.*
amoindrir, *v.*
amollir, *v.*
amortir, *v.*
anéantir, *v.*
anoblir, *v.*
aplanir, *v.*
aplatir, *v.*
appartenir, *v.*
appauvrir, *v.*
appesantir, *v.*
applaudir, *v.*
approfondir, *v.*
arrondir, *v.*
assaillir, *v.*
assainir, *v.*
assentir, *v.*
asservir, *v.*
assortir, *v.*
assoupir, *v.*
assouplir, v.
assourdir, *v.*
assouvir, *v.*
assujettir, *v.*
attendrir, *v.*
attiédir, *v.*
avachir, *v.*
avenir
avertir, *v.*
avilir, *v.*
bâtir, *v.*
bénir, *v.*
blanchir, *v.*
blêmir, *v.*
bleuir, *v.*
blondir, *v.*
blottir, *v.*
bondir, *v.*
bouillir, *v.*
brandir, *v.*
brunir, *v.*
candir, *v.*
Casimir, *n.*
catir, *v.*
centumvir
chancir, *v.*
chauvir, *v.*
chérir, *v.*
choisir, *v.*
circonvenir, *v.*
clapir, *v.*
clatir, *v.*
compatir, *v.*
concourir, *v.*
conquérir, *v.*
consentir, *v.*
contenir, *v.*
convenir, *v.*
convertir, *v.*
courir, *v.*
couvrir, *v.*
crépir, *v.*
croupir, *v.*
cueillir, *v.*
cuir
débouillir, *v.*
décatir, *v.*
décemvir
découvrir, *v.*
dédurcir, *v.*
défaillir, *v.*
définir, *v.*
défleurir, *v.*
dégarnir, *v.*
dégauchir, *v.*
dégourdir, v.
dégrossir, *v.*
déguerpir, *v.*
démentir, *v.*
démolir, *v.*
démunir, *v.*
dénantir, *v.*
départir, *v.*
déplaisir
dépolir, *v.*
dérougir, *v.*
désassortir, *v.*
désir
désobéir, *v.*
dessaisir, *v.*
desservir, *v.*
désunir, *v.*

détenir, *v.*
devenir, *v.*
dévêtir, *v.*
disconvenir, *v.*
discourir, *v.*
divertir, *v.*
dormir, *v.*
durcir, *v.*
duumvir
ébahir (s'), *v.*
ébaudir. *v.*
éblouir, *v.*
éclaircir, *v.*
écrouir, *v.*
élargir, *v.*
élixir
embellir, *v.*
emboutir, *v.*
emplir, *v.*
empuantir, *v.*
enchérir, *v.*
encourir, *v.*
endormir, *v.*
endurcir, *v.*
enforcir, *v.*
enfouir, *v.*
engloutir, *v.*
engourdir, *v.*
enhardir, *v.*
enlaidir, *v.*
ennoblir, *v.*
enorgueillir, *v.*
enquérir, *v.*
enrichir, *v.*
ensevelir, *v.*
entre-haïr (s'), *v.*
entretenir, *v.*
entrouvrir, *v.*
envahir, *v.*
épaissir, *v.*
épanouir, *v.*
équarrir, *v.*
étourdir, *v.*
étrécir, *v.*
évanouir, *v.*
faiblir, *v.*
faillir, *v.*
fakir
farcir, *v.*
férir, *v.*
finir, *v.*
fléchir, *v.*
flétrir, *v.*
fleurir, *v.*
fouir, *v.*
fourbir, *v.*
fournir, *v.*
fraîchir, *v.*
franchir, *v.*
frémir, *v.*
froidir, *v.*
fuir, *v.*
garnir, *v.*
gauchir, *v.*
gémir, *v.*
gésir, *v.*
glapir, *v.*
grandir, *v.*
grossir, *v.*
Guadalquivir, *g.*
guérir, *v.*
haïr, *v.*
hennir, *v.*
honnir, *v.*
intervenir, *v.*
intervertir, *v.*
investir, *v.*
jaillir, *v.*
jaunir, *v.*
jouir, *v.*
languir, *v.*
loisir
lotir, *v.*
lotir, *v.*
maigrir, *v.*
maintenir, *v.*
martyr
matir, *v.*
mentir, *v.*
meurtrir, *v.*
moisir, *v.*
mollir, *v.*
mourir, *v.*
mugir, *v.*
munir, *v.*
mûrir, *v.*
nadir
nantir, *v.*
noircir, *v.*
nourrir, *v.*
obéir, *v.*
obscurcir, *v.*
ouïr, *v.*
ourdir, *v.*
ouvrir, *v.*
pâlir, *v.*
parcourir, *v.*
partir, *v.*
parvenir, *v.*
pâtir, *v.*
périr, *v.*
pétrir, *v.*
plaisir
polir, *v.*
pourrir, *v.*
préétablir, *v.*
préfinir, *v.*
prémunir, *v.*
pressentir, *v.*
prévenir, *v.*
provenir, *v.*
punir, *v.*
quérir, *v.*
quindécemvir
rabonnir, *v.*
rabougrir, *v.*
raccourcir, *v.*
racornir, *v.*
radoucir, *v.*
raffermir, *v.*
rafraîchir, *v.*
ragaillardir, *v.*
ragrandir, *v.*
rajeunir, v.
ralentir, *v.*
ramollir, *v.*
rancir, *v.*
ravilir, *v.*
ravir, *v.*
réagir, *v.*
rebâtir, *v.*
reblanchir, *v.*
rebondir, *v.*
rebouillir, *v.*
réchampir, *v.*
reconquérir, *v.*
reconvenir, *v.*
recourir, *v.*
recouvrir, *v.*
recrépir, *v.*
recueillir, *v.*
réfléchir, *v.*
refleurir, *v.*
refourbir, *v.*
refroidir, *v.*
regarnir, *v.*
régir, *v.*
rejaillir, *v.*
rejaunir, *v.*
réjouir, *v.*
rélargir, *v.*
rembrunir, *v.*
remplir, *v.*
rendormir, *v.*
repartir, *v.*
repentir
repentir (se), *v.*
repolir, *v.*
requérir, *v.*
ressentir, *v.*
resservir, *v.*
ressortir, *v.*
ressouvenir, *v.*
rétablir, *v.*
rétablir, *v.*
retenir, *v.*
retentir, *v.*
rétrécir, *v.*
réunir, *v.*
réussir, *v.*

revenir, *v.*
reverdir, *v.*
roidir, *v.*
rougir, *v.*
rouir, *v.*
roussir, *v.*
rouvrir, *v.*
rugir, *v.*
s'enfuir, *v.*
saillir, *v.*
saisir, *v.*
salir, *v.*
saphir
sentir, *v.*
sertir, *v.*
servir, *v.*
sévir, *v.*
sortir, *v.*
souffrir, *v.*
soupir
soutenir, *v.*
souvenir
souvenir (se), *v.*
subir, *v.*
subvertir, *v.*
surenchérir, *v.*
surgir, *v.*
survenir, *v.*
tapir (se), *v.*
tapir, *zool.*
tarir, *v.*
tenir, *v.*
tenir, *v.*
tiédir, *v.*
tir
trahir, *v.*
transir, *v*
travestir, *v.*
tressaillir, *v.*
triumvir
Tyr, *g.*
unir, *v.*
venir, *v.*
verdir, *v.*
vernir, *v.*
vêtir, *v.*
vieillir, *v.*
vizir
Vladimir, *n.*
vomir, *v.*
zéphir

IRE, YRE, YRRE

admire, *v.*
apyre
aspire, *v.*
attire, v.
cachemire
chauffe-cire
chavire, *v.*
circoncire, *v.*
circonscrire, *v.*
cire
cire (je, il), *v.*
cirrhe
collyre
confire, *v.*
conspire, *v.*
contredire, *v.*
déchire, *v.*
déconfire, *v.*
décrire, *v.*
dédire, *v.*
délire
délire (je, il), *v.*
désire, *v.*
détire, *v.*
dévire, *v.*
dire
dire, *v.*
écrire, *v.*
élire, *v.*
empire
empire, *v.*
Épire, *g.*
étire, *v.*
expire, *v.*
frire, *v.*
hégire
inscrire, *v.*
inspire, *v.*
interdire, *v.*
La-Hire, *n.*
lire, *v.*
lire, *v.*
lyre
martyre, *adj. f.*
martyre, *s. m.*
maudire, *v.*
messire
mire
mire, *v.*
myrrhe
navire
occire, *v.*
ouï-dire
Palmyre, *g.*
pire
porphyre
prédire, *v.*
prescrire, *v.*
proscrire, *v.*
redire, *v.*
relire, *v.*
respire, *v.*
retire, *v.*
rire
rire, *v.*
satire
satyre, *myth.*
sbire
sire
soupire, *v.*
sourire
sourire, *v.*
souscrire, *v.*
soutire, *v.*
squire (ou esquire)
squirrhe
suffire, *v.*
tire
tirelire
transcrire, *v.*
transpire, *v.*
vampire
Vire, *g.*
vire, *v.*
Zaïre, *g.*
Zéphyre, *myth.*

IRME

affirme, *v.*
infirme, *v.*
infirme
confirme, *v.*

IS, IX, IZ, YS *prononcé i*

abattis
acquis
acquis (je, tu), *v.*
Alexis, *n.*
Ancenis, *g.*
anis
appentis
arrachis
assis
assoupis, *v.*
avis
bâtis, *v.*
bis, *adj.*
bleuis, *v.*
brebis
bris
brisis
caillebotis
Cenis (mont), *g.*
Chablis, *g.*
châssis
chènevis

chervis
choisis, *v.*
circoncis
cliquetis
cochevis
coloris
commis
compromis
concis
conquis
couchis
coulis
croquis
crucifix
débris
défis, *v.*
Denis, *n.*
dervis
devis
dis, *v.*
exquis
feuilletis
fidéicommis
finis, *v.*
fis, *v.*
fondis
gâchis
gargouillis
gauchis, *v.*
gazouillis
gis (tu, il), *v.*
glacis
gris
guillochis
hachis
hormis
incirconcis
indécis
indivis
jadis
jaillis, *v.*
jouis, *v.*
lacis
lambris
lattis
levis
lis, *v.*
logis
Louis, *n.*
mâchicoulis
maravédis
margouillis
marquis
mauvis
mépris
mis, *adj.*
mis, *v.*
nolis
occis
palis
panaris
paradis
Paris, *g.*
parvis
pâtis
perdis, *v.*
perdrix
pilotis
pis
pis, *subst.*
précis
pris
pris, *v.*
prix
radis
ramassis
rassis
rendis, *v.*
requis
retroussis
reversis
ris
ris, *v.*
riz
rossolis
rougis, *v.*
roulis
roussis, *v.*
rubis
Saint-Denis, *g.*
salmigondis
salsifis
semis
servis, *v.*
sis, *part.*
souris
souris, *zool.*
suffis, *v.*
surplis
surpris
sursis
taillis
tamaris, *bot.*
tamis
tant pis
tapis
taudis
torticolis
tortis
treillis
verdis, *v.*
vernis
vert-de-gris
vis

Ajoutez, outre les temps des verbes en *is*, le pluriel des noms en *i*, en *it* et en *il* prononcé *i*: *défis, conscrits, sourcils,* etc.

IS et **YS** prononcé **ice**

Adonis, *myth.*
Amaryllis, *n.*
Aménophis, *n.*
anagallis, *bot.*
Anaïs, *n.*
Annapolis, *g.*
Anubis, *myth.*
Apis, *myth.*
Artémis, *myth.*
axis, *zool.*
Azaïs, *n.*
Baucis, *myth.*
bis
Briséis, *n.*
Cadix, *g.*
clitoris
Clovis, *n.*
coccyx, *anat.*
Daphnis, *n.*
de profundis
dix
Doris, *n.*
éléphantiasis
Eleusis, *g.*
épistaxis
fils
gratis
Grisélidis, *n.*
Heliopolis, *g.*
Hiérapolis, *g.*
ibis
Iris, *myth.* et *bot.*
isatis. *zool.*
Isis, *myth.*
lapis
lis
lychnis, *bot.*
maïs
Médicis, *n.*
Memphis, *g.*
métis, *adj.*
miss, *angl.*
Mœris (lac), *g.*
Nabis, *n.*
Némésis, *myth.*
Nitocris, *n.*
oasis
ophrys, *bot.*
ora pro nobis
orchis
Osiris, *myth.*
Pâris, *n.*
pénis
Persépolis, *g.*
phimosis
pubis, *anat.*

rachis
Raminagrobis, *n.*
satyriasis
Sémiramis, *myth.*
Sérapis, *myth.*
six
syphilis
Téthys, *myth.*
Thaïs, *n.*
Thémis, *myth.*
tournevis
Tunis, *g.*
unguis
vis

ISE et YSE

acquise, *part.*
agonise, *v.*
aiguise, *v.*
alcalise, v.
alcoolise, *v.*
alise, *bot.*
allégorise, *v.*
analyse
analyse, *v.*
anathématise, *v.*
anatomise, *v.*
Anchise, *n.*
animalise, *v.*
anise, *v.*
apophyse
archaïse, *v.*
aromatise, v.
arrise, *v.*
Artémise, *n.*
assise
attise, *v.*
autorise, *v.*
avise, *v.*
balise
balourdise
baptise, *v.*
bêtise
bise
bise, *v.*
brise
brise, *v.*
brutalise, *v.*
Cambyse, *n.*
canonise, *v.*
caractérise, *v.*
catéchise, *v.*
cautérise, *v.*
centralise, *v.*
cerise
chalandise
chemise
cicatrise, *v.*
circoncise, *v.*
civilise, v.
coalise, *v.*
comprise, *part.*
confise, *v.*
conquise
contredise, *v.*
convoitise
couardise
courtise, *v.*
criminalise, v.
crise
cristallise, *v.*
cytise
débaptise, *v.*
décentralise, *v.*
déconfise, *v.*
dédise, *v.*
défrise, v.
dégrise, *v.*
déguise, *v.*
démoralise, *v.*
Denise, *n.*
dépayse, *v.*
dépopularise, *v.*
déprise, v.
désorganise, *v.*
dévalise, *v.*
devise
devise, *v.*
diaphyse
dise, *v.*
divinise, v.
divise, v.
dogmatise, *v.*
économise, *v.*
égalise, *v.*
église
électrise, *v.*
Élise *n.*
élise, *subj.*
Éloïse, *n.*
entre-mise
entreprise
épiphyse
éternise, *v.*
évangélise, v.
expertise
exquise
fainéantise
familiarise, *v.*
fanatise, *v.*
favorise, *v.*
fédéralise, *v.*
feintise
féminise, *v.*
fertilise, *v.*
fleurdelise, *v.*
formalise, *v.*
franchise
francise, *v.*
fraternise, *v.*
friandise
frise
frise, *v.*
gaillardise
gargarise, *v.*
généralise, *v.*
gourmandise
grise, *v.*
guise
Guise, *n.*
herborise, *v.*
humanise, *v.*
hypercrise
immortalise, *v.*
impatronise, *v.*
improvise, *v.*
incise
incise, *v.*
indemnise, *v.*
intronise, *v.*
judaïse, *v*
latinise, *v.*
légalise, *v.*
Lise, *n.*
lise, *subj.*
magnétise, *v.*
mainmise
maîtrise
maîtrise, *v.*
marchandise
marquise
martyrise, *v.*
méprise
méprise, *v.*
métallise, *v.*
mignardise
minéralise, *v.*
mise
Moïse, *n.*
municipalise, *v.*
nationalise, *v.*
neutralise, *v.*
nolise, *v.*
occise
organise, *v.*
pactise, *v.*
paillardise
paralyse, *v.*
particularise, *v.*
payse, *pop.*
personnalise, *v.*
Pise, *g.*
poétise, *v.*
popularise, *v.*
porphyrise, *v.*
précise, *v.*

préconise, *v.*
prédise, *v.*
prêtrise
prise, *part.*
prise, *subst.*
prise, *v.*
pulvérise, *v.*
ravise, *v.*
réalise, *v.*
rebaptise, *v.*
redise, *v.*
régularise, *v.*
régularise, *v.*
relise, *v.*
remise
remise, *v.*
reprise
requise
révise, *v.*
ridiculise, *v.*
rivalise, *v.*
satirise, *v.*
sécularise, *v.*
singularise, *v.*
solennise, *v.*
sottise
Soubise, *g.* et *n.*
spiritualise, *v.*
subdivise, *v.*
subtilise, *v.*
surprise
symbolise, *v.*
sympathise, *v.*
symphyse
Tamise, *g.*
tamise, *v.*
temporise. *v.*
thésaurise, *v.*
tranquillise, *v.*
tympanise, *v.*
tyrannise, *v.*
valise
Venise, *g.*
verbalise, *v.*
vise, *v.*
volatilise, *v.*

ISER, voir SER

ISME

absolutisme
anachronisme
analogisme
anatocisme
anévrisme
anglicanisme
anglicisme
animisme
anthropomor-
phisme
aphorisme
archaïsme
arianisme
aristotélisme
arminianisme
astérisme
athéisme
atticisme
automatisme
barbarisme
bigotisme
bouddhisme
calvinisme
cartésianisme
cataclysme
catéchisme
cathétérisme
catholicisme
charlatanisme
christianisme
civisme
conformisme
cynisme
déisme
despotisme
donatisme
druidisme
éclectisme
égoïsme
empirisme
épicurisme
épicurisme
éréthisme
ergotisme
euphémisme
exorcisme
fanatisme
fatalisme
fédéralisme
fétichisme
galénisme
gallicisme
galvanisme
gargarisme
germanisme
gnosticisme
hébraïsme
hellénisme
hermaphrodisme
héroïsme
idéalisme
idiotisme
incivisme
industrialisme
intolérantisme
islamisme
italianisme
jacobinisme
jansénisme
jésuitisme
journalisme
judaïsme
kantisme
laconisme
latinisme
luthéranisme
machiavélisme
magnétisme
matérialisme
mécanisme
méphitisme
mesmérisme
méthodisme
molinisme
monarchisme
monothéisme
mutisme
mysticisme
narcotisme
nationalisme
naturalisme
naturisme
néologisme
népotisme
nestorianisme
nihilisme
noctambulisme
nominalisme
non conformisme
onanisme
optimisme
ossianisme
ostracisme
paganisme
panthéisme
papisme
parachronisme
parallélisme
paralogisme
paroxysme
pathétisme
patriotisme
pédantisme
pélagianisme
péripatétisme
platonisme
polythéisme
priapisme
prisme
probabilisme
prosélytisme
protestantisme
provincialisme
puritanisme

pyrrhonisme
pythagorisme
quiétisme
rabbinisme
rationalisme
réalisme
républicanisme
rhumatisme
rigorisme
royalisme
sabéisme
scepticisme
schisme
scotisme
sentimentalisme
sivaïsme
socinianisme
solécisme
somnambulisme
sophisme
stoïcisme
strabisme
syllogisme
synchronisme
syncrétisme
théisme
thomisme
tolérantisme
vandalisme
voltairianisme
zoomorphisme

ISQUE

astérisque
bisque
brisque
confisque, *v.*
disque
lentisque
ménisque
morisque
obélisque
risque
risque, *v.*

ISSE, voir ICE

IST

antéchrist
Christ

ISTE, ISTHE et YSTE

alarmiste
alchimiste
algébriste
allégoriste
alpiste
améthyste
anabaptiste
analyste
anarchiste
anatomiste
annaliste
aoriste
apologiste
archiviste
Arioviste, *n.*
armoriste
artiste
assiste, *v.*
atomiste
attriste, *v.*
aubergiste
bandagiste
banquiste
Baptiste, *n.*
batiste
bouquiniste
buraliste
cabaliste
calviniste
cambiste
caméristе
canoniste
capitaliste
casuiste
catéchiste
chimiste
choriste
ciste, *bot.*
cithariste
coexiste, *v.*
coloriste
computiste
conclaviste
conformiste
congréganiste
contriste, v.
controversiste
copiste
criminaliste
déiste
dentiste
dépiste, *v.*
désiste, *v.*
dogmatiste
donatiste
droguiste
duelliste
ébéniste
égoïste
encyclopédiste
étymologiste
eudiste
Evariste, *n.*
existe, *v.*
exorciste
fataliste
fédéraliste
feudiste
figuriste
fleuriste
formaliste
formaliste
gagiste
grammatiste
guitariste
harmoniste
harpiste
helléniste
herboriste
humoriste
impérialiste
improviste (à l')
insiste, *v.*
janséniste
journaliste
juriste
kyste
laniste, *ant.*
latiniste
lazariste
légiste
libelliste
liquoriste
liste
liturgiste
machiniste
martiniste
matérialiste
médailliste
métallurgiste
méthodiste
minéralogiste
miniaturiste
modiste
monarchiste
moraliste
mosaïste
naturaliste
nominaliste
non-conformiste
nouvelliste
oculiste
optimiste
organiste

orientaliste
palmiste
panégyriste
papiste
parodiste
particulariste
paysagiste
pépiniériste
persiste, *v.*
pessimiste
physiologiste
physionomiste
pianiste
piétiste
polythéiste
préexiste, *v.*
propagandiste
psalmiste
publiciste
puriste
régaliste
résiste, *v.*
rigoriste
ritualiste
royaliste
schiste
séminariste
sophiste
subsiste, *v.*
symphoniste
terroriste
théiste
thomiste
trismégiste
triste
ubiquiste
universaliste
violoncelliste
violoniste
xyste, *ant.*

ISTHME

isthme
Comme l'on prononce *isme*, ce mot peut rimer avec ceux en *isme*.

ISTRE

administre, *v.*
bistre
calamistre, *v.*
cuistre
enregistre, *v.*
ministre
registre, *v.*
registre
sinistre
sistre

IT ou ID prononcé i

acabit
acquit
appétit
bandit
bénit
châlit
chauffe-lit
condit
confit
conflit
conscrit
contredit
contrit
crédit
débit
déconfit
dédit
délit
dépit
discrédit
dit
écrit
édit
érudit
esprit
gagne-petit
gambit
habit
inédit
interdit
lit
manuscrit
maudit
nid
obit
petit
pissenlit
profit
proscrit
quasi-délit
répit
rescrit
sanscrit
subit
susdit

À chacune de ces séries ajoutez la 3e pers. singulier du prés. de l'indicatif, du passé simple, et de l'imparfait du subjonctif des verbes réguliers en *ir : il finit, il finit, qu'il finît.* Plus le participe passé sing. masc. des verbes en *ir*.

IT prononcé ite

accessit
aconit
coït
déficit
fortuit
granit
gratuit
huit
in dix-huit
introït
Judith, *n.*
prétérit
prurit
rit
Tilsit, *g.*
transit

ITE et YTE

accrédite, *v.*
acolyte
acquitte, *v.*
adamite
agite, *v.*
alite, *v.*
ammonite
Amphitrite, *myth.*
anhydrite
anthracite
apatite
Aphrodite, *myth.*
aragonite
archimandrite
aréopagite
arsénite
arthrite
ascite
Asphaltite (mer)
axinite
azurite
balanite
barnabite
baryte

bélemnite
bénite
Brigitte, *n.*
calamite
calcite
carmélite
cénobite
cérite
chalcolithe
chlorite
chrysolithe
cite, *v.*
cohabite, *v.*
cohérite, *v.*
commandite
composite
contre-visite
cordiérite
cosmopolite
crédite, *v.*
crépite, *v.*
débilite, *v.*
débite, *v.*
décapite, v.
décrédite, *v.*
décrépite, *v.*
délimite, *v.*
délite, *v.*
démérite
démérite, *v.*
Démocrite, *n.*
dendrite
dépite, *v.*
déshérite, *v.*
désinvite, *v.*
discrédite, *v.*
effrite, *v.*
élite
émérite, *adj.*
encéphalite
entérite
ermite
évite, *v.*
excite, *v.*
explicite, *adj.*
facilite, *v.*
favorite
félicite, *v.*
frite
gastrite
gîte
glossite
granite
granite, *v.*
graphite
gravite, *v.*
guérite
habilite, *v.*
habite, *v.*
hématite
hépatite
Héraclite, *n.*
hérite, *v.*
hermaphrodite
hésite, *v.*
hétéroclite
Hippolyte, *n.*
hyalite
hypocrite
illicite
imite, *v.*
implicite
incite, *v.*
insolite
invite, *subst.*
invite, *v.*
irrite, *v.*
ismaélite
israélite
Laffitte, *n.*
lèchefrite
leucocyte
lévite
licite
licite, *v.*
lignite
limite
limite, *v.*
magnésite
malachite
marcassite
marguerite, *bot.*
marmite
maudite
médite, *v.*
mérite, *subst.*
mérite, *v.*
milite, *v.*
mite
moabite
monothélite
Moscovite
nécessite, *v.*
néophyte
néphrite
nitrite
oolithe
ophite
orbite
palpite, *v.*
parasite
périclite, *v.*
péritonite
phalangite
phosphite
phosphorite
pite
plébiscite
préadamite
précipite, *v.*
prémédite, *v.*
presbyte
profite, *v.*
prosélyte
pyrite
quitte, *adj.*
quitte, *v.*
récite, *v.*
redite
réhabilite, *v.*
réhabite, *v.*
réinvite, *v.*
ressuscite, *v.*
réussite
revisite, *v.*
rite
satellite
Scythe, *g.*
sélénite
site
smaragdite
sodomite
soffite
sollicite, *v.*
stalactite
stalagmite
stéatite
stylite
sulamite
sulfite
sunnite
suscite, *v.*
sybarite
Tacite, *n.*
termite
Théocrite, *n.*
Tite, *n.*
tripartite
troglodyte, *g.*
uranite
vélite
visite
visite, *v.*
vite
zéolithe
zoophyte

Ajoutez à chacune de ces séries le féminin des adjectifs et participes en it avec la lettre d’appui.

ITÉ, voir TÉ

ITHME et YTHME

algorithme
logarithme
rythme

ITRE et YTRE

arbitre
attitre, *v.*
bélître
centilitre
chapitre
décalitre
décilitre
élytre
épître
franc-arbitre
hectolitre
huître
kilolitre
litre
millilitre
mitre
nitre
pitre
Pointe-à-Pitre, *g.*
pupitre
titre
vitre

IVE

active, *v.*
affirmative
alternative
arrive, *v.*
baillive
captive, *v.*
censive
cive
conjonctive
convive
copulative
cultive, *v.*
déclive
décrive, *subj.*
défensive
dérive
écrive, *subj.*
endive
enjolive, *v.*
esquive, *s. f.*
expectative
gencive
grive
imaginative
initiative
inscrive, *subj.*
invective
invective, *v.*
lessive
lessive, *v.*
missive
motive, *v.*
négative
Ninive, *g.*
offensive
ogive
olive
perspective
prérogative
prescrive, *subj.*
prive, *v.*
proscrive, *subj.*
qui-vive
ravive, *v.*
récidive
récidive, *v.*
revive, *v.*
rive
rive, *v.*
salive
salive, *v.*
sensitive
solive
souscrive, *subj.*
survive, *v.*
tentative
Tite-Live, *n.*
transcrive, *subj.*
vive

Joignez à chacune de ces séries le féminin des adj. en *if*, avec la lettre d'appui.

IVES

archives
avives
incisives
Maldives, *g.*

Plus le pluriel des noms et la 2e pers. sing. des verbes de la liste précédente.

IVRE

cuivre
délivre
délivre, *v.*
désenivre, *v.*
enivre, *v.*
ensuivre, *v.*
givre
ivre
livre, *s. f.*
livre, *s. m.*
livre, *v.*
poursuivre, *v.*
redélivre, *v.*
revivre, *v.*
suivre, *v.*
vivre, *s. m.*
vivre, *v.*

IX et YX prononcé icse

Béatrix, *n.*
bombyx
Cadix, *g.*
Félix, *n.*
onyx
oryx, *zool.*
phénix
sandix
Styx, *myth.*
Vercingétorix, *n.*

IX prononcé i voir IS

IXE

affixe
fixe
préfixe
prolixe
rixe

IXTE

Calixte, *n.*
mixte
sixte.
Sixte, *n.*

IZE, voir ISE

J-K

JA

déjà
Joindre la 3e personne singulier du passé simple des verbes en *ger :* *jugea, songea*, etc.

JANT, voir GEANT

JAT, voir AT

JET, voir ET, AIT

JON, JONE, voir GEON

KA, voir CA

L

LA

Angola, *g.*
Attila, *n.*
au-delà
Caracalla, *n.*
Catigula, *n.*
cela
celui-là
Dalila, *n.*
delà
falbala
gala
halte-là
holà
là, *adv.*
la, *art.* et *pron.*
Loyola, *n.*
Paméla, *n.*
par-delà
par là
Scylla, *n.*
Sylla, *n.*
voilà

LANT, LAND et LENT

accablant
allant
ambulant
appelant
avalant
bêlant
blanc
branlant
brûlant
cabalant
calmant
camp-volant
capitulant
caracolant
cerf-volant
chaland
chancelant
circulant
collant
complant
consolant
corpulent
coulant
croulant
découlant
désensorcelant
désolant
désopilant
dolent
ensorcelant
équipollent
équivalent
étincelant
excellant, *part.*
excellent
faux-semblant
féculent
fer-blanc
flagellant
flanc
foulant
frôlant
galant
gland
Groenland, *g.*
indolent
insolent
lent
Maryland, *g.*
miaulant
moulant
nonchalant
opulent
pantelant
parlant
passe-volant
pestilent
pétulant
plant
pont-volant
postulant
prévalant
pulvérulent
purulent
rappelant
reculant
régalant
relent
ressemblant
Roland, *n.*
ronflant
roulant
ruisselant
salant
sanglant
sanguinolent
semblant
sifflant
somnolent
stimulant
stipulant
succulent
talent
tremblant
truculent
turbulent
vacillant
valant
vigilant
violent
volant
voulant

Ajoutez le participe présent des verbes dont l'infinitif est en *ler* et les mots en *lan* dans la liste des rimes en AN.

LAT, voir AT

LÉ

ailé
ampoulé
annulé
articulé
barbelé
bariolé
blé
brûlé
bullé
câblé
cannelé
celé
châtelé
clavelé
clé
constellé
coulé
défilé
démêlé
dentelé
denticulé
dévoilé
dissimulé
écervelé
échevelé
effilé
endiablé
enfilé
ensorcelé
esseulé
étincelé
étiolé
étoilé
filé
fuselé
grêlé
grivelé
immaculé
immatriculé
inarticulé
intitulé
isolé
jubilé
lé
muselé
ombellé
onguiculé
ongulé
operculé
parfilé
pédiculé
pelé
perlé
pommelé
potelé
recelé
sablé, *adj.*
Sablé, *g.*
salé
scellé
sellé
Sémélé, *myth.*
simulé
sphacélé
Thulé, *g.*
tréflé
tubulé
variolé
vermiculé
vérolé
virolé
vitriolé
voilé
zélé

Plus le participe passé masculin des verbes dont l'infinitif est en *lé*.

LEAU, voir AU

LÉE

allée
Apulée, *n.*
Aquilée, *g.*
assemblée
avalée
batelée
bêlée
boulée
cannelée
céphalée
clavelée
contre-allée
coulée
culée
dégelée
dentelée
emblée (d')
Galilée, *n.*
gantelée, *bot.*
gelée
giboulée
giroflée
goulée
gravelée
grivelée
gueulée
immaculée
mausolée
mêlée
miaulée
onglée
palée
pelée
Pélée, *n.*
poêlée
reculée
roulée
tablée
truellée
vallée
volée

Plus le féminin des adj. et participes en *lé*. *Voir* LÉ.

LENT, voir LANT

LER et LLER non mouillé

accabler
accoler
accoupler
acculer
accumuler
aciduler
aduler
affaler
affiler
affoler
affrioler
affubler
agneler
aller
ambler
amonceler
anneler
annihiler
annuler
appeler

articuler
assembler
assimiler
attabler
atteler
avaler
aveugler
bâcler
baller
barioler
batifoler
bêler
beugler
bigler
bosseler
botteler
boucler
bourreler
boursoufler
branler
bretteler
bricoler
brimbaler
brûler
cabaler
câbler
cajoler
calculer
caler
canneler
capituler
caracoler
carneler
carreler
celer
centupler
cercler
chabler
chanceler
chapeler
chauler
chevaler
cingler
circuler
ciseler
coaguler
coller
combler
compiler
congeler
congratuler
consoler
contempler
contre-mouler
contre-sceller
contrôler
convoler
cordeler
couler
coupler
crapuler
créneler
cribler
crouler
culer
cumuler
cuveler
débâcler
déballer
déboucler
décarreler
déceler
décoller
découler
découpler
découpler
décupler
déferler
déficeler
défiler
dégeler
dégonfler
dégringoler
dégueuler
démanteler
démantibuler
démêler
démeubler
démuseler
denteler
dépiler
dépuceler
dérégler
dérouler
désaccoupler
désaffubler
désarticuler
désassembler
desceller
désemballer
désenfler
désensorceler
désoler
désopiler
dessaler
dessangler
desseller
dessoler
dessoûler
détaler
dételer
détripler
dévaler
dévoiler
dissimuler
distiller
doler
doubler
ébouler
ébranler
écaler
écarteler
échauler
écheveler
écornifler
écouler
écrouler
éculer
éfaufiler
effiler
égaler
égueuler
emballer
embotteler
émietter
emmêler
emmitoufler
empaler
empiler
encasteler
endiabler
enfiler
enfler
engouler
engrumeler
engueuler
enjaveler
enjôler
enrôler
enrouler
ensabler
ensorceler
entabler
entoiler
entremêler
envoiler
envoler (s')
épauler
épeler
épiler
érafler
essouffler
étaler
étinceler
étioler
étoiler
étrangler
exceller
exhaler
exiler
faufiler
ferler
ficeler
fignoler
filer
filer

flageller
formuler
fouler
franc-parler
frôler
gauler
geler
gesticuler
gonfler
granuler
graticuler
grêler
grisoller
griveler
grommeler
grumeler
gueuler
hâbler
haler
hâler
harceler
héler
huiler
hurler
immatriculer
immoler
inoculer
insoler
installer
intercaler
interpeller
interpoler
intituler
jabler
javeler
jubiler
libeller
maculer
marteler
mêler
meubler
meugler
miauler
modeler
moduler
monopoliser
morceler
mouler
museler
mutiler
nieller
niveler
oiseler
onduler
opiner
osciller
ourler
panteler
parfiler
parler
parler
persifler
piauler
piler
pommeler
postuler
prêter
profiler
pulluler
quadrupler
quereller
quintupler
racler
racoler
raffoler
rafistoler
rafler
râler
rappeler
rassembler
râteler
ravaler
rebeller (se)
recaler
récapituler
recarreler
recéler
récoler
recoller
recribler
reculer
redoubler
refouler
régaler
regeler
régler
regonfler
réinstaller
remballer
remêler
remeubler
rempiler
renâcler
renfiler
renfler
renifler
reniveler
renouveler
rentoiler
reparler
repulluler
ressembler
ressemeler
révéler
revoler
rigoler
rissoler
ronfler
roucouler
rouler
ruisseler
sabler
sabouler
saler
sangler
sarcler
sceller
seller
sembler
septupler
sextupler
siffler
signaler
simuler
souffler
soûler
spéculer
sphacéler
stimuler
stipuler
styler
surmouler
tabler
taveler
titiller
tranchefiler
trembler
tringler
tripler
troubler
tuiler
vaciller
vêler
ventiler
vieller
violer
virguler
voiler
voler

LET, voir ET et AIT

LEUX, voir EUX

LI et LY

alcali
Ali, *n.*
Bali, *n.*
bengali
brocoli
Chili, *g.*
établi
hallali
impoli
joli
kali
Lulli, *n.*
Marly, *g.*
Nelly, *n.*
oubli
pâli
Paoli, *n.*
pli
poli
repli
Rivoli, *g.*
Sully, *n.*
Tripoli, *g.*

Ajoutez le participe passé masculin des verbes en *lir. Voir* à IR.

LIE

rafistole
allie, *v.*
Amélie, *n.*
Anatolie, *g.*
ancolie
anomalie
aphélie
Apulie, *g.*
Athalie, *n.*
Aurélie, *n.*
concilie, *v.*
délie, *v.*
déplie, *v.*
domicilie, *v.*
Élie, *n.*
Émilie, *n.*
Eolie, *g.*
Eulalie, *n.*
exfolie, *v.*
folie
homélie
humilie, *v.*
impolie
Italie, *g.*
jolie
Julie, *n.*
lie
lie, *v.*
lobélie, *bot.*
mélancolie
mésallie, *v.*
multiplie, *v.*
Nathalie, *n.*
oublie
oublie, *v.*
pallie, *v.*
périhélie
plie
plie, *v.*
polie
poulie
publie, *v.*
rallie, *v.*
réconcilie, *v.*
relie, *v.*
replie, *v.*
résilie, *v.*
scholie
scolie
spolie, *v.*
supplie, *v.*
Westphalie, *g.*

Plus les 1re et 3e personnes du présent de l'indicatif. et du subjonctif et la 2e personne de l'impératif des verbes en lier. *Voir* à IER. Ajoutez le féminin des participes passés des verbes en *lir. Voir* à IR.

LIES

floralies
complies

Joindre le pluriel des noms et la 2e pers. des verbes en *lie* de la liste précédente.

LIER, LIN, LION, LIR, LIS, voir IER, IN, ION, IR, IS

LLA non mouillé, voir LA

LLA mouillé

Cette rime est formée par la 3e personne singulier du passé simple des verbes en *ller* mouillé : *travailla, veilla, effeuilla…*

LLANT

assaillant
bienveillant
bouillant
brillant
défaillant
effeuillant
feuillant
fourmillant
frétillant
grouillant
malveillant
pétillant
saillant
sémillant
surveillant
taillant
tortillant
tressaillant
vaillant
veillant

Plus le participe présentsdes verbes en *ller* et de *cueillir* et composés.

LLARD voir ARD

LLÉ non mouillé, voir LÉ

LLÉ mouillé

bastillé
déguenillé
dépenaillé
embastillé
mitraillé
paillé
persillé

Plus le participe passé masculin des verbes en *ller* mouillé.

LLÉE mouillé

aiguillée
appareillée
éveillée
feuillée
veillée

Plus le participe passé féminin des verbes en *ller* mouillé.

LLER non mouillé, voir **LER**

LLER mouillé prononcé **LLÉ**

agenouiller
aiguiller
andouiller
apostiller
appareiller
avitailler
babiller
bailler
barbouiller
batailler
béquiller
biller
bousiller
brailler
brandiller
brasiller
bredouiller
brésiller
bretailler
briller
brouiller
cailler
carcailler
chamailler
chatouiller
cheviller
ciller
cisailler
cocheniller
conseiller
conseiller
cornouiller
criailler
croustiller
débarbouiller
débrailler
débrouiller
déciller
déconseiller
dégobiller
démailler
dépareiller
dérouiller
désappareiller
désentortiller
dessiller
détailler
détortiller
écailler
écailler
écarquiller
écheniller
effeuiller
effeuiller
égosiller
émailler
embastiller
embrouiller
émerveiller
émoustiller
empailler
encanailler
enfutailler
enrouiller
entailler
entortiller
entrebâiller
entretailler
éparpiller
épouiller
épouiller
érailler
essoriller
estampiller
étoupiller
étriller
éveiller
ferrailler
feuiller
feuiller
fouailler
fouiller
fourmiller
frétiller
fusiller
gambiller
gargouiller
gaspiller
gazouiller
godailler
gouailler
goupiller
grappiller
grenailler
grésiller
griller
grouiller
habiller
harpailler
houspiller
mailler
mitrailler
mordiller
mouiller
nasiller
oreiller
outiller
pailler
pailler
patrouiller
pendiller
persiller
pétiller
piailler
piller
pointiller
pontiller
poulailler
railler
ramailler
rappareiller
ravitailler
recoquiller
recroqueviller
refouiller
remailler
remouiller
rempailler
retailler
retravailler
réveiller
rhabiller
rouiller
roupiller
sautiller
sommeiller
sonnailler
souiller

sourciller
surveiller
tailler
teiller
tenailler
tirailler
tortiller
toupiller
tournailler
travailler
veiller
vermiller
verrouiller
vétiller
vriller

LLER mouillé prononcé **LLÈRE**, voir **ER**

LLERS mouillé

andouillers. Joindre le pluriel des substantifs en *ller*; ils riment avec ceux des substantifs en lier. *Voir* IER.

LLEUR, **LLEUX** mouillés et non-mouillés, voir **EUR** et **EUX**

LLI non mouillé, voir **LI**

LLI mouillé

accueilli
assailli
bailli
bouilli
Chantilly, *g.*
cueilli
enorgueilli
failli
failli, *adj.*
Gentilly, *g.*
jailli
Neuilly, *g.*
rebouilli
recueilli
rejailli
sailli
tressailli
vieilli

En général le participe passé masculin des verbes en *llir* mouillé; voir à IR.

LLIE

bouillie
saillie

Plus le féminin des participes de la série qui précède.

LLIR, voir **IR**

LLON mouillé

aiguillon
ardillon
bâillon
bataillon
billon
boquillon
bouillon
bourbillon
bouvillon
brouillon
carillon
carpillon
Châtillon, *g.*
chevillon
cotillon
Crébillon, *n.*
Crillon, *n.*
croisillon
durillon
échantillon
écouvillon
émerillon
étrésillon
faucillon
goupillon
graillon
grillon
haillon
Massillon, *n.*
médaillon
modillon
moinillon
moraillon
morillon
négrillon
oisillon
oreillon
paillon
papillon
pavillon
pendillon
postillon
réveillon
Roussillon, *g.*
sillon
souillon
tatillon
tortillon
toupillon
tourbillon
tourillon
trompillon
vermillon

LLONS mouillé

Cette rime est formée par le pluriel des noms de la série précédente et par la 1ère personne pluriel du présent de l'indicatif des verbes en *lier* mouillé ; voir ci-dessus.

LO, voir **O**

LON et **LLON** non mouillés

Absalon, *n.*
aiglon
Apollon, *myth.*
aquilon
Avalon, *g.*
ballon
belon
boulon
colon
coulon
diachylon
doublon
échelon
étalon
félon
Fénelon, *n.*
filon
flonflon
foulon
frelon
galon
houblon
jalon
mamelon
melon
merlon
Milon, *n.*
moellon
pantalon
pilon
poêlon
sablon
salon
scabellon
selon, *prép.*
Solon, *n.*
talon
Toulon, *g.*
vallon
Villon, *n.*
violon
Wallon, *g.*

LONS et **LLONS** non mouillés

Chalons, *g.*
Salons, *g.*
voulons (nous), *v.*
prévalons, *v.*
valons, *v.*

Plus la 1re personne pluriel du présent de l'indicatif et de l'impératif des verbes en ler et ller non mouillés. Voir ci-dessus.

LU

absolu
bien-voulu
chevelu
dévolu
dissolu
élu
élu, *part.*
fallu
glu
goulu
grenu
hurluberlu
irrésolu
joufflu
mafflu
mamelu
moulu
plu (de plaire)
poilu
prévalu
réélu
relu
relu
remoulu
résolu
résolu
révolu
superflu
valu
vermoulu
voulu

M

MA

Brahma, *n.*
coma
comma
diorama
Emma, *n.*
Gama, *n.*
lama
Lima, *g.*
Numa, *n.*
gamma
Talma, *n.*
Panama, *g.*
panorama
sigma
uléma
tréma

Plus la 3ᵉ personne singulier du passé simple des verbes en mer : *il aima*, etc.

MAND et MANT, voir MENT

MAT, voir AT

MÉ

accoutumé
affamé
aimé
animé
bien-aimé
bout-rimé
clairsemé
consommé
dénommé
embrumé
famé
gommé
gourmé
imprimé
inaccoutumé
informé
innommé
intimé
lamé
malfamé
nommé
pommé
ramé
résumé
rimé
semé
sublimé
surnommé
susnommé
vidimé

Plus le participe passé masculin des verbes en *mer*.

MEAU, voir EAU

MÉE

accoutumée
affamée
armée
camée
Crimée, *g.*
framée
fumée
ramée
Idumée, *g.*
Némée, *g.*
plumée
pommée
Ptolémée, *n.*
renommée
pygmée

Plus le féminin des adjectifs en *mé* et des participes passés des verbes en *mer*.

MENT, MAND, MANT

abaissement
abâtardissement
abattement
aboiement
abonnement
abornement
abouchement
aboutissement
abrègement
abrutissement
accablement
accaparement

accommodement
accompagnement
accomplissement
accouchement
accouplement
accoutrement
accrochement
accroissement
accroupissement
acculement
acharnement
acheminement
acquiescement
acquittement
adoucissement
affadissement
affaiblissement
affaissement
affaitement
afféagement
affermissement
affinement
affleurement
affranchissement
affrètement
affublement
agacement
agencement
agrandissement
agrément
aheurtement
aiguisement
aimant
ajournement
ajustement
alignement
aliment
allaitement
allèchement
allégement
Allemand
amaigrissement
Amand (St), *g.*
amant
aménagement
amendement
amenuisement
ameublement
ameublissement
amollissement
amollissement
amortissement
amusement
anéantissement
animant
anoblissement
ânonnement
aplanissement
aplatissement
appariement
appartement
appauvrissement
appesantissement
applaudissement
apprivoisement
approfondissement
approvisionnement
apurement
arasement
argument
Armand, *n.*
armement
arpègement
arrachement
arrangement
arrondissement
arrosement
assaisonnement
assentiment
asservissement
assommant
assortiment
assoupissement
assouplissement
assouvissement
assujettissement
assurément
atermoiement
attachement
attendrissement
atterrissement
attiédissement
attouchement
attroupement
augment
avancement
avènement
avertissement
aveuglement
avilissement
avitaillement
avortement
bâillement
balancement
balbutiement
bannissement
bâtiment
battellement
battement
bégaiement
bêlement
bernement
beuglement
blanchiment
bombardement
bombement
bondissement
bouillonnement
bouleversement
bourdonnement
brandillement
branlement
bredouillement
brisement
broiement
brouillement
bruissement
brûlement
caillement
calmant
campement
cantonnement
casernement
cautionnement
cément
chancellement
changement
chargement
charmant
châtiment
chatouillement
chevrotement
cillement
ciment
claquement
classement
clément
clignement
clignotement
coassement
comblement
commandement
commencement
compartiment
complément
complètement
compliment
comportement
consentement
contentement
convertissement
couronnement
crachement
crachotement
craquement
craquètement
creusement
croassement
croisement
croulement
croupissement
crucifiement
dandinement
débâclement
débarquement
déboîtement
débordement
débouchement
débouquement
déboursement

débridement
débrouillement
décampement
décèlement
déchaînement
déchargement
déchaussement
déchiffrement
déchirement
décintrement
décochement
décollement
découlement
découragement
décrochement
décroissement
dédommagement
défoncement
défrichement
dégagement
dégauchissement
dégorgement
dégourdissement
déguerpissement
déguisement
délabrement
délaissement
délassement
délogement
démaigrissement
démanchement
démembrement
déménagement
dément
dénigrement
dénombrement
dénouement
dénuement
département
dépècement
dépérissement
dépeuplement
déplacement
déportement
dépouillement
déracinement
dérangement
dérèglement
déroulement
désabusement
désagrément
désappointement
désarmement
désenchantement
désintéressement
désœuvrement
désossement
dessaisissement
dessèchement
détachement
détriment
développement
dévoiement
dévoilement
dévouement
diamant
diffamant
dirimant
discernement
divertissement
document
dormant
doublement
durcissement
ébahissement
éblouissement
éboulement
ébranchement
ébranlement
ébrasement
ébrouement
écartement
échappement
échouement
éclaircissement
écoulement
écroulement
effondrement
également
égarement
élancement
élargissement
élément
éloignement
émargement
embarquement
embasement
embaumement
embellissement
emboîtement
embrasement
embrassement
embrouillement
emmanchement
emménagement
émolument
empalement
empâtement
empâtement
empêchement
empilement
emplacement
empoisonnement
empoissonnement
emportement
empressement
emprisonnement
empuantissement
encadrement
encaissement
encastrement
encavement
encensement
enchaînement
enchantement
enchérissement
enchifrènement
enclavement
encombrement
encorbellement
encouragement
endossement
endurcissement
enfaîtement
enfantement
enfoncement
enfourchement
engagement
engorgement
engouement
engourdissement
engraissement
engrènement
enivrement
enjambement
enjôlement
enjouement
enlacement
enlèvement
enregistrement
enrichissement
enrôlement
enrouement
enroulement
ensablement
ensaisinement
enseignement
ensevelissement
ensorcellement
entablement
entassement
entendement
enterrement
entêtement
entonnement
entortillement
entraînement
entrelacement
envahissement
enveloppement
enveloppement
envoûtement
épaississement
épamprement
épanchement
épanouissement
éparpillement
épaulement
épuisement
équarrissement

équipement
éraillement
escarpement
espacement
établissement
étalonnement
étanchement
éternuement
étêtement
étincellement
étiolement
étonnement
étouffement
étourdissement
étranglement
étuvement
évanouissement
évasement
événement
excrément
exhaussement
fermant
ferment
ferrement
filament
finement
firmament
Flamand
flamant
fléchissement
flottement
fondement
foudroiement
fourmillement
fourniment
fourvoiement
fragment
frappement
frémissement
frétillement
frissonnement
froissement
froment
froncement
frottement
gargouillement
garnement
gauchissement
gazonnement
gazouillement
gémissement
gisement
glapissement
glissement
gloussement
gonflement
gourmand
gouvernement
graillement
grasseyement
grésillement
grincement
grognement
grondement
habillement
harnachement
haussement
hennissement
hochement
hurlement
instrument
investissement
jaillissement
jappement
jugement
jument
jurement
lavement
licenciement
ligament
linéament
liniment
logement
lotissement
mandement
maniement
manquement
mécontentement
médicament
ménagement
ment (il), *v.*
meuglement
miaulement
moment
monument
mouvement
mugissement
nantissement
négligemment
nettoiement
nivellement
Normand
obscurcissement
ondoiement
ornement
orpiment
paiement
pansement
parachèvement
parement
parlement
passement
pavement
percement
perfectionnement
pétillement
piment
placement
poliment
portement
pressentiment
prosternement
rabaissement
raccommode-
ment
raccordement
raccourcissement
racornissement
radoucissement
raffermissement
raffinement
rafraîchissement
raisonnement
rajeunissement
rajustement
râlement
ralentissement
ralliement
ramollissement
rampement
rançonnement
ranimant
rapatriement
rapetissement
rapprochement
rassemblement
ravalement
ravissement
ravitaillement
ravitaillement
rayonnement
rebondissement
recensement
réchauffement
récolement
recoquillement
recoupement
recouvrement
recrutement
recueillement
reculement
redoublement
redressement
refoulement
refroidissement
régalement
régiment
règlement
regonflement
regorgement
rehaussement
rejaillissement
relâchement
relèvement
remaniement
rembarquement
remboîtement
remboursement
rembrunissement
remerciement

remplacement
remuement
renchérissement
renflement
renfoncement
renfrognement
rengagement
rengorgement
rengrènement
reniement
reniflement
renoncement
renouvellement
renseignement
renversement
repeuplement
résonnement
resplendissement
ressentiment
resserrement
resserrement
rétablissement
retardement
retentissement
retordement
retranchement
rétrécissement
revêtement
revirement
ricanement
ronflement
roulement
rudiment
rugissement
sacrement
saignement
saisissement
sarment
sautillement
scellement
secouement
sédiment
segment
sentiment
serment
serrement
sifflement
signalement
soubassement
soulagement
soulèvement
soutènement
sucement
suintement
supplément
surbaissement
surhaussement
tarissement
tâtonnement
tégument
tempérament
tènement
testament
tiercement
tintement
tiraillement
tortillement
tourment
tournoiement
tracement
traitement
travestissement
tremblement
trépignement
tressaillement
triplement
truchement
tutoiement
vagissement
véhément
versement
vêtement
vieillissement
violemment
virement
voltigement
vomissement

Plus le participe présent des verbes en *mer*.

Adverbes

abominablement
abondamment
absolument
abstractivement
absurdement
abusivement
académiquement
accessoirement
accidentellement
activement
actuellement
adjectivement
admirablement
adroitement
adverbialement
affablement
affectueusement
affirmativement
affreusement
agilement
agréablement
aigrement
aisément
allégoriquement
allégrement
alphabétiquement
alternativement
altièrement
ambigument
ambitieusement
amèrement
amiablement
amicalement
amoureusement
amplement
analogiquement
analytiquement
anatomiquement
anciennement
angéliquement
annuellement
antécédemment
antérieurement
anticonstitution-
nellement
apostoliquement
apparemment
âprement
arbitrairement
arbitralement
ardemment
aristocratiquement
arithmétiquement
artificiellement
artificieusement
artistement
assidûment
assurément
astronomiquement
atrocement
attentivement
aucunement
audacieusement
austèrement
authentiquement
autrement
avantageusement
aveuglément
avidement
barbarement
bassement
bellement
bénignement
bestialement
bêtement
bizarrement
bonnement
bourgeoisement
bravement
brièvement
brillamment
brusquement
brutalement
bruyamment
burlesquement
calomnieusement
candidement
canoniquement

capitulairement
capricieusement
captieusement
carrément
casuellement
catégoriquement
catholiquement
cauteleusement
cavalièrement
cérémonieusement
certainement
charitablement
charnellement
chastement
chaudement
chèrement
chétivement
chichement
chimériquement
chrétiennement
cinquièmement
circulairement
civilement
clairement
clandestinement
cléricalement
collatéralement
collectivement
collusoirement
comiquement
comment
commodément
communément
communicative-
ment
comparativement
complaisamment
complètement
complètement
concurremment
conditionnelle-
ment
confidemment
confidentiellement
conformément
confusément
congrûment
conjecturalement
conjointement
conjugalement
consciencieusement
consécutivement
conséquemment
considérablement
constamment
constitutionnelle-
ment
consubstantielle-
ment
continuellement
continûment
contradictoire-
ment
convenablement
conventionnelle-
ment
conventuellement
copieusement
cordialement
corporellement
correctement
courageusement
couramment
courtoisement
coutumièrement
craintivement
criminellement
cruellement
crûment
cumulativement
curieusement
dangereusement
débilement
débonnairement
décemment
décidément
décisivement
dédaigneusement
défavorablement
défectueusement
définitivement
délibérément
délicatement
délicieusement
déloyalement
démesurément
démocratiquement
démonstrativement
déplorablement
dérèglement
dernièrement
désagréablement
désastreusement
désavantageuse-
ment
désespérément
désintéressement
despotiquement
déterminément
détestablement
deuxièmement
dévotement
dévotieusement
dextrement
diablement
diaboliquement
diagonalement
dialectiquement
diamétralement
diatoniquement
différemment
difficilement
diffusément
dignement
diligemment
directement
discrètement
disertement
disgracieusement
distinctement
distributivement
diversement
divinement
dixièmement
docilement
doctement
dogmatiquement
doublement
doucement
doucettement
douillettement
douloureusement
douteusement
douzièmement
droitement
drôlement
dûment
durement
économiquement
effectivement
efficacement
effrénément
effrontément
effroyablement
également
élégamment
éloquemment
éminemment
emphatiquement
énergiquement
énigmatiquement
ennuyeusement
énormément
entièrement
éperdument
épouvantablement
équitablement
erronément
essentiellement
éternellement
étonnamment
étourdiment
étrangement
étroitement
évangéliquement
éventuellement
évidemment
exactement
excellemment
excessivement

exclusivement
exclusivement
exécrablement
exemplairement
explicitement
expressément
extérieurement
extraordinairement
extravagamment
extrêmement
fabuleusement
facétieusement
faiblement
familièrement
fantastiquement
fastidieusement
fastueusement
fatalement
faussement
favorablement
féodalement
fermement
fièrement
figurativement
figurément
filialement
finalement
finement
fixement
flatteusement
follement
foncièrement
fondamentalement
forcément
formellement
fortement
fortuitement
fraîchement
franchement
fraternellement
frauduleusement
fréquemment
froidement
fructueusement
frugalement
funestement
furieusement
furtivement
gaiement
gaillardement
galamment
gauchement
généralement
généreusement
gentiment
géométriquement
glorieusement
gloutonnement
goulûment
gracieusement
graduellement
grammaticalement
grandement
graphiquement
grassement
gratuitement
gravement
grièvement
grossièrement
grotesquement
habilement
hardiment
harmonieusement
harmoniquement
hasardeusement
hâtivement
hautainement
hautement
héréditairement
hermétiquement
héroïquement
heureusement
hideusement
hiérarchiquement
historiquement
honnêtement
honorablement
honteusement
horizontalement
horriblement
hostilement
huitièmement
humainement
humblement
humidement
hyperboliquement
identiquement
ignoblement
ignominieusement
illégalement
illégitimement
illicitement
illogiquement
illusoirement
imbécilement
immédiatement
immensément
immodérément
immodestement
immuablement
imparfaitement
impartialement
impénétrablement
impérativement
imperceptiblement
impérieusement
impersonnellement
imperturbablement
impétueusement
impitoyablement
implicitement
importunément
improprement
imprudemment
impudemment
impunément
incessamment
incestueusement
incivilment
inclusivement
incomparablement
incongrûment
inconsidérément
incontestablement
incorrigiblement
incroyablement
indécemment
indéfiniment
indépendamment
indifféremment
indignement
indirectement
indiscrètement
indissolublement
indistinctement
individuellement
indivisiblement
indolemment
indubitablement
indulgemment
indûment
industrieusement
inégalement
inespérément
inévitablement
inexorablement
infailliblement
infatigablement
inférieurement
infiniment
inflexiblement
ingénieusement
ingénument
iniquement
injurieusement
injustement
innocemment
innombrablement
inopinément
insatiablement
insensiblement
inséparablement
insidieusement
insipidement
insolemment
instamment
insupportablement
intégralement
intelligiblement
intensivement

intérieurement
intimement
intrépidement
intrinsèquement
intuitivement
inutilement
invariablement
invinciblement
inviolablement
ironiquement
irrégulièrement
irrémédiablement
irrémissiblement
irréparablement
irrésistiblement
irrespectueusement
irrévérencieuse-
ment
irrévocablement
isolément
itérativement
jeunement
joliment
journellement
joyeusement
judiciairement
judicieusement
juridiquement
justement
laborieusement
lâchement
laconiquement
lamentablement
langoureusement
languissamment
largement
lascivement
latéralement
légalement
légèrement
légitimement
lentement
lestement
libéralement
librement
licencieusement
licitement
lisiblement
littéralement
logiquement
longitudinalement
longuement
lourdement
loyalement
lubriquement
lugubrement
machinalement
magistralement
magnanimement
magnifiquement
maigrement
majestueusement
malencontreuse-
ment
malicieusement
malignement
malproprement
manifestement
manuellement
maritalement
massivement
matériellement
maternellement
mathématiquement
matinalement
maussadement
mécaniquement
méchamment
médiocrement
mélancoliquement
mélodieusement
mêmement
mentalement
merveilleusement
mesquinement
métaphoriquement
métaphysiquement
méthodiquement
mignardement
mignonnement
militairement
miraculeusement
misérablement
miséricordieuse-
ment
modérément
modestement
modiquement
mollement
momentanément
monstrueusement
moralement
mortellement
moyennement
mûrement
musicalement
mutuellement
mystérieusement
naïvement
nationalement
naturellement
nécessairement
négativement
nettement
neutralement
neuvièmement
niaisement
noblement
nominativement
nommément
nonchalamment
notablement
notamment
notoirement
nouvellement
nuitamment
nullement
nûment
numériquement
obliquement
obscurément
obstinément
occasionnellement
odieusement
offensivement
officiellement
officieusement
oisivement
onctueusement
onzièmement
opiniâtrement
opportunément
opportunément
ordinairement
orgueilleusement
originairement
originalement
originellement
ostensiblement
outrageusement
ouvertement
pacifiquement
paisiblement
paraboliquement
pareillement
paresseusement
parfaitement
partialement
particulièrement
partiellement
passablement
passagèrement
passionnément
passivement
pastoralement
paternellement
pathétiquement
patiemment
patriotiquement
pauvrement
pédestrement
péniblement
péremptoirement
perfidement
périlleusement
périodiquement
pernicieusement
perpendiculaire-
ment
perpétuellement

personnellement
pertinemment
perversement
pesamment
petitement
philosophiquement
physiquement
piètrement
pieusement
piteusement
pitoyablement
pittoresquement
plaintivement
plaisamment
plantureusement
platement
plausiblement
pleinement
poétiquement
poliment
politiquement
pompeusement
ponctuellement
populairement
posément
positivement
postérieurement
pratiquement
préalablement
précairement
précédemment
précieusement
précipitamment
précisément
préférablement
prématurément
premièrement
présentement
présomptueuse-
ment
prestement
primitivement
primordialement
principalement
probablement
problématiquement
prochainement
prodigalement
prodigieusement
profondément
profusément
progressivement
prolixement
promptement
prophétiquement
proportionnelle-
ment
proprement
proverbialement
provisoirement
prudemment
publiquement
pudiquement
puérilement
puissamment
purement
quatorzièmement
quatrièmement
quinzièmement
radicalement
raisonnablement
rapidement
rarement
récemment
réciproquement
réellement
règlement
régulièrement
relativement
religieusement
résolument
respectivement
respectueusement
révérencieusement
richement
ridiculement
rigidement
rigoureusement
rondement
royalement
rudement
rustiquement
sagement
sainement
saintement
salement
salutairement
satiriquement
savamment
savoureusement
scandaleusement
sciemment
scientifiquement
scolastiquement
scrupuleusement
sèchement
secondement
séculièrement
séditieusement
seizièmement
semblablement
sensément
sensiblement
sensuellement
sentencieusement
séparément
septièmement
sérieusement
serrement
servilement
seulement
sévèrement
simplement
simultanément
sincèrement
singulièrement
sinistrement
sixièmement
sobrement
sociablement
socialement
soigneusement
solennellement
solidairement
solidement
solitairement
sommairement
somptueusement
sordidement
sottement
soudainement
souplement
sourdement
souverainement
spacieusement
spécialement
spécieusement
spécifiquement
spirituellement
splendidement
spontanément
stoïquement
strictement
studieusement
stupidement
subitement
sublimement
subrepticement
subséquemment
substantiellement
substantivement
subtilement
successivement
succinctement
suffisamment
superbement
superficiellement
supérieurement
superlativement
superstitieusement
sûrement
surnaturellement
symétriquement
synthétiquement
systématiquement
tacitement
tardivement
tellement
témérairement
temporairement

temporellement
tendrement
terriblement
textuellement
théologiquement
théoriquement
tièdement
tiercement
timidement
tortueusement
totalement
tragiquement
traîtreusement
tranquillement
transversalement
treizièmement
trigonométriquement
triomphalement
triplement
tristement
trivialement
troisièmement
tumultueusement
tyranniquement
ultérieurement
unanimement
unièmement
uniformément
uniment
uniquement
universellement
usuellement
usurairement
utilement
vaguement
vaillamment
variablement
véhémentement
véniellement
verbalement
véritablement
vertement
verticalement
vertueusement
vicieusement
victorieusement
vigilamment
vigoureusement
vilainement
vilement
violemment
virilement
virtuellement
visiblement
vivement
vocalement
volontairement
voluptueusement
vraiment
vraisemblablement
vulgairement

MER prononcé **MÈRE**, voir les mots en **AIR** et en **ER** prononcés **ÈRE**

MER prononcé **MÉ**

verbes

abîmer
accoutumer
affamer
affermer
affirmer
aimer
alarmer
allumer
amalgamer
animer
armer
arrimer
assommer
blâmer
blasphémer
bramer
calmer
charmer
chaumer
chômer
comprimer
confirmer
conformer
consommer
consumer
costumer
crémer
damer
déchaumer
décimer
déclamer
déformer
dégommer
dénommer
déplumer
déprimer
désaccoutumer
désarmer
désenrhumer
désenvenimer
diffamer
difformer
écimer
écrémer
écumer
élimer
embaumer
empaumer
enfermer
enflammer
enfumer
enrhumer
entamer
enthousiasmer
entr'aimer (s')
envenimer
escrimer
essaimer
estimer
étamer
exhumer
exprimer
fermer
former
fumer
gendarmer
germer
gommer
humer
imprimer
infirmer
informer
inhumer
intimer
légitimer
limer
mésestimer
nommer
opprimer
palmer
pâmer
parfumer
parsemer
paumer
périmer
plumer
présumer
primer
proclamer
rallumer
ramer
ranimer
réaccoutumer
réclamer
reconfirmer
refermer
reformer
réformer
réimprimer
relimer
remplumer
renommer
entamer
réprimer

résumer
rimer
semer
sommer
sublimer
supprimer
surnommer
tramer
transformer
trimer

MET, **MEUX**, voir **ET**, **EUX**

MI et **MY**

affermi
agami
ami
Barthélemy, *n.*
blêmi
demi
désendormi
dormi
endormi
ennemi
fourmi
frémi
gémi
kami
mi
mi (note)
parmi
raffermi
Rémi, n.
rendormi
renformi
salami
Valmy, *g.*
vomi

MIE

académie
adynamie
agronomie
alchimie
amie
anatomie
anémie
anomie
antinomie
artériotomie
astronomie
autonomie
bigamie
bonhomie
boulimie
bronchotomie
cadmie
chimie
cryptogamie
cystotomie
dichotomie
dolomie
économie
endémie
endormie
ennemie
épidémie
gastronomie
gastrotomie
homonymie
infamie
Jérémie, *n.*
laryngotomie
lipothymie
loxodromie
mamie
métonymie
mie
mie (de pain)
momie
monogamie
ophtalmie
ostéotomie
phlébotomie
physionomie
polygamie
prud'homie
sodomie
stéréotomie
synonymie
trémie
vidamie

Plus le participe passé féminin des verbes en *mir. Voir* à IR et à MI

MIER, **MIEUX**, **MIN**, **MION**, **MIR**, **MIS**, **MIT**, **MO**, voir **IER**, **IEUX**, **IN**, **ION** **IR**, **IS**, **IT**, **O**

MON

Ammon, *n.*
artimon
Aymon, *n.*
démon
flegmon
gnomon
goémon
ichneumon
limon
Memmon, *n.*
mon
Philémon, *n.*
Salomon, *n.*
saumon
sermon
Simon, *n.*
timon
Timon, *n.*

MONS prononcé **MON**

Rime formée par le pluriel des noms de la liste précédente, celui de tous les substantifs en *mont* (voir à ONT), et la 1re personne pluriel du présent de l'indicatif et de l'impératif des verbes en *mer*.

MU

ému
promu
mu

MUE

commue, *v.*
émue
mue
promue

MY, voir **MI**

N

NA

Angélina, n.
Anna, n.
Cana, *g.*
Catilina, n.
Cinna, n.
donna
Etna, *g.*
hosanna
Malvina, *n.*
Mina, *n.*
Nina, *n.*
quinquina

Plus la 3e personne singulier. du passé simple des verbes en *ner*.

NAND, NANT, NENT

abstenant
abstinent
acoquinant
agglutinant
appartenant
assassinant
assonant
attenant
avenant
avenant (à l')
bouillonnant
chagrinant
consonant
contenant
continent
contrevenant
convenant
culminant
déclinant
déponent
déterminant
détonnant
Dinant, *g.*
dissonant
dominant
donnant
éminent
entreprenant
épargnant
étonnant
exterminant
Ferdinand, *n.*
Fernand, *n.*
fulminant
gênant
gouvernant
immanent
imminent
impertinent
inclinant
incontinent
incontinent, *adv.*
inconvenant
intervenant
joignant
lancinant
lieutenant
maintenant
maintenant, *adv.*
malsonnant
manant
moyennant
opinant
permanent
pertinent
ponant
prédéterminant
prédominant
prééminent
prenant
prévenant
proéminent
provenant
raisonnant
rayonnant
réclinant
récriminant
résonnant
retenant
revenant
ruminant
sonnant
sous-lieutenant
soutenant
stagnant
suréminent
surprenant
survenant
tenant
tonnant
tournant
venant

Ajoutez le participe présent des verbes en ner, celui des composés de *venir* et *tenir*. Les rimes en *gnant* vont avec celles-ci ; *voir* à ANT.

NAT, voir AT

NÉ

acheminé
actionné
aîné
alterné
amené
aviné
basané
cantonné
capuchonné
carné
chantonné
chevronné
citronné
cloisonné
cotonné
cutané
Daphné, *n.*
Dauphiné, *g.*
désordonné
destiné
déterminé
détourné
discipliné
disproportionné
donné
effréné
égrené
embruiné
enchifrené
encorné
enfariné
erroné
fleuronné
forcené
fortuné
géminé
goujonné
igné
illuminé
indéterminé
indiscipliné
infortuné
inné
inopiné
instantané
insubordonné
intentionné
mariné
maronné
momentané
mort-né
mutiné
né
obstiné
ordonné
passionné
péroné
prédestiné
proportionné
puîné
raffiné
raisiné
raisonné
René, *n.*
safrané
satiné
saumoné
séjourné
séné
simultané
spontané
subordonné
succédané
tanné
turbiné
veiné

Plus le participe passé masculin des verbes en *ner.*

NEAU, voir EAU

NÉE

abîmer
aînée
année
apnée
après-dînée
araignée
Athénée, *n.*
athénée, *s. m.*
aumônée
aunée
boudiné
charbonnée
chaudronnée
cheminée
cognée
condamnée
cutanée
dessinée
dionée, *bot.*
donnée
Dulcinée, *litt.*
dyspnée
échinée
fournée
graminée
Guinée, *g.*
guinée, *s.*
hâlenée
haquenée
hyménée
Idoménée, *n.*
Irénée, *n.*
journée
maisonnée
matinée
Méditerranée
menée
ordonnée
périnée
poignée
prytanée
rançonnée
saignée
saumonée
tannée
tournée
traînée
vinée

Plus le féminin des adjectifs en né ; plus le féminin des participes passés des verbes en *ner.*

NÉES

Pyrénées, *g.*
Plus le pluriel des noms de la liste précédente.

NENT, voir NANT

NER

déjeuner
dîner

verbes

abandonner
abominer
abonner
aborner
acharner
acheminer (s')
acoquiner
actionner
additionner
adonner (s')
affectionner
affiner
agglutiner
ahaner
aiguillonner
ajourner
aleviner
aliéner
alterner
aluner
amariner
ambitionner
amener
amidonner
ânonner
approvisionner
arraisonner
assaisonner
assassiner
asséner
aumôner
auner
aviner
avoisiner
badigeonner
badiner
bâillonner
baliverner
baragouiner
bassiner
bâtonner
berner
besogner
bigorner
billonner
biner
bistourner
blasonner
bobiner
bondonner
borner
boucaner
bouchonner
bouffonner
bougonner
bouillonner
bouquiner
bourdonner
bourgeonner
boutonner
braconner
bruiner
buriner
butiner
cabaner
calciner
câliner
canner
canonner
cantonner
caparaçonner
caponner
caréner
carillonner
cartonner
caserner
cautionner
cerner
chagriner
chanfreiner
chansonner
chantourner
chaperonner
chaponner
charbonner
cheminer
chicaner
chiffonner
chopiner
clopiner
cochonner
cogner
collationner
combiner
concerner
condamner
conditionner
confectionner
confiner
conglutiner
consterner
contaminer
contourner
coordonner
coqueliner
cordonner
corner
cotonner
couronner
cousiner
cramponner
crayonner
créner
cuisiner
culminer
damasquiner
damner
dandiner
déboutonner
décerner
déchaîner
déchaperonner
décharner
décliner
décorner
découronner
défourner
dégainer
dégasconner
déjeuner
démener
déraciner
déraisonner
désabonner
désarçonner
désassaisonner
désenchaîner
désenchifrener
désengrener
désillusionner
désordonner
dessiner
destiner
déterminer
détonner
détourner
détrôner
deviner
dîner
discerner
discipliner
disproportionner
disséminer
dodeliner
dodiner
dominer
donner
drageonner
ébourgeonner
ébousiner
échantillonner
échardonner
écharner
échiner
écorner
écouvillonner
écussonner
effaner
efféminer
égrener
éliminer
émaner
embéguiner
embobeliner

emmagasiner
emmener
empanner
empoisonner
empoissonner
emprisonner
émulsionner
encapuchonner
enchaîner
enchaîner
enchaperonner
enchifrener
enclaver
encorner
endoctriner
enfariner
enferrer (s')
enfourner
engainer
engrener
enluminer
enraciner
enrhumer
ensaisiner
entériner
entonner
entonner
entraîner
entre-donner
environner
éperonner
époumoner (s')
espionner
étalonner
étançonner
étonner
étrenner
étrésillonner
étronçonner
examiner
exterminer
façonner
faner
fasciner
ferrer
festonner
flagorner
foisonner
folichonner
fourgonner
fredonner
friponner
frissonner
fulminer
gabionner
galonner
gangrener
gasconner
gazonner
gêner
gironner
glaner
goudronner
goujonner
gouverner
grener
griffonner
grisonner
guillotiner
hâlener
harponner
hiverner
houblonner
houssiner
illuminer
illusionner
imaginer
importuner
impressionner
incarner
incliner
incriminer
jalonner
jardinier
jargonner
jaspiner, *pop.*
jeûner
lainer
lambiner
laminer
lanterner
lésiner
liaisonner
lutiner
machiner
mâchonner
maçonner
malmener
maquignonner
mariner
marmonner
marner
maroquiner
marronner
mâtiner
mener
mentionner
miner
mitonner
mixtionner
moissonner
morigéner
motionner
moyenner
mutiner
obstiner
occasionner
opiner
ordonner
organiser
orner
paner
papillonner
parangonner
pardonner
passionner
pateliner
patiner
patronner
pavaner (se)
peiner
pelotonner
pensionner
perfectionner
pétitionner
pétuner
piétiner
pigeonner
pionner
plafonner
planer
plastronner
polissonner
pomponner
pouliner
précautionner
prédestiner
prédéterminer
prédominer
profaner
promener
prôner
proportionner
prosterner
questionner
raffiner
raisonner
ramener
ramoner
rançonner
rapiner
rasséréner
ratatiner
rayonner
réabonner
réajourner
rebourgeonner
reboutonner
récliner
récriminer
redonner
refaçonner
refréner
remener
remmener
rempoissonner
renchaîner
rengainer
rengrener
réordonner

résonner
retourner
révolutionner
ricaner
rognonner
rubaner
ruiner
ruminer
sablonner
safraner
sanctionner
satiner
savonner
séjourner
sermonner
sillonner
sonner
soumissionner
soupçonner
subordonner
suborner
surmener
talonner
tambouriner
tamponner
tanner
taquiner
tatillonner
tâtonner
terminer
testonner
tisonner
tonner
tourbillonner
tourner
traîner
trépaner
tronçonner
trôner
trottiner
turlupiner
uriner
vacciner
vanner
vaticiner
veiner
vermillonner
voisiner

NET, **NEUX**, voir **ET**, **EUX**

NÉS et **NEZ**

cache-nez
nez
pied-de-nez
sonnez

Ajoutez le pluriel des noms en *né*. Plus la 2e personne pluriel du présent de l'indicatif et de l'impératif des verbes en *ner*. Ajoutez également la 2e personne du pluriel des verbes *venir, tenir, prendre*, et de leurs composés.

NI et **NY**

Antony, *n.* et *g.*
aplani
banni
boni
brouillamini
catimini (en)
Cluny, *g.*
Coligny, *n.*
Concini, *n.*
défini
déni
Fanny, *n.*
fini
Goldoni, *n.*
impuni
indéfini
infini
Jenny, *n.*
lazzaroni
macaroni
Mancini, *n.*
nenni
nid
Paganini, *n.*
penny
puni
Rimini, *g.*
Rossini, *n.*

Plus le participe passé masculin des verbes en *nir*, excepté *tenir, venir*, et leurs composés.

NIE

Abyssinie, *g.*
agonie
Albanie, *g.*
anglomanie
anthropogénie
aphonie
Arménie, *g.*
atonie
avanie
bibliomanie
Bithynie, *g.*
Bosnie, *g.*
cacophonie
Calédonie, *g.*
Californie, *g.*
calomnie
calomnie, *v.*
Campanie, *g.*
cérémonie
chapellenie
colonie
communie, *v.*
cosmogonie
démonomanie
dénie, *v.*
diaphonie
épiphanie
érotomanie
Eugénie, *n.*
euphonie
excommunie, *v*
Franconie, *g.*
génie
Germanie, *g.*
harmonie
ignominie
ingénie, *v.*
insomnie
Ionie, *g.*
Iphigénie, *n.*
ironie
Laponie, *g.*
litanie
Lithuanie, *g.*
Lusitanie, *g.*
manie
manie, *v.*
Mauritanie, *g.*
Mélanie, n.
mélomanie
métromanie
monomanie
monotonie
nie, *v.*
nymphomanie
Occitanie, *g.*
parcimonie
Pennsylvanie, *g.*
physiognomonie
pneumonie
polygynie
Poméranie, *g.*

pyrotechnie
remanie, *v.*
renie, *v.*
sanie
simonie
symphonie
théogonie
Transylvanie, *g.*
tyrannie
Uranie, *n.*
vilenie
Virginie, *n.* et *g.*
zizanie

Plus le féminin de tous les adjectifs et participes en ni ; *voir* NI.

NIER, voir IER

NIEUX, NIN, NION, NIR, NIS NIT, NO, voir IEUX, IN, ION IR, IS, IT et O

NOM et NON

Agamemnon, *n.*
canon
chaînon
Chinon, g.
Couesnon (le), *g.*
fanon
gonfanon
guenon
Junon, *myth.*
linon
Maintenon, *n.*
Memnon, *n.*
Ninon, *n.*
nom
non
Parthénon
pennon
prénom
prête-nom
pronom
renom
sinon
surnom
tenon
Tournon, *g.*
Trianon, *n.*
tympanon

NU

abîmer
abstenu
bienvenu
biscornu
charnu
chenu
circonvenu
connu
contenu
continu
convenu
cornu
détenu
détenu
devenu
disconvenu
entretenu
grenu
inconnu
ingénu
intervenu
maintenu
malvenu
méconnu
menu
nu
obtenu
obvenu
parvenu
prévenu
reconnu
ressouvenu
revenu
saugrenu
soutenu
souvenu
survenu
tenu
trotte-menu
venu

NUE

bienvenue
déconvenue
nue, *subst.*

Plus le féminin des participes passés terminés en *nu*.

NY, voir NI

O

o

abîmer
abrupto (ex)
adagio
albugo
allegretto
allégro
altissimo
alto
amoroso
andantino
Arno, *g*.
banco
baroco
Bilbao, *g*.
bobo
Bonifacio, *n*.
Bornéo, *g*.
bravo
cacao
Calypso, *myth.*
caraco
casino
Castro, *g*.
Chio, *g*.
cicero
Clio, *n*.
coco
cocorico
Colombo, *n*.
concerto
Congo, *g*.
credo
crescendo
decimo
dito
domino
duo
ecce homo
écho
embargo
Erato, *n*.
ex-voto
fandango
faro
Figaro, *n*.
folio
folio (in)
forte-piano
furioso
go (tout de)
gogo (à)
Golo, *g*.
gracioso
haro
hidalgo
imbroglio
impétigo
in-octavo
in-quarto
incognito
indigo
Ino, *myth.*
Io, *myth.*
Jéricho, *g*.
largo
lavabo
Locarno, *g*.
lombago
loto
Macao, *g*.
Malo (Saint), *g*.
Marengo, *g*.
mémento
Mexico, *g*.
Monaco, *g*.
Montebello, *n*.
numéro
octavo
oratorio
Othello, *n*.
Oviédo, *g*.
petto (in)
piano
Pô, *g*.
populo
Porto, *g*.
Porto-Rico, *g*.
Prado, *n*.
prestissimo
presto
primo
quarto
quasimodo
quinto
quiproquo
Quito, *g*.
recto
Reggio, *g*.
Rio-Janeiro. *g*.
Saint-Lô, *g*.
san-benito
Sancho, *n*.
Sapho, *n*.
secundo
septimo
sexto
sirocco
solo
statu quo
tertio
trio
Trocadero, *g*.
Ugo, *n*.
undecimo
Vasco, *n*.
verso
vertigo
virago
Waterloo, *g*.
zéro

OA

Bidassoa, *g.*
boa
Goa, *g.*

OB

Jacob, *n.*
Job, *n.*

OBE

dérobe, *v.*
englobe, *v.*
épilobe
garde-robe
globe
gobe, *v.*
lobe
microbe
orobe, *bot.*
probe
robe

OBLE

archinoble
Grenoble, *g.*
ignoble
noble
vignoble

OBRE

octobre
sobre
opprobre

OC, OCH et OQ prononcé OQUE

bloc
choc
coq
estoc
froc
hoc
Languedoc, *g.*
manioc
Maroc, *g.*
Médoc, *g.*
roc
Roch, *n.*
soc
toc
troc

OC prononcé O

accroc
broc
croc
escroc
raccroc

Ces mots riment avec ceux en *ot*, surtout au pluriel *ocs* et *ots*.

OCE, voir OSSE

OCHE

accroche, *v.*
anicroche
Antioche, *v.*
approche
arroche
bamboche
bancroche
basoche
basoche, *v.*
brioche
broche
broche, *v.*
caboche
cloche
cloche, *v.*
croche
débroche, *v.*
décoche, *v.*
décroche, *v.*
double-croche
embroche, *v.*
empoche, *v.*
encoche, *v.*
épinoche
filoche
galoche
guilloche, *v.*
Hoche, *n.*
hoche, *v.*
loche
mailloche
médianoche
mioche, *pop.*
moche
pioche, *v.*
poche
proche
raccroche, *v.*
rapproche, *v.*
rempoche, *v.*
reproche
roche
sacoche
taloche
tournebroche
triple-croche

OCHES

Loches, *g.*
Plus le pluriel des noms et la 2e pers. singulier des verbes de la série précédente.

OCLE

binocle
monocle
Empédocle, *n.*
Patrocle, *n.*
socle
Sophocle, *n.*
Thémistocle, *n.*

OCQUE, voir OQUE

OCRE

médiocre
ocre

OCTE

docte

OD

éphod
Nemrod, *n.*

ODE

accommode, *v.*
antipode
apode
branchiopode
brode, *v.*
code
commode
Commode, *n.*
corrode, *v.*
custode
épisode
épode
exode
gastéropode
géode
gode, *v.*
Hérode, *n.*
Hésiode, *n.*
incommode
incommode, *v.*
inféode, *v.*
iode
méthode
mode
ode
pagode
période
polypode
raccommode, *v.*
rhapsode
rode, *v.*
synode

ODES

antipodes
Rhodes, *g.*

Ajoutez le pluriel des noms et la 2e personne des verbes de la série précédente

OÉ dissyllabe

Arsinoé, *n.* et *g.*
Chloé, *n.*
Crusoé (Robinson)
évohé !
Ivanhoé, *litt.*
Méroé, *g.*
Noé, *n.*
Siloé, *n.*
Zoé, *n.*

OELE et OELLE

moelle
poêle

Ces mots peuvent rimer avec ceux en *oile*.

OÈNE

troène

Voir les rimes en *ène*.

ŒUD

Voir les rimes en *eu* et en *eut* : *peu, peut* riment avec *nœud*. *Deux, vœux, je peux* riment encore mieux avec *nœuds*.

ŒUF, ŒUVRE, voir EUF, EUVRE

OF

lof

On peut ajouter des noms d'hommes et de villes russes terminés en *of, off* ou *ow*.

OFE, OFFE et OPHE

apostrophe
antistrophe
catastrophe
Christophe, n.
étoffe
limitrophe
lofe, *v.*
philosophe
strophe

OFFRE

coffre
coffre, *v.*
encoffre, *v.*
offre

OFLE

Christofle, *n.*
girofle

OGE

abroge, *v.*
Allobroge
arroge, *v.*
déloge, *v.*
déroge, *v.*
doge
éloge
épitoge
horloge
interroge, *v.*
loge
martyrologe
ménologe
nécrologe
proroge, *v.*
toge

Ces mots peuvent rimer avec ceux en *auge*, quand la voyelle est longue des deux côtés. *Voir* AUGE.

OGES

Limoges, *g.* Vosges (les), *g*,

Plus le pluriel des noms et la 2ᵉ personne singul. des verbes de la série précédente.

OGME

dogme

OGNE

abîmer
besogne
besogne, *v.*
Bologne, *g.*
Boulogne, *g.*
Bourgogne, *g.*
Catalogne, *g.*
charogne
cigogne
cogne, *v.*
Cologne, *g.*
Corogne, *g.*
Dordogne, *g.*
Gascogne, *g.*
gigogne
grogne, *v.*
ivrogne
Pologne, g.
renfrogne, *v.*
rogne
Sologne, *g.*
trogne
vergogne
vigogne

OGRE

dogre, *mar.* ogre

OGUE

analogue
apologue
archéologue
astrologue
catalogue
décalogue
démagogue
dialogue
dogue
drogue
églogue
emménagogue
épilogue
géologue
homologue
idéologue
météorologue
monologue
mythologue
paléologue
pédagogue
philologue
pirogue
prologue
rogue
synagogue
vogue

OGUES

Ajoutez le pluriel des noms et la 2ᵉ personne sing. des verbes de la liste précédente.

OI et OY

aboi
aloi
Charleroi, *g.*
charroi
convoi
corroi
désarroi
effroi
émoi
emploi
envoi
foi
Geoffroy, *n.*
Godefroy, *n.*
loi
moi
octroi
orfroi
palefroi
paroi
pourquoi
pourvoi
quoi
remploi
renvoi
roi
soi
toi
tournoi
vice-roi

OIA et OYA, voir IA

OID, voir OIT

OIDE

froide roide

OIE et OYE

Courbevoie, *g.*
courroie
croie, *subj.*
dévoie, *subj.*
foie
foudroie, *subj.*
joie
lamproie
mont-joie
nettoie, *subj.*
oie
patte-d'oie
ploie, *subj.*
proie
rabat-joie
Savoie, *g.*
soie
Troie, *g.*
ver à soie
voie

Ajoutez le présent de l'indicatif et du subjonctif des verbes en *oyer*.

OIÉ et OYÉ, OIER et OYER, voir IÉ, IER

OIF

soif

OIFFE

coiffe
décoiffe, *v.*
recoiffe, *v.*

OIGNE

adjoigne, *v.*
conjoigne, *v.*
éloigne, *v.*
empoigne, *v.*
enjoigne, *v.*
joigne, *v.*
poigne
rejoigne, *v.*
soigne, *v.*
témoigne, *v.*

OIL

contre-poil
poil
tire-poil

OILE

dévoile, *v.*
entoile, *v.*
entre-toile
envoile, *v.*
étoile
poile
rentoile, *v.*
toile
voile
voile, *s. f.*

Les mots en *oèle, moelle, poêle*, riment avec ceux-ci.

OIN, OINC, OUIN, OING

abat-foin
babouin
baragouin
Baudouin *n.*
bédouin
benjoin
besoin
chafouin
coin
Duguay-Trouin, *n.*
foin
groin
loin
Loing, *g.*
maringouin
oing
pingouin
poing
recoin
sagouin
sainfoin
soin
tintouin
vieux-oing

Les mots en *oind* et *oint* peuvent à la rigueur rimer avec ceux-ci.

OINDRE

adjoindre, *v.*
disjoindre, *v.*
enjoindre, *v.*
joindre, *v.*
moindre
oindre, *v.*
poindre

Ces mots peuvent rimer avec les mots en *indre*.

OINE

aigremoine
antimoine
Antoine, *n.*
avoine
bétoine
calcédoine
chanoine
chélidoine
idoine
Macédoine, *g.*
moine
patrimoine
péritoine
pivoine
sardoine
stramoine

OINFRE

goinfre

OINS et OINTS

moins
conjoints
néanmoins

Joindre le pluriel des substantifs, adjectifs et participes en *oin, oing et oint*. Plus la 1ère et la 2e personne du présent de l'indicatif et du passé simple en oindre. *Voir* OINDRE.

OINT

adjoint
à point
appoint
arrière-point
conjoint
contre-point
embonpoint
joint
oint
rond-point
point
pourpoint
tiers-point

Voir les rimes en *oin* et *oing*. Plus la 3e personne singulier du présent de l'indicatif et le participe passé masculin des verbes en *oindre*. *Il joint, disjoint.*

OINTE

accointe, *v.*
appointe, *v.*
contre-pointe
courtepointe
dépointe, *v.*
désappointe
épointe, *v.*
jointe
pointe
trépointe

Plus le féminin des participes passés des verbes en *oindre*.

OINTS, voir OINS

OIR

abreuvoir
accordoir
accotoir
accoudoir
affiloir
agenouilloir
ajustoir
amorçoir
apercevoir, *v.*
aplatissoir
apparoir, *v.*
arrosoir
aspersoir
asseoir, *v.*
avoir, *v.*
battoir
blutoir
bonsoir
boudoir
bougeoir
boutoir
brochoir
brunissoir
chaloir, *v.*
chauffoir
choir, *v.*
comparoir
comptoir
concevoir, *v.*
couloir
coupoir
crachoir
cueilloir
décevoir, *v.*
déchaussoir
déchoir, *v.*
découpoir
déplantoir
dépourvoir, *v.*
désespoir
déversoir
dévidoir
devoir
dortoir
dressoir
ébarboir
ébauchoir
échaudoir
échoir, *v.*
égouttoir
embauchoir
embouchoir
emboutissoir
émouchoir
émouvoir, *v.*
encensoir
entonnoir
entrevoir, *v.*
épissoir
épluchoir
équarrissoir
équivaloir, *v.*
espoir
éteignoir
étendoir
étouffoir
évidoir
falloir, *v.*
fendoir
fermoir
fichoir
fondoir
frottoir
germoir
grattoir
greffoir
hachoir
heurtoir
hoir
juchoir
laminoir
lavoir
lissoir
loir
Loir, *g.*
manoir
miroir
mouchoir
moussoir
mouvoir, *v.*
noir
ostensoir
ouvroir
parloir
peignoir
percevoir, *v.*
perchoir
perçoir
plantoir
pleuvoir, *v.*
polissoir
pourvoir, *v.*
poussoir
pouvoir
pouvoir
pressoir
prévaloir, *v.*
prévoir, *v.*
promenoir
promouvoir, *v.*
racloir
rasoir
rasseoir, *v.*
ravoir, *v.*
recevoir, *v.*
redevoir, *v.*
refouloir
reposoir
repoussoir
réservoir
revoir
saloir
sarcloir
sautoir
savoir
séchoir
seoir, *v.*
soir
surseoir, *v.*
tailloir
terroir
tiroir
traçoir
tranchoir
trottoir
valoir, *v.*
voir, *v.*
vouloir, *v.*

OIRE

absolutoire
accessoire
accroire, *v.*
ambulatoire
armoire
attentatoire
auditoire
avaloire
baignoire
balançoire
bassinoire
blasphématoire

boire
caquetoire
ciboire
clifoire
collusoire
combinatoire
comminatoire
commissoire
compulsoire
conservatoire
consistoire
contradictoire
croire, *v.*
déboire
décisoire
déclamatoire
déclaratoire
déclinatoire
décrottoire
dédicatoire
définitoire
dépilatoire
dérisoire
dérogatoire
diffamatoire
dilatoire
directoire
distillatoire
divinatoire
doloire
échappatoire
écritoire
écumoire
élévatoire
emboire
émonctoire
épilatoire
épuratoire
évocatoire
excrétoire
exécutoire
expiatoire
foire
frustratoire
fumigatoire
glissoire
gloire
Grégoire, *n.*
grimoire
Gringoire, *n.*
histoire
illusoire
imprécatoire
inflammatoire
infusoire
interlocutoire
invocatoire
Issoire, *g.*
ivoire
jabloire
jaculatoire
juratoire
laboratoire
lardoire
Loire, *g.*
mâchoire
mangeoire
masticatoire
mécroire, *v.*
mémoire
méritoire
moire
monitoire
nageoire
noire
notoire
obligatoire
observatoire
offertoire
ondulatoire
oratoire
oscillatoire
passoire
péremptoire
pétitoire
poire
possessoire
pourboire
préparatoire
prétoire
probatoire
promontoire
propitiatoire
provisoire
purgatoire
purificatoire
rédhibitoire
réfectoire
réquisitoire
résolutoire
révocatoire
rogatoire
rôtissoire
sacrificatoire
sternutatoire
suppositoire
surérogatoire
territoire
transitoire
vésicatoire
vexatoire
victoire
voire
vomitoire

OIDS, OIS, OIX

abat-voix
accrois, *v.*
Albigeois
Amiénois
anchois
Angoumois
aperçois, *v.*
Arbois, *g.*
Artois, *g.*
autrefois
Auxerrois
Auxois
Badois
Barrois
Bavarois
Bernois
Blois, *g.*
bois
bourgeois
Brugeois
carquois
Carthaginois
casse-noix
Cauchois
chamois
Champenois
Chinois
choix
Collot-d'Herbois, *n.*
Comtois
conçois, *v.*
courtois
crois (de croire)
crois (de croître)
croix
Danois
Dauphinois
déçois, *v.*
décrois, *v.*
décrois, *v.*
discourtois
dois, *v.*
Dubois, *n.*
empois
entrevois, *v.*
fois
Foix, *g.*
Franc-Comtois
François, *n.*
Gallois
Gaulois
Genevois
Génois
grégeois (feu)
grivois
guingois
hautbois
Hongrois
Illinois, *g*
Iroquois
Liégeois
Lillois

Louvois, *n.*
maintes fois
matois
minois
Mirepoix, *g.*
mois
mort-bois
narquois
noix
palois
pantois
parfois
pavois
perçois, *v.*
poids
pois
poix
porte-croix
porte-voix
pourvois, *v.*
prévois, *v.*
putois
quelquefois
reçois, *v.*
redois, *v.*
Rémois
revois, *v.*
rose-croix
siamois.
sournois
Suédois
tapinois
tournois
toutefois
trois
Valentinois, *g.*
Valois, *n.* et *g.*
Vaudois
Vermandois, *g.*
Viennois
villageois
vois, *v.*
voix

Ajoutez à chacune de ces séries le pluriel des noms en *oi* et en *oil*, avec la même lettre d'appui.

OISE

abîmer
Amboise, *g.*
Ambroise, *n.*
apprivoise, *v.*
ardoise
armoise
Bavaroise
boise, *v.*
bourgeoise
Carthaginoise
Cauchoise, *g.*
cervoise
croise, *v.*
entrecroise, *v.*
entretoise
framboise
gerboise
grivoise
Lilloise
moise
noise
Oise (l'), *g.*
Pontoise, *g.*
siamoise
Suédoise
toise
toise, *v.*
turquoise
Vaudoise
villageoise

OISSE

accroisse, *v.*
angoisse
croisse, *v.*
décroisse, *v.*
empoisse, *v.*
froisse, *v.*
paroisse
poisse, *v.*

OIT et OID

accroît
accroît, *v.*
adroit
aperçoit, *v.*
avant-toit
Benoît, *n.*
boit, *v.*
conçoit, *v.*
croît
déçoit, *v.*
décroît, *v.*
détroit
doigt
doit, *v.*
droit
endroit
étroit
exploit
froid
maladroit
mécroit, *v.*
passe-droit
perçoit, *v.*
pourvoit, *v.*
prévoit, *v.*
reçoit, *v.*
redoit, *v.*
revoit, *v.*
soit
surcroît
toit
voit, *v.*

OITE

droite
benoîte
boîte, *v.*
boîte
coite
convoite, *v.*
emboîte, *v.*
étroite
exploite, *v.*
maladroite
moite

OITRE

accroître, *v.*
cloître
croître
décroître, *v.*
goitre
surcroître, *v.*

OITS, voir OIS

OIVE

aperçoive, *v.*
boive, *v.*
conçoive, *v.*
déçoive, *v.*
doive, *v.*
perçoive, *v.*
reçoive, *v.*
redoive, *v.*

OIVRE

poivre

OL

alcool
bémol
bol
bristol
campagnol
col
dol
entresol
Espagnol
fol
girasol
hausse-col
licol
Mogol
mol
mongol
parasol
Rivarol, *n.*
sol
tournesol
Tyrol, *g.*
viol
vitriol
vol

OLDE

solde

OLE et OLLE brefs

affole, *v.*
affriole
agricole
alvéole
Arcole, *g.*
aréole
artériole
auréole
azerole, *bot.*
babiole
banderole
batifole, *v.*
bénévole
bestiole
boussole
bouterolle
bricole
bricole, *v.*
cabriole
cajole
camisole
Capitole, *g.*
caracole
caracole, *v.*
carmagnole
carriole
casserole
chantignole
chrysocolle
colle
colle, *v.*
console
console, *v.*
convole, *v.*
coupole
créole
croquignole
dariole
décolle, *v.*
dégringole, *v.*
désole, *v.*
dessole, *v.*
diastole
discobole
dole, *v.*
école
émissole
envole (s'), *v.*
Eole, *n.*
étole
faribole
faséole
faverole
fiole
flammerole
foliole
folle
frivole
girandole
gloriole
gondole
gratiole
grolle
hyperbole
idole
immole, *v.*
insole, *v.*
isole, *v.*
luciole
malléole
Mausole, *n.*
mendole
métabole
métropole
Mirandole (Pic de la), *n.*
molle
monopole, *v.*
Nicole, *n.*
obole
Pactole, g.
parabole
parole
pétrole
pistole
protocole
racole, *v.*
raffole, *v.*
rafistole, *v.*
recolle, *v.*
rigole
rissole
rissole, *v.*
rougeole
scarole
sole
sylvicole
symbole
systole
torgnole, *pop.*
trolle
variole
vérole
viole
virole
vole

OLE long et AULE

acaule
contrôle
Dôle, *g.*
drôle
enjôle, *v.*
enrôle, *v.*
épaule
épaule, *v.*
frôle, *v.*
gaule
Gaule, *g.*
geôle
miaule, *v.*
môle

Paule, *n.*
piaule, *v.*
pôle
rôle
saule
tôle

OLFE et OLPHE

Adolphe, *n.*
golfe
Pandolphe, *n.*
Rodolphe, *n.*

OLM

Malcolm, *n.*
Stockholm, *g.*

OLSQUE

Volsque, *n.*

OLTE

archivolte
récolte
volte
révolte
virevolte

OM et OMB

aplomb
Colomb, *n.*
dom
nom
plomb
prénom
pronom
renom
surnom

Ces mots riment aussi avec ceux en *on*, quand la terminaison a la même lettre d'appui. *Voir* LON, DON et NON.

OMBE

bombe
colombe
hécatombe
palombe
plombe, *v.*
retombe, *v.*
rhombe
strombe
succombe, *v.*
surplombe, *v.*
tombe
trombe

OMBES

catacombes
Dombes, *g.*
lombes

Ajoutez le pluriel des subst. et la 2ᵉ personne sing. des verbes de la série précédente.

OMBLE

comble

OMBRE

concombre
décombre
dénombre, *v.*
encombre
encombre, *v.*
hombre
nombre
ombre
pénombre
sombre

OME bref ou OMME

agronome
assomme, *v.*
astronome
autonome
bonhomme
comme
consomme, *v.*
dénomme, *v.*
gastronome
gentilhomme
gomme
homme
métronome
nomme, *v.*
pomme
prud'homme
renomme, *v.*
rogomme
Rome, *g.*
somme
Somme, *g.*
surnomme, *v.*

OME long et AUME

amome
arôme
atome
axiome
Bapaume, *g.*
baume, *s. m.*
binôme
Brantome, *n.*
brome
carcinome
chaume
chôme, *v.*
chrome
Côme (saint)
condylome
cyclostome
dichotome
dôme
Drôme, *g.*
embaume, *v.*
empaume, *v.*
gnome
Guillaume, *n.*
heaume
hippodrome
idiome
Jérôme, *n.*
lipome
lithodome
monôme
névrotome
ostéosarcome
palindrome
paume
péristome
polynôme

psaume
royaume
sarcome
staphylome
symptôme
tome
trinôme
Vendôme, *g.*

OMES et OMMES brefs

sommes (nous), *v.* Ajoutez le pluriel des noms et la 2e personne sing. des verbes en *ome* bref et en *omme*.

OMNE, voir ONE bref et ONNE

OMPE

clysopompe
corrompe, *v.*
détrompe, *v.*
estompe
interrompe, *v.*
pompe
repompe, *v.*
rompe, *subj.*
trompe

OMPHE

triomphe, *s. m.*
triomphe, *v.*

OMPRE

corrompre, *v.*
dérompre, *v.*
interrompre, *v.*
rompre, *v.*

OMPS et OMPTS

corromps, *v.*
.interromps, *v.*
prompts, *adj. pl.*
romps, *v.*

Ces mots riment avec les terminaisons en *ons, onts, oms*, et particulièrement quand cette désinence est appuyée de la consonne *r*: *mourons, fronts, ronds.*

OMPT

corrompt, *v.*
interrompt, *v.*
prompt
rompt, *v*

Ces mots riment avec les terminaisons *ont* et *oms*, et particulièrement quand ces désinences sont appuyées de la consonne *r*: *front, rond.*

OMPTE et OMTE, voir ONTE

ON, voir les désinences AON, BON, CON, DON, ÉON...

ONC

donc
onc
adonc

Les anciens poètes disaient aussi *doncques, adoncques, oncques* et *doncque, adoncque, oncque.*

ONCE et ONSE

Alphonse, *n.*
annonce
défonce, *v.*
dénonce, *v.*
enfonce, *v.*
engonce, *v.*
énonce, *v.*
fonce, *v.*
fronce, *v.*
Ildephonse, *n.*
internonce
nonce
once
ponce
prononce, *v.*
quinconce
renfonce, *v.*
renonce
ronce
semonce

ONCHE

bronche
jonche, *v.*
tronche, *pop.*

ONCHES

bronches, *s. plur.*
Conches, *g.*

Plus le pluriel des noms et la 2e personne sing. des verbes de la liste précédente.

ONCLE

oncle
furoncle
pétoncle

OND, ONG et ONT

affront
ajonc*
amont
blond
barlong
bond
Chaumont, *g.*
Clermont, *g.*
confond, *v.*
contre-mont
correspond, *v.*
entrepont

fécond
fond
font (ils), *v.*
front
furibond
giraumont, *bot.*
gond
Hellespont, *g.*
infécond
jonc*
long
mont
morfond, *v.*
moribond
nauséabond
oblong
ont (ils), *v.*
Piémont, *g.*
plafond
pond, *v.*
pont
profond
pudibond
refond, *v.*
répond, *v.*
retond, *v.*
rodomont
rond
rubicond
second
Sigismond, *n.*
sont (ils), *v.*
surtond, *v.*
tire-fond
tond, *v.*
tronc*
vagabond
vont (ils), *v.*

* mot en *onc* se prononçant *on.*

Plus la 3e personne pluriel des futurs: *aimeront, fileront,* etc. Remarquez que la rime de deux futurs ensemble est peu agréable.

ONDE

abonde, *v.*
aronde
blonde
bonde
confonde, *v.*
corresponde, *v.*
Cunégonde, *n.*
débonde, *v.*
dévergonde, *v.*
émonde, *v.*
faconde
féconde
fonde (de fonder)
fonde (de fondre)
Frédégonde, *n.*
fronde
fronde, *v.*
furibonde
Gironde, *g.*
Golconde, *g.*
gronde, *v.*
immonde
inféconde
inonde, *v.*
Joconde, *n.*
mappemonde
monde
morfonde, *v.*
moribonde
nauséabonde
onde
osmonde
parfonde, *v.*
ponde, *v.*
profonde
pudibonde
refonde, *v.*
refonde, *v.*
réponde, *v.*
retonde, *v.*
ronde
Rosemonde, *n.*
rubiconde
seconde, *adj.f.*
seconde, *v.*
sonde, *v.*
surabonde, *v.*
surtonde, *v.*
tonde, *v.*
vagabonde

ONDRE

confondre, *v.*
correspondre, *v.*
effondre, *v.*
fondre, *v.*
hypocondre
morfondre, *v.*
pondre, *v.*
refondre, *v.*
répondre, *v.*
retondre, *v.*
surtondre, *v.*
tondre, *v.*

ONDRES

Londres, *g.*

Plus le pluriel des noms et la 2e personne singulier des verbes de la série précédente.

ONDS, ONS et ONTS

Châlons, *g.*
fonds
tréfonds
fonts, *plur.*
reculons (à)
répons
tâtons (à)
Soissons, *g.*

Plus le pluriel des noms en *ond, ont, on, om, ompt,* et les 1re et 2e personnes sing. du présent indicatif des verbes en *ondre*. Plus la 1re personne pluriel de plusieurs temps de tous les verbes: *aimons, tombons*. (Pour ceux en *ions* monosyllabe, *voir* IONS.) La rime n'est bonne qu'autant que la lettre d'appui s'y trouve. voir BON, CON, DON…

ONE bref et ONNE

abandonne, *v.*
abonne, *v.*
acotylédone
actionne, *v.*
additionne, *v.*
affectionne, *v.*
aiguillonne, *v.*
amazone
ambitionne, *v.*
amidonne, *v.*
anémone
annone
ânonne, *v.*
Antigone, *n.*

aphone
approvisionne, *v.*
arçonne, *v.*
argémone
assaisonne, *v.*
Ausone, *n.*
autochtone
automne
Babylone, *g.*
badigeonne, *v.*
bâillonne, *v.*
Barcelonne, *g.*
baronne
bâtonne, *v.*
belladone
belle et bonne
bichonne, *v.*
billonne, *v.*
blasonne, *v.*
bondonne, *v.*
bonne
bouchonne, *v.*
bouffonne
bouffonne, *v.*
bougonne, *v.*
bouillonne, *v.*
boulonne, *v.*
bourdonne, *v.*
bourgeonne, *v.*
boutonne, *v.*
braconne, *v.*
bryone, *bot.*
Calonne (de), *n.*
canonne, *v.*
cantonne, *v.*
caparaçonne, *v.*
carbone
Carcassonne, *g.*
carillonne, *v.*
cartonne, *v.*
Castiglione, *g.* et *n.*
cautionne, *v.*
chansonne, *v.*
chaperonne, *v.*
chaponne, *v.*
charbonne, *v.*
chiffonne, *v.*
cicérone
citronne, *v.*
cloisonne, *v.*
cochonne, *adj. f.*
cochonne, *v.*
collationne, *v.*
colonne
conditionne, *v.*
confectionne, *v.*
consonne
coordonne, *v.*
cordonne, *v.*
cotonne, *v.*
couronne
couronne, *v.*
Crémone, *g.*
cretonne
Crotone, *g.*
déboutonne, *v.*
décagone
découronne, *v.*
déraisonne, *v.*
désabonne, *v.*
désarçonne, *v.*
désordonne, *v.*
détonne, *v.*
dicotylédone
disproportionne
dodécagone
donne
donne, *v.*
dragonne
ébourgeonne, *v,*
échantillonne, *v.*
échardonne, *v.*
écouvillonne, *v.*
écussonne, *v.*
empoisonne, *v.*
empoissonne, *v.*
emprisonne, *v.*
émulsionne, *v.*
encapuchonne, *v.*
enchaperonne, *v.*
enjuponne, *v.*
ennéagone
entonne, *v.*
entonne, *v.*
entre-colonne
environne, *v.*
éperonne, *v.*
époumone, *v.*
espionne
espionne, *v.*
Essonne, *g.*
étalonne, *v.*
étançonne, *v.*
étonne, *v.*
étrésillonne, *v.*
façonne, *v.*
festonne, *v.*
foisonne, *v.*
fourgonne, *v.*
fredonne, *v.*
friponne
friponne, *v.*
frissonne, *v.*
gabionne, *v.*
galonne, *v.*
garçonne
Garonne, *g.*
Gasconne
gasconne, *v.*
gazonne, *v.*
godronne, *v.*
Gorgone, *myth.*
goudronne, *v.*
goujonne, *v.*
grisonne, *v.*
harponne, *v.*
hendécagone
heptagone
Hermione, *myth.*
Hésione, *myth.*
hexagone
houblonne, *v.*
impressionne, *v.*
isochrone
isogone
jargonne, *v.*
Lacédémone, *g.*
Latone, *myht.*
lionne
Lisbonne, *g.*
mâchonne
maçonne, *v.*
madone
maquignonne, *v.*
marmonne, *v.*
matrone
mentionne, *v.*
microphone
mignonne
mitonne, *v.*
mixtionne, *v.*
moissonne, *v.*
monotone
moutonne, *v.*
none
nonne
occasionne, *v.*
octogone
œilletonne, *v.*
Olonne, *g.*
ordonne, *v.*
papillonne, *v.*
pardonne, *v.*
passionne, *v.*
patronne
patronne, *v.*
pelotonne, *v.*
pensionne, *v.*
pentédécagone
perfectionne, *v.*
Péronne, *g.*
personne
pétitionne, *v.*
Pétrone, *n.*
piétonne, *v.*
pigeonne, *v.*
pilonne, *v.*
pionne, *pop.*
plafonne, *v.*
plastronne, *v.*

polissonne
polissonne, *v.*
polygone
Pomone, *myth.*
pomponne, *v.*
pouponne, *v.*
proportionne, *v.*
questionne, *v.*
raisonne, *v.*
rançonne, *v.*
Ratisbonne, *g.*
réabonne, *v.*
reboutonne, *v.*
redonne, *v.*
refaçonne, *v.*
réordonne, *v.*
résonne, *v.*
révolutionne, *v.*
rognonne, *v.*
sablonne, *v.*
sanctionne, *v.*
Savone, *g.*
savonne, *v.*
sermonne, *v.*
sillonne, *v.*
sonne, *v.*
Sorbonne
soupçonne, *v.*
subordonne, *v.*
Suétone, *n.*
synchrone
tamponne, *v.*
Tarragone, *g.*
tatillonne, *v.*
tâtonne, *v.*
tâtonne, *v.*
téléphone
testonne, *v.*
tétragone
tisonne, *v.*
tonne
tonne, *v.*
tourbillonne, *v.*
toute bonne
trigone
tronçonne, *v.*
Vérone, *g.*
Yonne, *g.*

ONE long et **AUNE**

Ancône, *g.*
archi-trône
aumône
aune
Beaune, *g.*
béjaune
cône
détrône, *v.*
faune
jaune
prône
Rhône, *g.*
Saône, *g.*
trône
zone

ONFLE

dégonfle, *v.*
gonfle, *v.*
regonfle, *v.*
ronfle, *v.*

ONG, voir **OND**

ONGE

allonge
allonge, *v.*
axonge
éponge
éponge, *v.*
forlonge, *v.*
longe
longe, *v.*
mensonge
Monge, *n.*
oronge
plonge, *v.*
prolonge
prolonge, *v.*
rallonge, *v.*
replonge, *v.*
ronge, *v.*
Saintonge, *g.*
songe
songe, *v.*

ONGLE

ongle
jongle, *v.*
strongle

ONGRE

congre
hongre

ONGRES

congres, *s. pl.*
hongres, *adj. pl.*
Tongres, *g.*

ONGUE

diphthongue
triphthongue
longue
barlongue
oblongue

ONNE, voir **ONE** bref

ONQUE

conque
jonque
oncque
quelconque
quiconque
tronque, *v.*

ONS prononcé **ON**, voir **ONDS**

ONS prononcé **ONCE**

Mons, *g.*

ONSE, voir **ONCE**

ONSTRE

monstre

ONT, voir OND

ONTE, OMPTE, OMTE et UNTE

affronte, *v*.
archonte
compte, *s*. et *v*.
comte
confronte, *v*.
conte, *s*. et *v*.
décompte, *s*. et *v*.
démonte, *v*.
dompte, *v*.
escompte, *s*. et *v*.
fonte
Géronte, *n*.
honte
junte
mécompte, *s*. et *v*.
monte, *s*. et *v*.
ponte
prompte
raconte, *v*.
recompte, *v*.
refonte
remonte
remonte, *v*.
Sagonte, *g*.
surmonte, *v*.
vicomte

ONTRE

basse-contre
ci-contre
contre
démontre, *v*.
encontre
haute-contre
montre
montre, *v*.
remontre, *v*.
rencontre, *s*. et *v*.

ONTS, voir ONDS

ONZE

bonze
bronze
bronze, *v*.
onze

OON

Laocoon, *ant*. Voir les mots en *on* pur, c'est-à-dire en *aon, éon, ion* dissyll., *uon* et *yon*, qui riment bien avec ceux-ci.

OP prononcé OPE

bishop (vin chaud)

OP prononcé O

galop
sirop
trop, *adv*.

Ces mots peuvent rimer avec ceux en ot prononcés *ô*. *Voir* OT.

OPE et OPPE bref

antilope
Antiope, *myth*.
apocope
Calliope, *myth*.
choppe
cyclope
développe, *v*.
échoppe
écope
enveloppe
enveloppe, *v*.
Ésope, ant.
Europe, *g*. et *myth*.
galope, *v*.
héliotrope
horoscope
interlope
kaléidoscope
lycanthrope
Mérope, *myth*.
métope
microscope
misanthrope
myope
nope, *v*.
nyctalope
ope
Pénélope, *n*.
philanthrope
pope
Procope, *n*.
stéréoscope
syncope
télescope
thermoscope
tope, *v*.
trope
varlope

OPE long, voir AUPE

OPHE, voir OFE

OPLE

Andrinople, *g*.
Constantinople, *g*.
sinople

OPRE

propre
amour-propre
impropre
malpropre

OPTE

adopte, *v*.
coopte, *v*.
copte, *g*.
opte, *v*.

OQ, voir OC

OQUE et OCQUE

baroque
bicoque
bloque, *v.*
breloque
choque, *v.*
colloque
coque
croque, *v.*
débloque, *v.*
défroque
défroque, *v.*
disloque, *v.*
époque
équivoque
escroque, *v.*
évoque, *v.*
invoque, *v.*
interloque, *v.*
loque
moque (se), *v.*
Orénoque, *g.*
pendeloque
phoque
provoque, *v.*
réciproque
révoque, *v.*
soliloque
suffoque, *v.*
toque
troque, *v.*
univoque
ventriloque

OR et AUR

Agénor, *n.*
Aliénor, *n.*
alligator
athanor
Belphégor, *n.*
butor
castor
Castor, *n.*
Chandernagor, *g.*
confiteor
cor
corridor
décor
encor
essor
état-major
fluor
for
fructidor
Hector, *myth.*
Labrador, *g.*
Léonor, *n.*
Luxor, *g.*
major
matador
Médor, *n.*
Melchior, *n.*
Mentor, *n.*
messidor
Nabuchodonosor, *n.*
Nestor, *n.*
or
or (métal)
quatuor
Saint-Maur, *g.*
Salvator, *n.*
sextuor
Stator (Jupiter)
Stentor, *myth.*
Tabor, g.
ténor
Thabor, g.
thermidor
trésor
Victor, *n.*
Windsor, *g.*

Ces mots riment avec ceux en *ord* et *ort*, surtout quand la lettre d'appui est la même, et avec *s* au pluriel.

ORBE

absorbe, *v.*
euphorbe, *bot.*
orbe
Orbe, *g.*
résorbe, *v.*
sorbe, *bot.*
théorbe

ORC et ORK

New York, *g.*
porc

ORCE et ORSE

amorce
amorce, *v.*
Corse, *g.*
détorse
divorce
divorce, *v.*
écorce
écorce, *v.*
efforce, *v.*
entorse
force
force, *v.*
morse
renforce, *v.*
retorse
torse

ORCHE

écorche, *v.*
porche
torche, *v.*
torche.

ORD et ORT prononcé or

abord
accord
accort
apport
bâbord
bas-bord
bitord
bord
Chambord, *g.*
coffre-fort
confort
consort
contre-fort
contre-sabord
d'abord
débord
déconfort
démord, *v.*
déport
désaccord
détord, *v.*
dort, *v.*
effort
endort, *v.*
fort
Francfort, *g.*
gord
lord
milord
Montfort, *n.*

mord, *v.*
mort
nasitort, *bot.*
nord
passeport
Périgord, *g.*
pied-fort
port
raifort
rapport
rebord
réconfort
remord, *v.*
rendort, *v.*
renfort
ressort
ressort, *v.*
retord, *v.*
Rochefort, *g.*
sabord
sort
sort, *v.*
support
tord, *v.*
tort
transport
tribord
vibord

ORDE

aborde, *v.*
accorde, *v.*
borde, *v.*
concorde
corde
déborde, *v.*
décorde, *v.*
démorde, *v.*
désaccorde, *v.*
détorde, *v.*
discorde
exorde
horde
miséricorde
monocorde
morde, *v.*
pentacorde
raccorde, *v.*
reborde, *v.*
recorde, *v.*
remorde, *v.*
retorde, *v.*
tétracorde
torde, *v.*

ORDRE

contre-ordre
démordre, *v.*
désordre
détordre, *v.*
mordre, *v.*
ordre
remordre, *v.*
retordre, *v.*
sous-ordre
tordre, *v.*

ORE, ORRE et AURE

abhorre, *v.*
adore, *v.*
améliore, *v.*
amphore
anaphore
arbore
aurore
Baltimore, *g.*
bicolore
bore
Bosphore, *g.*
bucentaure
canéphore
carnivore
centaure
chlore
clore, *v.*
colore, *v.*
corrobore, *v.*
déclore, *v.*
décolore, *v.*
décore, *v.*
dédore, *v.*
déflore, *v.*
déplore, *v.*
désarbore, *v.*
déshonore, *v.*
désincorpore, *v.*
dévore, *v.*
Diodore, *n.*
dore, *v.*
éclore, *v.*
écore
édulcore, *v.*
élabore, *v.*
Éléonore, *n.*
ellébore
enclore, *v.*
encore
éphore
Epidaure, *g.*
essore, *v.*
évapore, *v.*
expectore, *v.*
explore, *v.*
flore
fore, *v.*
frugivore
galactophore
Gomorrhe, *g.*
Héliodore, *n.*
herbivore
honore, *v.*
ignore, *v.*
implore, *v.*
incolore
incorpore, *v.*
inodore
insectivore
insonore
instaure, *v.*
Isaure, *n.*
Isidore, *n.*
Laure, *n,*
Léonore, *n.*
madrépore
mandore
mandragore
manticore
massore
matamore
métaphore
météore
minotaure
mirliflore
more
multicolore
multiflore
Nicéphore, *n.*
omnivore
Pandore, *n.*
pécore
perfore, *v.*
pérore, *v.*
phosphore
picore, *v.*
pléthore
pore
pylore
pyrophore
Pythagore, *n.*
redore, *v.*
remémore, *v.*
restaure, *v.*
saure
sonore
sore, *v.*
store
subodore, *v.*
surdore, *v.*

sycomore
taure
Théodore, *n.*
tore
tricolore
unicolore
uniflore
zoophore

ORGE

coupe-gorge
dégorge, *v.*
égorge, *v.*
forge
gorge
grain-d'orge
orge
reforge, *v.*
regorge, *v.*
rengorge, *v.*
rouge-gorge

ORGES

Georges, *n.*
Forges, *g.*

Plus le pluriel des noms et la 2e personne des verbes de la liste qui précède.

ORGNE

borgne
éborgne, *v.*
lorgne, *v.*

ORGUE

morgue, *v.*
orgue, *s. m.*

ORGUES

Lorgues, *g.*
orgues, *s. f. pl.*

ORLE

orle

ORME

aériforme
conforme
conforme (se), *v.*
corme
déforme, *v.*
difforme
difforme, *v.*
dorme, *v.*
endorme, *v.*
énorme
falciforme
filiforme
forme
forme, *v.*
fusiforme
informe
informe, *v.*
multiforme
myrtiforme
orme
pisiforme
plate-forme
réforme
reforme, *v.*
réforme, *v.*
rendorme, *v.*
transforme, *v.*
uniforme
vermiforme

ORNE

aborne, *v.*
bigorne
bigorne, *v.*
borne
capricorne
corne
cromorne
dagorne
décorne, *v.*
écorne
écorne, *v.*
encorne, *v.*
flagorne, *v.*
licorne
litorne
maritorne
morne
orne
Orne, *g.*
salicorne
suborne, *v.*
tricorne

ORPHE

amorphe

ORQUE

extorque, *v.*
Majorque, *g.*
Minorque, *g.*
orque
remorque, *s* et *v.*
rétorque, *v.*

ORRE, voir ORE

ORS et ORPS

alors
arrière-corps
avant-corps
Cahors, *g.*
corps
dehors
détors
détors, *v.*
dors, *v.*
endors, *v.*
Gisors, *g.*
haut-le-corps
hors
justaucorps
lors
mors
mors, *v.*
recors
rendors, *v.*
ressors, *v.*
retors
retors, *v.*
sors, *v.*
tors, *adj.*
tors, *v.*

Plus le pluriel des noms en *ord* et en *ort.*

ORSE, voir **ORCE**

ORT, voir **ORD**

ORTE

accorte
aorte
apporte, *v.*
avorte, *v.*
bistorte
cloporte
cohorte
colporte, *v.*
comporte, *v.*
conforte, *v.*
déporte, *v.*
eau-forte
emporte, *v.*
escorte
escorte, *v.*
exhorte, *v.*
exporte, *v.*
feuille-morte
forte
importe, *v.*
main-forte
mainmorte
morte
porte
porte, *v.*
rapporte, *v.*
réconforte, *v.*
remporte, *v.*
reporte, *v.*
ressorte, *v.*
sorte
supporte, *v.*
transporte, *v.*

ORTS, voir **ORS**

ORVE

morve
torve

ORZE

quatorze
quatre-vingt-quatorze
soixante-quatorze

OS prononcé **O**, voir **AUX**

OS prononcé **OCE**

Abydos, *g.*
albinos
amnios
anagros
Arcos, *g.*
Argos, *myth.*
Athos, *g.*
azygos
Biblos, *g.*
Burgos, *g.*
Carlos, *n.*
Colchos, *g.*
Cos, *g.*
Délos, *g.*
Hélios, *myth.*
Lemnos, *g*
Lesbos, *g.*
Marcos, *n.*
mérinos
Minos, *ant.*
Naxos, *g.*
opisthotonos
Palos, *g.*
Paros, *g.*
pathos
rhinocéros
Samos, *g.*
tétanos

OSE, **OZE** et **AUSE**

alose
amaurose
anamorphose
anastomose
anastomose, *v.*
ankylose
anthracose
apodose
aponévrose
apothéose
appose, *v.*
arrose, *v.*
cause
chlorose
chose
clause
close
couperose
cyphose
décompose
dépose, *v.*
diarthrose
dispose, *v.*
dose
ecchymose
éclose
emphytéose
entrepose, *v.*
exostose
expose, *v.*
Formose, *g.*
glose
grandiose
hématose
impose, *v.*
indispose, *v.*
métamorphose
morose
nécrose
névrose
nivôse
oppose, *v.*
ose, *v.*
pause
pause, *v.*
pluviôse
pose
propose, *v.*
prose
recompose, *v.*
repose, *v.*
rose
suppose, *v.*
synarthrose
théodose
Tortose, *g.*
transpose, *v.*
ventôse
virtuose

OSME prononcé **OSME**

Cosme, *n.*
macrocosme
microcosme

OSME prononcé **OME**, voir **OME** long

OSNE, voir **ONE** long

OSQUE

kiosque	Osque, *g.*
Manosque, *g.*	

OSSE et **OCE** bref

atroce	écosse, *v.*
bosse	embosse, *v.*
brosse	féroce
buglosse	hypoglosse
cabosse	molosse
Cappadoce, *g.*	négoce
Carabosse (fée)	noce
carrosse	ophioglosse
colosse	Panglosse, *n.*
cosse	porte-crosse
crosse	précoce
cynoglosse	rosse
dosse	rosse, *v.*
drosse	sacerdoce
drosse, *v.*	Saragosse, *g.*
Écosse, *g.*	véloce

OSSE long, **AUSSE** et **AUCE**

adosse, *v.*	exhausse, *v.*
basse-fosse	fausse
Beauce, *g.*	fosse
chausse	gausse, *v.*
chausse	grosse
déchausse, *v.*	hausse
dégrosse, *v.*	hausse, *v.*
désosse, *v.*	rechausse, *v.*
endosse, *v.*	rehausse, *v.*
engrosse, *v.*	sauce
exauce, *v.*	

OST

Alost, *g.*	ost

OSTE et **AUSTE**

anagnoste	riposte
Arioste, *n.*	staroste
holocauste	accoste, *v.*
hypocauste	poste
imposte	aposte, *v.*
périoste	riposte, *v.*

OT, **OTH** prononcé **OTE**

algaroth, *chim.*	Sabaoth, *n.*
Loth, *n.*	

OT bref, **OTH**, **OP** prononcé **O**

abricot	ergot
angelot	escarbot
argot	escargot
bachot	étambot
ballot	fagot
bardot	falot
bellot, *adj.*	flot
berlingot	galipot
bibelot	galop
bigot	garrot
billot	gigot
blot	Goth, *g.*
brûlot	goulot
cachalot	grelot
cagot	haricot
cahot	hochepot
caillot	Hottentot, *g.*
Callot, *n.*	îlot
camelot	jabot
chabot	javelot
chariot	Jeannot, *n.*
chicot	Junot, *n.*
Clos-Vougeot, *n.*	Lancelot, *n.*
complot	larigot
coquelicot	lingot
cuissot	loriot
culot	lot
dalot, *mar.*	Lot, *g.*
dévot	machicot
Diderot, *n.*	magot
écot	maillot

manchot
Margot, *n.*
marmot
Marot, *n.*
massicot
matelot
mélilot
minot
mot
mulot
nabot
Ostrogoth
paquebot
pavot
pérot
persicot
picot
pied-bot
Pierrot, *n.*
pivot
pot
rabot
ragot
rot
sabot
sirop
sot
Soufflot, *n.*
tarot
tricot
tripot
trop
trot
turbot
Turgot, *n.*
vieillot
Wisigoth
Yvetot, *g.*

OT long

aussitôt
bientôt
clôt, *v.*
dépôt
prévôt
éclôt, *v.*
enclôt, *v.*
entrepôt
impôt
plutôt
rôt
suppôt
tantôt
tôt

Ces mots en *ot* long riment avec ceux en *aut* et *aud*, surtout quand la lettre d'appui et la même. *Voir* AUD.

OTE bref et OTTE

anecdote
annote, v.
antidote
antidote, *v.*
argote, *v.*
Aristote, *n.*
asticote, *v*
asymptote
azote
ballotte
barbote
barbote, *v.*
bergamote
botte
botte, *v.*
bouillotte
buvote, *v.*
cabote, v.
cahote
caillebotte
calotte
camelote
camelote
capote
carotte
charlotte
Charlotte, *n.*
chènevotte
chevrote, *v.*
chicote, *v.*
chipote, *v.*
chuchote, *v.*
clapote, *v.*
clignote, *v.*
compatriote
complote, *v.*
compote
cote
cote, *v.*
cotte
crachote, *v.*
crotte
crotte, *v.*
culotte
décrotte, *v.*
dégote, *v.*
démaillote, *v.*
dénote, *v.*
dépote, *v.*
dorlote, *v.*
dote, *v.*
échalote
emmaillote, *v.*
emphytéote
empote, *v.*
épiglotte
ergote, *v.*
escamote, *v.*
fagote, *v.*
flotte
flotte, *v.*
frotte, *v.*
galiote
gargote
garrotte, *v.*
gavotte
gélinotte
gibelotte
gigote, *v.*
glotte
goulotte
grignote, *v.*
griotte
grotte
Hérodote, *n.*
hotte (la)
huguenote
hulotte
idiote
Ilote, *g.*
jabote, *v.*
linotte
lotte
manchote
marcotte
marmotte
marotte
matelote
menotte
mignote, *v.*
motte
note
note, *v.*
numérote, *v.*
papillote
papillote, *v.*
patriote
pelote
pelote, *v.*
picote, *v.*
pilote
pilote, *v.*
pivote, *v.*
polyglotte
prote
quenotte
rabote, *v.*
radote, *v.*
ragote, adj.
ragote, *v.*
ravigote
ravigote, *v.*
rebotte, *v.*
redingote

remmaillote, *v.*	tire-botte
ribote	tremblote, *v.*
rote	tricote, *v.*
sanglote, *v.*	tripote, *v.*
sans-culotte	trotte
sirote, *v.*	trotte, *v.*
sotte	vieillotte
suçote, *v.*	vivote, *v.*
tapote, *v.*	vote

OTE long et **AUTE**

aéronaute	maltôte
argonaute	naute
côte	ôte, *v.*
entre-côte	Pentecôte
faute	Plaute, *n.*
garde-côte	ressaute, *v.*
haute	saute, *v.*
hôte	

OTRE bref

notre	votre

OTRE long et **AUTRE**

apôtre	patenôtre
autre	vôtre
Le Nôtre, *n.*	vautre, *v.*
nôtre	

OU, **OUL** et **OUP**

acajou	chou
amadou	clou
Anjou, *g.*	contre-coup
bambou	Corfou, *g.*
beaucoup	coucou
bijou	coup
bouche-trou	écrou
brou	filou
cachou	flou
cagou	fou
caillou	frou-frou
cantaloup	gabelou
casse-cou	garou
genou	ou
glouglou	où
gnou	Papou
grigou	Pérou, *g.*
grippe-sou	Poitou, *g.*
guilledou	pou
hibou	Rotrou, *n.*
Indou, *g.*	roucou
joujou	sagou
licou	sajou
Liou-Kiou, *g.*	sapajou
loup	sou
loup-garou	tabou
mandchou	tatou
matou	tire-clou
Maupeou, *n.*	Tombouctou, *g.*
mérou, *zool.*	toutou
Mérou (mont), *g.*	trou
Montesquiou, *n.*	verrou
Moscou, *g.*	Vichnou, *myth.*
mou	yacou

OUA

Cette rime est formée par la 3e personne singulier du passé simple des verbes en *ouer : il loua.*

OUAI

Cette rime est formée par la 1re personne singulier du passé simple des verbes en *ouer : je jouai.*

OUAIS

ouais !
Plus les 1re et 2e personnes sing. de l'imparfait de l'indicatif des verbes en *ouer* et le pluriel des mots en *ouet* et *uet.*

OUAIT, voir **ET**

OUAS

Cette rime est formée par la 2e personne sing. du passé simple des verbes en *ouer.*

OUANT

Cette rime est formée par le participe présent des verbes en *ouer*.

OUB

radoub

OUBE

adoube, *v*.
caroube
radoube, *v*.

OUBLE

dédouble, *v*.
double
gras-double
redouble, *v*.
rouble
trouble

OUC, OUK

bouc
barbe-de-bouc
caoutchouc
Kalmouk, *g*.
Mamelouk, *g*.

OUCE, voir OUSSE

OUCHE

abouche, *v*.
accouche, *v*.
babouche
bouche
cartouche
Cartouche, *n*.
couche
débouche, *v*.
découche, *v*.
douche
douche, *v*.
effarouche, *v*.
embouche, *v*.
émouche, *v*.
escarmouche
farouche
louche
mouche
nitouche (sainte)
oiseau-mouche
piédouche
rebouche, *v*.
recouche, *v*.
retouche
Scaramouche, *n*.
souche
touche

OUCLE

boucle
déboucle, *v*.
escarboucle.

OUD, voir OUT

OUDE

accoude, *v*.
boude, *v*.
coude
coude, *v*.
dessoude, *v*.
ressoude, *v*.
soude
soude, *v*.

OUDRE

absoudre, *v*.
coudre
coudre, *v*
découdre, *v*.
dépoudre, *v*.
dissoudre, *v*.
émoudre, *v*.
foudre, *m*. et *f*.
moudre, *v*.
poudre
recoudre, *v*.
remoudre, *v*.
résoudre, *v*.
saupoudre, *v*.

OUE

alloue, *v*.
amadoue, *v*.
avoue, *v*.
bafoue
bajoue
boue
Bourdaloue, *n*.
bouteroue
Capoue, *g*.
cloue, *v*.
Cordoue, *g*.
déchoue, *v*.
décloue, *v*.
déjoue, *v*.
dénoue, *v*.
désavoue, *v*.
dévoue, *v*.
ébroue, *v*.
échoue, *v*.
écroue, *v*.
encloue, *v*.
enroue, *v*.
fagoue
floue
gadoue
houe
joue
joue, *v*.
loue, *v*.
Mantoue, *g*.
moue
noue
noue, *v*.
Padoue, *g*.
proue
rabroue, *v*.
recloue, *v*.
rejoue, *v*.
reloue, *v*.
renfloue, *v*.
renoue, *v*.
roue
roue, *v*.
secoue, *v*.
sous-loue, *v*.
tatoue, *v*.
toue
toue, *v*.
troue, *v*.
voue, *v*.

OUÉ dissyllabe

avoué, *subst.*
Plus le participes passé masculin sing. des verbes eu *ouer*.

OUÉE trisyllabe

bouée	renouée
nouée	trouée

Plus le féminin des participes passés des verbes en *ouer*.

OUER dissyllabe

amadouer, *v.*	enrouer, *v.*
avouer, *v.*	flouer, *v.*
bafouer, *v.*	jouer, *v.*
clouer, *v.*	louer, *v.*
déclouer, *v.*	nouer, *v.*
déjouer, *v.*	rabrouer, *v.*
dénouer, *v.*	reclouer, *v.*
désavouer, *v.*	rejouer, *v.*
désenclouer, *v.*	relouer, *v.*
désenrouer, *v.*	renflouer, *v.*
dévouer, *v.*	rouer, *v.*
douer, *v.*	secouer, *v.*
ébrouer, *v.*	sous-louer, *v.*
échouer, *v.*	tatouer, *v.*
écrouer, *v.*	trouer, *v.*
enclouer, *v.*	vouer, *v.*

OUET dissyllabe, voir **ET**

OUET monosyllabe

fouet	rouet
gouet	

OUEUX, voir **EUX**

OUF

ouf !	pouf

OUFFE

bouffe	pouffe, *v.*
étouffe, *v.*	touffe

OUFLE et **OUFFLE**

boursoufle, *v.*	moufle
emmitoufle, *v.*	pantoufle
essouffle, *v.*	souffle
maroufle	

OUFRE et **OUFFRE**

engouffre, *v.*	souffre, *v.*
ensoufre, *v.*	soufre
gouffre	

OUG

joug

OUGE

bouge	gouge
carouge	Montrouge, *g.*
fouge, *v.*	rouge

OUGRE

lougre

OUGUE

fougue

OUI dissyllabe

ébloui	foui
écroui	joui
enfoui	oui, *adv.*
épanoui	réjoui
évanoui	roui

OUIE trisyllabe

ouïe
Plus le féminin des participes en *oui*.

OUIL

fenouil

OUILLA, OUILLANT, OUILLAR, voir LLA, LLANT, LLARD

OUILLE

agenouille, *v.*	gargouille
andouille	gargouille, *v.*
barbouille, *v.*	gazouille, *v.*
bouille, *subj.*	grenouille
bredouille	grenouille, *v.*
bredouille, *v.*	gribouille
brouille	gribouille, *v.*
charbouille, *v.*	grouille, *v.*
chatouille, *v.*	houille
citrouille	mouille, *v*
cornouille	niquedouille
débarbouille, *v.*	nouille
débrouille, *v.*	patouille, *v.*
dépouille	patrouille
dérouille, *v.*	patrouille, *v.*
déverrouille, *v.*	quenouille
douille	refouille, *v.*
écrabouille, *v.*	remouille, *v.*
embrouille, *v.*	rouille
enrouille, *v.*	rouille, *v.*
épouille, *v.*	souille
farfouille, *v.*	verrouille, *v.*
fouille	

OUILLÉ, OUILLÉE, OUILLER, OUILLEUR, OUILLEUX, OUILLI, OUILLIE, OUILLIR, OUILLON, voir LLÉ, LLÉE, LLER, LLEUR, LLEUX, LLI, LLIE, LLIR, LLON

OUIN, voir OIN

OUINE dissyllabe

baragouine, *v*	gouine
chafouine	fouine

OUIR dissyllabe

éblouir, *v.*	fouir, *v.*
écrouir, *v.*	jouir, *v.*
enfouir, *v.*	ouïr, *v.*
épanouir, *v.*	réjouir, *v.*
évanouir, *v.*	rouir, *v.*

OUIS

cambouis	Louis, *n.*

Plus le pluriel des participes passés des verbes en *ouir : ouis, inouis*, etc.

OUIT dissyllabe, voir IT

OUL

capitoul	Toul, *g.*
Frioul, *g.*	Vesoul, *g.*
Raoul, *n.*	

OULE

ampoule	enroule, *v.*
boule	foule
ciboule	houle
contre-moule	moule
coule, *v.*	moule, *v.*
croule, *v.*	poule
déboule, *v.*	recoule, *v.*
découle, *v.*	refoule, *v.*
déroule, *v.*	roucoule, *v.*
dessoûle, *v.*	roule
éboule, *v.*	saoule ou soûle
écoule, *v.*	semoule
écroule, *v.*	

OULPE

coulpe	poulpe

OULQUE

foulque
houlque

OULT

moult, *adv. m.*
Soult, *n.*

OULTE

soulte

OUP prononcé OU

beaucoup
cantaloup
contre-coup
coup
loup

Ces mots riment avec ceux en *ou*, surtout quand la consonne d'appui est la même.

OUP prononcé OUPE

croup
houp !

OUPE et OUPPE

attroupe, *v.*
chaloupe
coupe
croupe
découpe, *v.*
entre-coupe, *v.*
étoupe
groupe
Guadeloupe, *g.*
houppe
loupe
poupe
recoupe
soucoupe
soupe
troupe

OUPLE

accouple, *v.*
couple
désaccouple, *v.*
découple, *v.*

OUPS

coups
loups

voir les rimes en *ous* et *oux.*

OUQUE

débouque, *v.*
embouque, *v.*
felouque

OUR et OURG prononcé OUR

abat-jour
Adour, *g.*
alentour
amour
Amour, *g.*
arrière-cour
Augsbourg, *g.*
autour, *adv.*
autour, s.
avant-cour
avant-jour
basse-cour
belle-de-jour
bonjour
bourg
Brandebourg, *g.*
calembour
carrefour
chaufour
Cherbourg, *g.*
contour
cour
détour
Edimbourg, *g.*
entour
faubourg
four
Fribourg, *g.*
Gour, *g.*
Hambourg, *g.*
haute-cour
humour
jour
labour
Luxembourg, *g.*
Pétersbourg, *g.*
Phalsbourg, *g.*
Pompadour, *n.*
pour
pourtour
Presbourg, *g.*
retour
Saint-Flour, *g.*
Saltzbourg, *g.*
séjour
Strasbourg, *g.*
tambour
Timour, *n.*
topinambour
tour, *s, m.*
tour, *s. f.*
troubadour
vautour
Ventadour, *n.*

Les mots en *ourd* et en *ourt* peuvent rimer avec ceux-ci, quand la lettre d'appui est la même, et au pluriel.

OURBE

bourbe
courbe
désembourbe, v.
fourbe
Lecourbe, *n.*
recourbe, *v.*
tourbe

OURCE et OURSE

course
débourse, *v.*
ourse
rembourse, *v.*
ressource
source

OURCHE

affourche, *v.*
fourche
enfourche, *v.*

OURD et OURT

accourt, *v.*
Azincourt, *g.*
balourd
concourt, *v.*
court
court (il), *v.*
discourt, *v.*
encourt, *v.*
lourd
parcourt, *v.*
recourt, *v.*
secourt, *v.*
sourd

OURDE

balourde
bourde
falourde
gourde
lambourde
lourde
sourde

OURDRE

sourdre

OURE et OURRE

accoure, *v.*
bourre
bravoure
coure, *v.*
courre
débourre, *v.*
discoure, *v.*
ébourre, *v.*
embourre. *v.*
encoure, *v.*
entoure, *v.*
fourre, *v.*
goure
macroure
parcoure, *v.*
recoure, *v.*
rembourre, *v.*
savoure, *v.*
secoure, *v.*
tire-bourre

OURG, voir OUR

OURGE

courge

OURGES

Bourges, *g.*
courges, *plur.*

OURME

gourme
chiourme

OURNE

ajourne, *v.*
atourne, *v.*
chantourne, *n.*
contourne, *v.*
défourne, *v.*
détourne, *v.*
enfourne, *v.*
Libourne, *g.*
réajourne, *v.*
retourne, *v.*
séjourne, *v.*
tourne

OURPRE

pourpre
empourpre, *v.*

OURS

accours, *v.*
concours
concours, *v.*
cours
décours
discours
discours, *v.*
encours, *v.*
Nemours, *g.*
parcours
parcours, *v.*
passe-velours
rebours
recours
secours
toujours
Tours, *g.*
velours

Ajoutez le pluriel des noms en *our, ourg* et *ourt.*

OURSE, voir OURCE

OURT, voir OURD

OURTE

courte
écourte, *v.*
tourte

OULS, OUS et OUX

absous
aigre-doux
Châteauroux, *g.*
choux, *plur.*
clous, *plur.*
courroux
cous
dessous
dissous
Doubs, *g.*

doux
époux
fous
gabelous
genoux
houx
jaloux
nous
portechoux
pouls
poux
remous
rendez-vous
résous
roux
saindoux
sous
tous
toux
Trévoux, *g.*
vous

Ajoutez le pluriel des mots terminés par *oup, oud* et *out*, et quelques formes des verbes en *oudre*.

OUSCHE, voir OUCHE

OUSE et OUZE

arbouse
blouse
blouse, *v.*
bouse
couse, *v.*
découse, *v.*
douze
épouse
jalouse
jalouse, *v.*
Mulhouse, *g.*
Naplouse, *g.*
pelouse
Pérouse, *g.*
recouse, *v.*
talmouse
Toulouse, *g.*
ventouse

OUSSE et OUCE

courrouce, *v.*
détrousse, *v.*
douce
éclabousse, *v.*
émousse, *v.*
gargousse
glousse, *v.*
gousse
housse
housse, *v.*
mousse
pamplemousse
pouce
pousse
pousse, *v.*
rebrousse, *v.*
repousse
repousse, *v.*
rescousse
retrousse, *v.*
rousse
secousse
surpousse
taille-douce
tousse, *v.*
trémousse, *v.*
trousse
trousse

OUST, voir OUT

OUSTE

langouste
mangouste

OUT

about
août
arrière-goût
atout
avant-goût
bout
coût
debout
dégoût
égout
goût
knout
marabout
moût
partout
passe-partout
ragoût
surtout
tout
va-tout

Plus la 3e personne du sing. du présent de l'indicatif des verbes en *oudre*.

OUTE

absoute
ajoute, *v.*
arc-boute, *v.*
banqueroute
boute, *v.*
broute, *v.*
coûte, *v.*
croûte
déboute, *v.*
dégoûte, *v.*
dégoutte, *v.*
déroute
déroute, *v.*
dissoute
doute
doute, *v.*
doute, *v.*
écoute
écoute, *v.*
écroûte, *v.*
encroûte, *v.*
filoute, *v.*
goûte, *v.*
goutte
goutte, *v.*
joute
ragoûte, *v.*
rajoute, *v.*
redoute
redoute, *v.*
route
soute
surajoute, *v.*
toute
veloute, *v.*
voûte
voûte, *v.*

OUTRE

accoutre, *v.*
coutre
loutre
outre
poutre
raccoutre, *v.*

OUVE

approuve, *v.*
couve, *v.*
désapprouve, *v.*
douve
éprouve, *v.*
louve
prouve, *v.*
réprouve, *v.*
retrouve, *v.*
trouve, *v.*

OUVRE

couvre, *v.*
découvre, *v.*
entrouvre, *v.*
louvre
ouvre, *v.*
recouvre, *v.*
rouvre

OUVRES

Douvres, *g.*
Louvres, *g.*

Ajoutez le pluriel des noms et la 2e personne singulier des verbes de la liste qui précède.

OUX, voir OUS

OUZE, voir OUSE

OVE, voir AUVE

OVRE, voir AUVRE

OX

inox

OXE

boxe
équinoxe
Eudoxe, *n.*
hétérodoxe
orthodoxe
paradoxe

OYA, OYÉ, OYER, OYON, voir IA, IÉ, IER, ION

OYE, voir OIE

OZE, voir OSE

OW, voir OFF

P

PA

Agrippa, *n.*
ajoupa
kappa
mea-culpa
papa
Spa, *g.*

Plus la 3e personne sing. du passé simple des verbes en *per*.

PAI, PAIS, PAIT, voir AI, AIS et AIT

PAN, PANT, PEND et PENT

arpent
chenapan
clopin-clopant
dépend, *v.*
épand, *v.*
occupant
participant
pend, *v.*
pimpant
rampant
répand, *v.*
repent (il se), *v.*
serpent
suspend, *v.*

Plus le participe présent des verbes en *per*, et les mots en *pan*. *Voir* à AN.

PANTE ou PENTE, voir ANTE

PAT, voir AT

PÉ

canapé
coupé
échappé
éclopé
escarpé
groupé
happé
houppé
huppé
pépé

Plus le masculin sing. du participe passé des verbes en *per*.

PÉE

après-soupée
Cassiopée, *n.*
développée
échappée
écopée
épée
épopée
équipée
lampée
lippée
mélopée
napée, *myth.*
nappée
pharmacopée
pipée
Pompée, *n.*
porte-épée
poupée
priapée
prosopopée

Plus féminin des adj. et part. passés en *pé*.

PEL, voir EL

PEND et PENT, voir PANT

PER
verbes

achopper
agripper
anticiper
attraper
attremper
attrouper
camper
chopper
constiper
couper
crêper
crisper

décamper
décaper
découper
détremper
détromper
développer
disculper
dissiper
draper
échapper
écharper
échopper
égrapper
émanciper
enchaper
entre-frapper
entrecouper
équiper
estamper
étamper
étriper
exciper
extirper
frapper
friper
galoper
grimper
gripper
grouper
happer
harper
houpper
inculper
japper
jasper
lamper
laper
nipper
noper
occuper
palper
participer
piper
pomper
ramper
râper
rattraper
réchapper
recouper
refrapper
retaper
retremper
saper
souper, *v.* et *s.*
stéréotyper
surcouper
syncoper
taper
trapper
tremper
tromper
usurper

PET, PEUX, voir ET, EUX

PHA, PHANT, PHÉ, PHÉE PHER, PHI, PHIE, PHIR, PHON, voir FA, FANT, FÉ FÉE, FER, FI, FIE, FIR, FON

PI

accroupi
api
assoupi
champi
crépi
croupi
déguerpi
échampi
épi
glapi
Mississipi, *g.*
pipi
recrépi
thlaspi, *bot.*

PIE

amblyopie
charpie
chipie
copie, s. et *v.*
épie, *v.*
estropie, *v.*
Éthiopie, *g.*
expie, *v.*
harpie
harpie
héméralopie
impie
misanthropie
myopie
nyctalopie
Olympie, *g.*
pépie
philanthropie
pie
recopie, *v.*
roupie
satrapie
stéréotypie
tapie, *adj. f.*
toupie
utopie

PIER, PIEU, PIEUX, PIN, PION, PIR, PIRE, PIS, PIT, PLI, PLIE, PLIER, PLIR, voir IER, IEU, IEUX, IN, ION, IR, IRE, IS, IT, LI, LIE, IER, IR

PON et POND

capon
chapon
colin-tampon
correspond, *v.*
coupon
crampon
crépon
croupon
fripon
harpon
Japon, *g.*
jupon
Lapon
pompon
pond, *v.*
poupon
répond
tampon

PRER, voir RER

PU

corrompu
crépu
interrompu
lippu
pu (de pouvoir)
repu
rompu
trapu

Q

QUA prononcé KA, voir CA

QUAND, QUANT et CANT

attaquant	inconséquent
choquant	manquant
clinquant	marquant
communiquant	mordicant
confisquant	peccant
conséquent	piquant
convainquant	prédicant
croquant	quand
délinquant	quant
éloquent	radicant
estomaquant	suffoquant
fabricant	trafiquant
flanquant	vacant
fréquent	vainquant

Plus les autres participes des verbes en *quer*. *Voir* aussi can à AN.

QUAT, voir AT

QUÉ

abdiqué	efflanqué
alambiqué	musqué

Plus le participe passé masculin des verbes en *quer*.

QUÉE

abdiquée	compliquée
authentiquée	mosquée
béquée	requinquée

Plus le féminin du participe passé des verbes en *quer*.

QUENT, voir QUANT

QUER

verbes

abdiquer	bloquer
alambiquer	braquer
appliquer	brusquer
arquer	calquer
attaquer	caquer
authentiquer	chiquer
baraquer	choquer
bifurquer	chroniquer

claquer
colloquer
communiquer
compliquer
confisquer
contremarquer
convoquer
coqueriquer
craquer
critiquer
croquer
débanquer
débarquer
débloquer
débouquer
débusquer
décalquer
défalquer
déféquer
défroquer
démarquer
démasquer
démastiquer
dépiquer
désembarquer
détraquer
disloquer
disséquer
domestiquer
dupliquer
efflanquer
embarquer
embouquer
embraquer
embusquer
encaquer
entre-choquer
équivoquer
escroquer
estomaquer
évoquer
expliquer
extorquer
fabriquer
forniquer
hypothéquer
impliquer
inculquer
indiquer
interloquer
invoquer
manquer
marquer
masquer
mastiquer
moquer
musquer
offusquer
parquer
piquer
plaquer
politiquer
poquer
pratiquer
prévariquer
pronostiquer
provoquer
rappliquer
rebiquer
reconvoquer
reluquer
remarquer
rembarquer
remorquer
répliquer
requinquer
revendiquer
révoquer
risquer
roquer
rustiquer
suffoquer
taquer
tiquer
toquer
trafiquer
traquer
trinquer
tronquer
troquer
vaquer

QUET, QUEUX, voir ET, EUX

QUI *et* KI

Poniatowski, *n.* qui

QUIE

Turquie, *g.*

QUIER, QUIN, QUIS, QUIT, voir IER, IN, IS, IT

QU, QUO, voir CU, CO

R

RA

Agra, *g.*
Alcantara, *g.*
Bassora, *g.*
datura
et cætera, *lat.*
Jura, *g.*
Marmara (mer)
nec plus ultra
Niagara, *g.*
opéra
rémora
Sahara, *g.*
Sumatra, *g.*
Zara, *g.*

Plus la 3ᵉ personne singulier du passé simple des verbes en rer, et la 3ᵉ personne singulier du futur.

RAIE, RAIT, RAL, voir AIE, AIT, AL

RANT, REND et RENT

adhérent
altérant
apparent
apprend, *v.*
aspirant
attirant
belligérant
cohérent
colorant
comprend, *v.*
concurrent
conquérant
consacrant
considérant
conspirant
contre-courant
corroborant
courant
déchirant
déférent
déferrant
délibérant
demeurant
désapprend, *v.*
désespérant
déshonorant
dévorant
différend
différent
durant
émigrant
endurant
enivrant
enquérant
entrant
entreprend, *v.*
éprend (s'), *v.*
errant
expectorant
exubérant
ferrant
figurant
flagrant
fragrant
garant
gérant
grand
impétrant
incohérent
indifférent
intégrant
ignorand
inhérent
intempérant
intercurrent
intolérant
Laurent, *n.*
maréchal-ferrant
méprend, *v.*
mourant
nombrant
occurrent
odorant
odoriférant
offrant
ouvrant
parant
parent
pénétrant
perforant
persévérant
pleurant
prend, *v.*
préparant
prépondérant
rapprend, *v.*
récalcitrant
récurrent
réfrigérant
Rembrandt, *n.*
remontrant
rencontrant
rend, *v.*
rentrant
reprend, *v.*
requérant
respirant
restaurant

révérend
souffrant
soupirant
surprend, *v.*
tempérant
tolérant
tirant
torrent
transparent
vibrant

Plus le participe présent masculin singulier des verbes en *rer* et de quelques verbes en *rir*. *Voir ran* à AN.

RAT, voir AT

RÉ

acéré
aéré
affairé
ambré
André, *n.*
arriéré
assuré
avéré
azuré
beaupré
beurré
bigarré
cabré
cambré
camphré
carré
cendré
confédéré
conjuré
Coré, *myth.*
cuivré
curé
degré
délabré
délibéré
démesuré
dénaturé
désœuvré
déterré
diapré
dies iræ
doré
édulcoré
effaré
effondré
émigré
empourpré
enamouré
éploré
évaporé
fédéré
givré
gré
illettré
immodéré
inconsidéré
indélibéré
inespéré
infiltré
invertébré
invétéré
juré
lettré
libéré
liseré
madré
malgré
maniéré
marbré
membré
mesuré
miséréré
mitré
modéré
moiré
mordoré
narré
obéré
ouvré
paré
Paré (Ambroise), *n.*
pestiféré
poiré
pourpré
pré
prématuré
prieuré
raturé
ré
référé
réméré
réparé
sacré
serré
sidéré
soufré
sulfuré
taré
tempéré
tigré
timbré
timoré
titré
vertébré
vitré
Vitré, *g.*

Plus le participe passé masculin et la 1re personne du passé simple des verbes en *rer*.

REAU, voir EAU

RÉE et RRHÉE

aménorrhée
Astrée, *myth.*
Atrée, *myth.*
beurrée
Borée, *myth.*
bourrée
camphrée
cendrée
centaurée
Césarée, *g.*
chambrée
chasse-marée
chicorée
chorée
contre-marée
contrée
Corée, *g.*
courée
cuillerée
curée
denrée
diaprée
diarrhée
durée
dysménorrhée
échauffourée
empyrée
entrée
Erythrée, *g.*
éthérée
galimafrée
germandrée
Gorée, *g.*
leucorrhée
livrée
marée
mijaurée
Nérée, *myth.*
orée
otorrhée
panerée
Pétrée, *g.*
picorée
Pirée, *g.*

purée
rentrée
simagrée
soirée
sucrée
urée
ventrée
verrée

Ajoutez les féminin des adj. et des participes passés en ré. Plus la 1re et la 3e personne singulier du présent de l'indicatif et du subjonctif et la 2e personne de l'impératif des verbes en *réer: agrée.*

REL, voir **EL**

REND, RENT, voir **RANT**

RER

verbes

abhorrer
abjurer
accaparer
accélérer
accoutrer
acérer
adhérer
adjurer
administrer
admirer
adorer
adultérer
aérer
affleurer
agglomérer
airer
altérer
amarrer
ambrer
améliorer
amurer
ancrer
apurer
arbitrer
arborer
arriérer
aspirer
assurer
atterrer
attirer
augurer
aventurer
avérer
bâfrer
barrer
beurrer
bourrer
cadrer
calamistrer
calandrer
calfeutrer
calibrer
cambrer
capturer
carrer
célébrer
censurer
chamarrer
chambrer
chapitrer
châtrer
chavirer
chiffrer
cintrer
cirer
claquemurer
cloîtrer
coffrer
collaborer
colorer
comparer
concélébrer
concentrer
confédérer
conférer
configurer
conjecturer
conjurer
consacrer
considérer
conspirer
contrecarrer
coopérer
corroborer
cuivrer
curer
débarrer
déblatérer
débourrer
déchevêtrer
déchiffrer
déchirer
décintrer
déclarer
décolorer
décombrer
déconsidérer
décorer
dédorer
déférer
déferrer
défigurer
déflorer
dégénérer
délabrer
délibérer
délivrer
délustrer
démarrer
démembrer
demeurer
démontrer
démurer
dénaturer
dénigrer
dénombrer
déparer
dépêtrer
déplâtrer
déplorer
dépurer
désaltérer
désancrer
désemparer
désencombrer
désenivrer
désespérer
déshonorer
désincorporer
désirer
desserrer
déterrer
détirer
dévorer
différer
digérer
dilacérer
dorer
durer
ébourrer
échancrer
éclairer
écurer
édulcorer
effleurer
effondrer
égarer
éjarrer
élaborer
embarrer
embourrer
émigrer
emparer (s')
empêtrer
empirer
emplâtrer
empourprer
encadrer

encastrer
enchevêtrer
encoffrer
encombrer
endurer
enferrer
engendrer
engouffrer
enivrer
enregistrer
enserrer
ensoufrer
enterrer
entourer
entrer
énumérer
épamprer
épierrer
épurer
errer
espérer
essorer
étirer
évaporer (s')
éventrer
exagérer
exaspérer
exécrer
expectorer
expirer
explorer
exulcérer
facturer
ferrer
feutrer
figurer
filtrer
flairer
flatter
fleurer
folâtrer
fourrer
fracturer
frustrer

garer
gaufrer
gérer
glairer
goinfrer
guêtrer
hongrer
honorer
idolâtrer
ignorer
illustrer
immigrer
impétrer
implorer
inaugurer
incarcérer
incorporer
inférer
infiltrer
ingérer
insérer
inspirer
instaurer
intégrer
invétérer
itérer
jurer
labourer
lacérer
leurrer
libérer
lisérer
livrer
lustrer
macérer
mâchurer
manœuvrer
manufacturer
marbrer
marrer
massacrer
mesurer
mirer
modérer

moirer
montrer
murer
murmurer
narrer
navrer
nombrer
obérer
oblitérer
obtempérer
ombrer
opérer
opiniâtrer (s')
outrer
ouvrer
parer
pâturer
pénétrer
persévérer
picorer
plâtrer
pleurer
poivrer
poudrer
préférer
préparer
pressurer
procurer
proférer
prospérer
raccoutrer
rassurer
raturer
recouvrer
récupérer
récurer
redorer
réengendrer
référer
régénérer
registrer
réincorporer
réintégrer
réitérer

relustrer
rembarrer
remémorer
remesurer
remontrer
remparer (se)
rémunérer
rencontrer
rentrer
réparer
respirer
resserrer
restaurer
retirer
réverbérer
révérer
sabrer
sacrer
saturer
saupoudrer
saurer
savourer
séparer
séquestrer
serrer
soufrer
soupirer
soutirer
sucrer
suggérer
suppurer
tarer
tempérer
terrer
timbrer
tirer
titrer
tolérer
tonsurer
torturer
transférer
transfigurer
transpirer
triturer

ulcérer
vautrer
vénérer
vibrer
vinaigrer
virer
vitrer
vitupérer
vociférer
voiturer

RET, voir ET

RHÉE, voir RÉE

RI et RY

abri
aguerri
ahuri
aigri
amaigri
amoindri
amphigouri
appauvri
attendri
Berri, *g.*
bistouri
cabri
Cagliari, *g.*
canari
Cantorbéry, *g.*
carbonari
céleri
Chambéry, *g.*
charivari
chéri
colibri
condottieri
cri
décri
défleuri
démaigri
dépéri
effleuri
émeri
enchéri
endolori, *adj.*
équarri
favori
flétri
fleuri
Fleuri, *n.*
guéri
Henri, *n.*
hourvari
Ivry, *g.*
jury
maigri
mari
marri
meurtri
Montgomery, n. et g.
mûri
nourri
pari
péri
péri
pétri
pilori
Pondichéry, *g.*
pot-pourri
pourri
pourri, *adj.*
rabougri
refleuri
renchéri
Salisbury, *g.*
tari
Thierry, *n.*
tilbury
tory
Uri, *g.*

RIE

aciérie
aérométrie
afféterie
affinerie
agacerie
Alexandrie, *g.*
allégorie
ânerie
apparie, *v.*
approprie, *v.*
argenterie
arquebuserie
artillerie
Assyrie, *g.*
astérie
aumônerie
autourserie
avarie
badauderie
badinerie
bain-marie
barbarie
Barbarie, *g.*
batterie
bégueulerie
bergerie
bigoterie
bijouterie
bimbeloterie
bizarrerie
blanchisserie
bluterie
boiserie
boissellerie
bonneterie
borderie
boucherie
bouderie
bouffonnerie
boulangerie
bouquinerie
boutonnerie
bouverie
brasserie
braverie
Brie, *g.*
briqueterie
broderie
brouillerie
brûlerie
brusquerie
buanderie
Bulgarie, g.
cachotterie
cagoterie
cajolerie
calorimétrie
capitainerie
Carie, *g.*
carie, *v.*
catégorie
causerie
cavalerie
centurie
chamoiserie
chancellerie
chantrerie
charcuterie
charlatanerie
charpenterie
charrie, *v.*
chaudronnerie
chaufferie
chevalerie
chicanerie
chuchoterie
clabauderie
closerie
clouterie
coadjutorerie
cochonnerie
commanderie
conciergerie
confiserie
confrérie
contrarie, *v.*

contrebatterie
coquetterie
coquinerie
corderie
cordonnerie
coterie
coutellerie
criaillerie
crie, *v.*
cristallerie
curie
damasquinerie
daterie
décandrie
décrie, *v.*
décurie
démarie, *v.*
déparie, *v.*
désapparie, *v.*
désapproprie, *v*,
diablerie
distillerie
dominoterie
draperie
droguerie
drôlerie
duperie
dysenterie
dysurie
ébénisterie
écrie (s'), *v.*
écurie
effronterie
égérie
épicerie
escroquerie
espièglerie
étourderie
Étrurie, *g.*
excorie, *v.*
expatrie, *v.*
exproprie, *v.*
fâcherie
factorerie
faïencerie
faisanderie
fantasmagorie
fauconnerie
féerie
férie
ferronnerie
figuerie
filouterie
finasserie
flagornerie
flatterie
folâtrerie
fonderie
forfanterie
foulerie
fourberie
frairie
franc-maçonnerie
friperie
friponnerie
fromagerie
fruiterie
furie
galanterie
galerie
ganterie
gaucherie
gausserie
gendarmerie
géométrie
glacerie
gloutonnerie
goinfrerie
goniométrie
gredinerie
grivèlerie
gronderie
grosserie
gueuserie
hâblerie
herberie
historie, *v.*
hoirie
Hongrie, *g.*
horlogerie
hôtellerie
huisserie
hypocondrie
hystérie
Ibérie, *g.*
idolâtrie
Illyrie, *g.*
imprimerie
incurie
indigoterie
industrie
industrie
infanterie
infirmerie
injurie, *v.*
intempérie
inventorie, *v.*
Istrie, *g.*
ivrognerie
joaillerie
jonglerie
juiverie
ladrerie
lainerie
laiterie
latrie
léproserie
lésinerie
librairie
Ligurie, *g.*
lingerie
loterie
louveterie
lutherie
maçonnerie
mairie
Marie, *n.*
marie, *v.*
maroquinerie
marqueterie
matoiserie
maussaderie
mégisserie
ménagerie
menterie
menuiserie
mercerie
mesquinerie
messagerie
métairie
mièvrerie
minauderie
miroiterie
moinerie
momerie
moquerie
mousqueterie
mutinerie
Neustrie, *g.*
niaiserie
nigauderie
oisellerie
Ombrie, *g.*
orangerie
orfèvrerie
pairie
paneterie
papeterie
parie, *v.*
passementerie
pâtisserie
patrie
paysannerie
peausserie
pêcherie
pédanterie
pelleterie
penderie
pénurie
périphérie
piaillerie
piperie
piraterie
plaidoirie
plaisanterie
plâtrerie

plomberie
poissonnerie
polissonnerie
poltronnerie
polyandrie
porterie
poterie
pouillerie
prairie
prie, *v.*
pruderie
pyurie
quincaillerie
raffinerie
raillerie
raillerie
rapatrie, *v.*
rapinerie
rapparie, *v.*
récrie (se), *v.*
rêverie
rie, subj.
rôtisserie
rubanerie
salarie, *v.*
saloperie
Samarie, *g.*
savonnerie
scorie
sécherie
secrétairerie
ségrairie
seigneurie
sellerie
sénatorerie
série
serrurerie
Sibérie, *g.*
singerie
sommellerie
sonnerie
sorcellerie
soufflerie
sourie, *subj.*
stéréométrie
sucrerie
supercherie
symétrie
Syrie, *g.*
tabletterie
taillanderie
tannerie
tapisserie
taquinerie
Tartarie, *g.*
tartufferie
teinturerie
tenderie
théorie
toilerie
tousserie
tracasserie
tréfilerie
trésorerie
triandrie
tricherie
trie, *v.*
trigonométrie
triperie
tromperie
truanderie
tuerie
tuilerie
vacherie
vannerie
varie, *v.*
vénerie
verrerie
verroterie
vieillerie
viguerie
vinaigrerie
vitrerie
voilerie
voirie
volerie
Zacharie, *n.*

RIEN, RIER, RIEUX, RIN, RION, RIS, RIT, voir IEN, IER, IEUX, IN, ION, IS, IT

RON

Aaron, *n.*
Achéron, *myth.*
aileron
aliboron
Aveyron, *g.*
aviron
baron
biberon
Biron, *n.*
bûcheron
Byron, *n.*
ceinturon
chaperon
Charon, *n.*
charron
chaudron
Chéron, *n.*
chevron
Chiron, *n.*
Cicéron, *n.*
ciron
citron
clairon
Coron, *g.*
environ
éperon
escadron
fanfaron
fleuron
forgeron
Fréron, *n.*
fumeron
giron
goudron
grateron
héron
Huron, *g.*
juron
laideron
laiteron
larron
levron
liseron
litron
macaron
marron
Mascaron, *n.*
mitron
moucheron
mouron
mousseron
natron
Néron, *n.*
Oléron, *g.*
paleron
patron
paturon
perron
Piron, *n.*
plastron
poltron
potiron
puceron
quarteron
Quiberon, *g.*
Scarron, *n.*
Sisteron, *g.*
tendron
toron
vairon
Varron, *n.*
vigneron

RU

accru
apparu
bourru
bru
comparu
congru
cru
disparu
dru
écru
féru
incongru
lustucru
malotru
membru
paru
recru
reparu
ventru

RUS, voir **US**

RY, voir **RI**

S

SA prononcé **ÇA**

ça
deçà
moxa
Odessa, *g.*
Pança, *n.*
sa
par deçà
vice versa

Plus la 3e personne singulier du passé simple des verbes en *ser* dur, en *cer* et en *xer*: *versa, menaça, boxa.*

SA prononcé za

Elisa
Gaza, g.
Lisa, n.
mimosa, bot.
Spinosa, n.
Vasa, n.
visa

Plus la 3e personne singulier du passé simple des verbes en *ser* prononcé *zer.*

SANT ou **SENT** dur, **ÇANT** ou **CENT**

aboutissant
absent
accent
acescent
adjacent
adolescent
adoucissant
adressant
affaiblissant
agaçant
agissant
alcalescent
amortissant
appétissant
assortissant
assoupissant
assourdissant
assujettissant
attendrissant
avilissant
blanchissant
blondissant
bondissant
brandissant
caressant
cassant
cent
cessant
chérissant
commerçant
compatissant
condescend, *v.*
connaissant
consent, *v.*
convalescent
croissant
croupissant
décent
déhiscent
déliquescent
demi-cent
descend (il), *v.*
désobéissant
divertissant
éblouissant
embarrassant
encrassant
étourdissant
fleurissant
florissant
gémissant
glaçant
glapissant
glissant
grossissant
impuissant
incandescent
incessant
indécent
indéhiscent
innocent
intéressant
issant
jacent
jaillissant
jaunissant
jouissant
lactescent
languissant
lassant
marcescent
méconnaissant
menaçant
mugissant
naissant
nourrissant

obéissant
offensant
Ouessant, *g*.
pâlissant
passant
pensant
perçant
pressant
pressent, v.
pubescent
puissant
quiescent
rafraîchissant
ramollissant
ravissant
récent
reconnaissant
redescend, *v*.
réjouissant
renaissant
repoussant
resplendissant
ressent, *v*.
ressortissant
retentissant
rougissant
rugissant
saisissant
salissant
sang
sent, *v*.
tout-puissant
unissant
versant
vexant

Ajoutez ici le participe présent des verbes en *ser, cer*, et de quelques verbes en *ir*, qui se terminent en *issant*, comme *finissant, abolissant*, etc.

SANT, SENT et **ZANT**

agonisant
amusant
baisant
baptisant
besant
biaisant
bien-disant
bienfaisant
causant
cicatrisant
complaisant
composant
contredisant
cuisant
déposant
exposant
gazant
gisant
hébraïsant
herborisant
imposant
insuffisant
jusant
luisant
malfaisant
médisant
méprisant
opposant
pesant
plaisant
présent
présent (à)
proposant
rasant
rebaptisant
reluisant
satisfaisant
séduisant
suffisant
tranquillisant

Ajoutez ici le participe présent des verbes en *ser* et en *ire*, qui font *isant*, comme *détruisant*, etc.

SAT, voir **AT**

SAU, **SCEAU**, **SEAU**, voir **AU**

SÉ dur et **SSÉ, CÉ, XÉ**

baissé
balancé
cadenassé
cadencé
cassé
cavecé
censé
chassé
Chassé, *n*.
chaussé
Circé, *n*.
clissé
concassé
convulsé
crossé
crustacé
cuirassé
damassé
déboursé
déchaussé
décontenancé
déplacé
désintéressé
dressé
élancé
émincé
empressé
engoncé
énoncé
fiancé
foliacé
foncé
fossé
froncé
furfuracé
glacé
glissé
herbacé
insensé
intéressé
Jessé, *g*.
lardacé
Manassé, *n*.
Nicé, *n*.
Nocé, *n*.
passé
pressé
prononcé
ramassé
récépissé
relaissé
relaxé
révulsé
sensé
surbaissé
tiercé
tracé
trépassé
verglacé
vernissé
versé
vexé

Plus le participe passé masculin et la 1re personne du passé simple des verbes en *ser* dur, *sser, cer, xer*.

SÉ doux et **ZÉ**

accusé
aisé
arasé
arborisé
ardoisé
avisé
boisé
bronzé
civilisé
composé
couperosé
croisé
décomposé
déniaisé
déposé
disposé
épousé
exposé
extravasé
frisé
gazé
indisposé
malaisé
malavisé
organisé
posé
reposé
rosé
rusé
toisé

Plus le participe passé et la 1re pers. du passé simple des verbes en *ser* doux.

SÉE dur et **CÉE**

arrière-pensée
brassée
caducée
carrossée
chaussée
cucurbitacée
fessée
fiancée
fricassée
glacée
gynécée
jacée
Laodicée, *g.*
liliacée
maréchaussée
Nicée, *g.*
nymphéacée
odyssée
panacée
passée
pensée
percée
Phocée, *g.*
pincée
poussée
renonculacée
rez-de-chaussée
rosacée
rubiacée
sénéchaussée
testacée
théodicée
traversée
violacée, *bot.*

Plus le féminin des adjectifs et participes passés en *sé* dur, *ssé, cé, xe.*

SEE doux et **ZÉE**

arborisée
billevesée
brisée, *adj.*
croisée
éclusée
épousée
fusée
malaisée
malavisée
musée
nausée
Osée, *n.*
pesée
prisée
risée
rosée
rusée
Thésée, *n.*
toisée
visée

Plus le féminin des adj. et part. pass. des verbes en *ser* doux et *zer.*

SENT, voir **SANT**

SER dur, **CER, SSER, SCER, XER**

verbes

abaisser
acenser
acquiescer
adosser
adresser
affaisser
agacer
agencer
amasser
amorcer
annexer
annoncer
apetisser
avancer
avocasser
baisser
balancer
bercer
blesser
bouleverser
brasser
brosser
cadenasser
cadencer
caresser
casser
cesser
chasser
chausser
classer
clisser
coasser
commencer
compasser
compenser
compulser
concasser
condenser
confesser
contrebalancer
crevasser
crisser
croasser
crosser
cuirasser
damasser
danser
débarrasser

débourser
décaisser
déchasser
déchausser
décontenancer
décrasser
défoncer
défroncer
dégraisser
délacer
délaisser
délasser
délisser
dénoncer
dépasser
dépecer
dépenser
déplacer
déplisser
désembarrasser
désenlacer
désintéresser
désosser
détrousser
devancer
déverser
dévisser
dispenser
disperser
divorcer
dresser
échalasser
éclabousser
éclipser
écorcer
écosser
écuisser
effacer
efforcer
embarrasser
embrasser
émincer
émousser
empresser
encaisser
encenser
enchâsser
encrasser
endosser
enfoncer
engoncer
engraisser
engrosser
enlacer
énoncer
ensemencer
entasser
entrelacer
épicer
épisser
espacer
esquisser
estrapasser
évincer
exaucer
exercer
exhausser
expulser
fausser
fesser
fiancer
financer
finasser
fixer
foncer
forcer
forlancer
fracasser
fricasser
froisser
froncer
garancer
gausser
gercer
glacer
glisser
glousser
graisser
grimacer
grincer
harasser
hausser
hérisser
herser
housser
immiscer
influencer
intéresser
lacer
laisser
lambrisser
lancer
lasser
lisser
luxer
malaxer
manigancer
masser
matelasser
menacer
mousser
nuancer
offenser
oppresser
outrepasser
palisser
panser
passer
pâtisser
penser
percer
pincer
placer
plisser
poisser
policer
poncer
pourchasser
pousser
prélasser
presser
professer
prononcer
quittancer
rabaisser
ramasser
rapetasser
rapetisser
rapiécer
ratisser
rebrousser
recenser
rechasser
rechausser
récompenser
redresser
rehausser
relancer
relaxer
relaxer
rembourser
remplacer
renfoncer
renforcer
rengraisser
renoncer
renverser
repasser
repenser
replacer
repousser
ressasser
retracer
retrousser
rêvasser
reverser
rincer
rosser
sasser
saucer
semoncer
sérancer
sucer
surpasser
surtaxer
tancer
tapisser
tasser
taxer
tergiverser

terrasser
tiercer
tisser
tosser
tousser
tracasser
tracer
transgresser
transpercer
traverser
trémousser
trépasser
tresser
trousser
valser
vernisser
verser
visser

SER doux et ZER

verbes

abuser
accuser
agoniser
aiguiser
alcaliser
alcooliser
aléser
allégoriser
amenuiser
amuser
anagrammatiser
analyser
anastomoser
anathématiser
anatomiser
animaliser
aniser
apaiser
apposer
apprivoiser
araser
aromatiser
arquebuser
arriser
arroser
attiser
autoriser
aviser
baiser
baptiser
baser
bémoliser
biaiser
biser
blaser
blouser
boiser
braser
briser
bronzer
brutaliser
canoniser
caractériser
caser
catéchiser
causer
cautériser
centraliser
chamoiser
cicatriser
civiliser
coaliser
composer
contre-peser
cotiser (se)
courtiser
creuser
criminaliser
cristalliser
croiser
débaptiser
déboiser
décomposer
décroiser
défriser
dégoiser
déguiser
démoraliser
dénationaliser
déniaiser
dépayser
déposer
dépriser
désabuser
désempeser
désorganiser
dévaliser
deviser
diéser
disposer
diviniser
diviser
dogmatiser
doser
ébraser
économiser
écraser
égaliser
égriser
électriser
embraser
empeser
entreposer
épouser
épuiser
éterniser
évangéliser
évaser
excuser
exorciser
exposer
extravaser
familiariser
fanatiser
favoriser
fédéraliser
féminiser
fertiliser
fleurdeliser
formaliser
fraiser
framboiser
franciser
fraterniser
friser
fuser
gargariser
gazer
généraliser
glaiser
gloser
griser
gueuser
herboriser
humaniser
immortaliser
impatroniser
imposer
improviser
inciser
indemniser
indisposer
individualiser
infuser
interposer
introniser
jalouser
jaser
judaïser
latiniser
légaliser
léser
magnétiser
maîtriser
martyriser
mépriser
mésuser
métalliser
métamorphoser
minéraliser
moraliser
municipaliser
muser
nationaliser

naturaliser
neutraliser
niaiser
noliser
opposer
organiser
oser
pactiser
paralyser
paraphraser
particulariser
pavoiser
périphraser
personnaliser
peser
poétiser
populariser
porphyriser
poser
préciser
préconiser
présupposer
priser
prophétiser
proposer
proposer
puiser
pulvériser
raser
raviser
réaliser
rebaptiser
recreuser
récuser
refuser
régulariser
réimposer
reposer
réviser
ridiculiser
rivaliser
ruser
satiriser
scandaliser
séculariser
singulariser
soupeser
spécialiser
spiritualiser
subdiviser
subtiliser
supposer
symboliser
sympathiser
tamiser
temporiser
thésauriser
toiser
tranquilliser
transfuser
transposer
transvaser
tympaniser
tyranniser
user
verbaliser
viser
volatiliser

SEUX, voir **EUX**

SI dur et **CI**

accourci
adouci
ainsi
aminci
aussi
ceci
celui-ci
ci
dédurci
dégrossi
durci
éclairci
endurci
enforci
épaissi
étréci
farci
grossi
ici
merci
noirci
obscurci
raccourci
radouci
ranci
renoirci
rétréci
réussi
reversi
revoici
roussi
si
souci
voici

Et généralement le participe passé masculin des verbes en *sir* dur et en *cir*.

SI doux et **ZI**

choisi
cramoisi
dessaisi
lazzi
moisi
quasi
ressaisi
saisi
transi

Et le participe passé masculin des verbes en *sir* prononcés *zir*.

SIE dur, **CIE**, **TIE** et **XIE**

aéromancie
agalaxie
alopécie
analepsie
anorexie
apepsie
apoplexie
apprécie, *v.*
apyrexie
argutie
Aricie, *n.*
aristocratie
asphyxie
associe, *v.*
ataraxie
autocratie
autopsie
balbutie, *v.*
Béotie, *g.*
cachexie
calvitie
canitie
Cassie, n.
catalepsie
cataplexie
chassie
chiromancie
Cilicie, *g.*
Croatie, *g.*
Dacie, *g.*
Dalmatie, *g.*
démocratie
déprécie, *v.*
désassocie, *v.*
différencie, *v.*
diplomatie
disgracie, *v.*
dyspepsie
éclaircie
éclampsie
épilepsie
facétie
fiducie
Galatie, *g.*

galaxie
galaxie
Gallicie, *g.*
goétie
gracie, *v.*
Helvétie, *g.*
hétérodoxie
impéritie
ineptie
inertie
licencie, *v.*
Lycie, *g.*
messie
minutie
monœcie
Murcie, *g.*
nécromancie
négocie, *v.*
officie, *v.*
oniromancie
orthodoxie
péripétie
pharmacie
Phénicie, *g.*
polydipsie
préjudicie, *v.*
primatie
prophétie
prophylaxie
remercie, *v.*
Russie, *g.*
scie
scie, *v.*
scotie
Séleucie, *g.*
soucie, *v.*
superficie
supplicie, *v.*
suprématie
théocratie
transie
tutie
vessie
vicie, *v.*

SIE doux et **ZIE**

agénésie
ambroisie
amnésie
anamnésie
anaphrodisie
Andalousie, *g.*
apostasie
apostasie, *v.*
Asie, *g.*
Australasie, *g.*
Austrasie, *g.*
bourgeoisie
courtoisie
discourtoisie
docimasie
énurésie
extasie, *v.*
fantaisie
fantaisie, *v.*
frénésie
géodésie
hémoptysie
hérésie
hydropisie
hypocrisie
jalousie
magnésie
Magnésie, *g.*
Malaisie, *g.*
Malvoisie, *g.*
palingénésie
Papouasie, *g.*
paralysie
paraplégie
parapleurésie
paronomasie
phtisie
pleurésie
poésie
Polynésie, *g.*
rassasie, *v.*
saisie
Silésie, *g.*
Sosie, *n.*
Tunisie, *g.*
Xénélasie, *ant.*

SIER, SIEUX, SIN, SION, SIR, SIS, SIT, voir **IER, IEUX, IN, ION, IR, IS, IT**

SON dur, **SSON** et **ÇON**

Alençon, *g.*
alysson
Anglo-Saxon
arçon
Argenson, *n.*
Aubusson, *g.*
basson
Besançon, *g.*
besson
boisson
Briançon, *g.*
buisson
caisson
caleçon
caparaçon
casson
chanson
charançon
chausson
colimaçon
contrefaçon
cresson
cuisson
échanson
écusson
estramaçon
étançon
façon
franc-maçon
frisson
garçon
glaçon
hameçon
hérisson
Hudson, *g.*
lançon
leçon
limaçon
maçon
malfaçon
moisson
mousson
Nelson, *n.*
nourrisson
ourson
paillasson
pinçon
pinson
poinçon
poisson
polisson
rançon
salisson
Samson, *n.*
saucisson
Saxon
son
soupçon
suçon
tenson
tesson
tronçon
unisson
Vaucanson, *n.*

SON doux, ZON

arrière-saison
avalaison
bison
blason
calaison
cargaison
cervaison
cloison
combinaison
comparaison
conjugaison
contre-poison
déclinaison
démangeaison
déraison
diapason
effeuillaison
exhalaison
fauchaison
fenaison
feuillaison
floraison
flottaison
foison
garnison
gazon
grison
guérison
horizon
inclinaison
Jason, *n.*
liaison
Lison, *n.*
livraison
lunaison
maison
nuaison
oison
olivaison
oraison
pâmoison
pendaison
péroraison
peson
poison
porchaison
prison
raison
saison
salaison
Suzon, *n.*
terminaison
tison
toison
tondaison
trahison
venaison

SSANT et SSENT, voir SENT dur

SU dur et ÇU

aperçu
aperçu, *subst.*
bossu
conçu
cossu
déçu
fessu
inaperçu
insu
issu
moussu
ossu
pansu
perçu
reçu
su
tissu
tissu

SU doux et ZU

cousu
décousu
recousu

SUE dur et ÇUE

aperçue
bossue
conçue
cossue
déçue
fessue
issue, *subst.*
massue
moussue
pansue
perçue
reçue
sangsue
sue

SUE doux et ZUE

cousue
décousue
recousue

T

TA

bêta
Calcutta, *g.*
duplicata
errata
êta
Golgotha, *g.*
Gotha, *g.*
iota
Jugurtha, *n.*
nota
Œta, *g.*
placenta
prorata
recta
thêta
Vesta, *n.*
Volta, *n.*

Plus la 3e personne sing. du passé simple des verbes en *ter*.

TANT, TEND et TENT

acceptant
arc-boutant
argumentant
assistant
attend, *v.*
attristant
autant
battant
boutant
broutant
cahotant
chantant
combattant
commettant
compétent
comptant
concertant
concomitant
consentant
consistant
constant
consultant
content
contestant
contreboutant
contristant
copermutant
coûtant
débitant
débutant
dégoûtant
dégouttant
dépistant
détend, *v.*
dilatant
distant
distend, *v.*
éclatant
écoutant
empiétant
entend, *v.*
équidistant
étang
étant
étend, *v.*
excitant
existant
exorbitant
exploitant
flottant
fréquentant
habitant
haletant
humectant
impénitent
important
impotent
incompétent
inconstant
inquiétant
instant
insultant
intermittent
irritant
latent
lutant
luttant
malcontent
mécontent
méritant
montant
nécessitant
nonobstant
octant
omnipotent
orang-outang
palpitant
partant
patent
pénitent
permutant
persécutant
persistant
portant
pourtant
préexistant
prétend, *v.*
protestant

ragoûtant
rebutant
récitant
rémittent
remontant
rependant
répercutant
représentant
résistant
restant
résultant
retend, *v.*
révoltant
sanglotant
sautant
sous-entend, *v.*
sous-traitant
supportant
tant
tend (il), *v.*
tentant
tourmentant
traitant
tremblotant
végétant

Ajoutez le participe présent des verbes en *attre, ettre*, et ceux de quelques verbes en *tir*, qui se terminent en tant, comme partant. *Voir* aussi *tan* à AN.

TAT, TAU, voir AT, AU

TÉ et THÉ

absurdité
accessibilité
acerbité
acidité
activité
actualité
admissibilité
adversité
affabilité
affecté
affinité
affronté
agilité
alité
amabilité
ambiguïté
aménité
amirauté
amovibilité
ancienneté
anfractuosité
animalité
animosité
annualité
annuité
antériorité
antiquité
anxiété
aparté
apparenté
appointé
âpreté
aridité
arrêté
aspérité
assermenté
assiduité
Astarté, *myth.*
atrocité
austérité
authenticité
autorité
avidité
banalité
beauté
bénédicité
bénignité
bestialité
bonté
boraté
breveté
brièveté
brutalité
caducité
calamité
callosité
canonicité
capacité
capillarité
captivité
carbonaté
casematé
casualité
catholicité
causalité
causticité
cavité
cécité
célébrité
célérité
charité
chasteté
cherté
chrétienté
cité
civilité
clandestinité
clarté
comité
commensalité
commodité
communabilité
communauté
compacité
compatibilité
complexité
complicité
compressibilité
comptabilité
comté
concavité
conformité
confraternité
congruité
consanguinité
constitution
consubstantialité
contemporanéité
contesté
contiguïté
contractilité
contrariété
contre-vérité
convexité
copaternité
cordialité
corporéité
côté
crédibilité
crédulité
cruauté
crudité
curiosité
débilité
déclivité
décolleté
défectuosité
dégoûté
déité
déloyauté
densité
denté
déporté
député
dératé
désappointé
déshonnêteté
désorienté
dextérité
diaphanéité
difficulté
difformité
digité
dignité
dilatabilité
disparité

diversité
divinité
divisibilité
docilité
doigté
domesticité
dompté
duplicité
dureté
écarté
édenté
édilité
efficacité
effronté
égalité
élasticité
électricité
éligibilité
empâté
emporté
endenté
enkysté
énormité
entêté
entité
épaté
équité
été
éternité
éventé
éventualité
excentricité
excepté
excitabilité
expansibilité
expérimenté
extensibilité
extrémité
facilité
faculté
faillibilité
familiarité
fatalité
fatuité
fausseté
fécondité
félicité
féodalité
fermeté
férocité
Ferté (La), *g.*
fertilité
feuilleté
fidélité
fierté
fixité
flaccidité
flatuosité
flexibilité
flotté
fluaté
fluidité
flûté
formalité
fragilité
Franche-Comté, *g.*
fraternité
frelaté
friabilité
frigidité
frivolité
frugalité
fusibilité
futé
futilité
gaîté
garrotté
gâté
généralité
générosité
gentilité
gibbosité
gigotté
gracieuseté
gracilité
gratuité
gravité
grossièreté
habileté
habilité
habité
hébété
hérédité
hétérogénéité
hilarité
homogénéité
honnêteté
hospitalité
hostilité
humanité
humidité
humilité
identité
illégalité
illégitimité
illimité
imbécillité
immatérialité
immensité
immobilité
immoralité
immunité
impartialité
impassibilité
impénétrabilité
imperceptibilité
imperméabilité
imperturbabilité
impétuosité
impiété
implanté
impopularité
importunité
impossibilité
imprescriptibilité
improbabilité
impudicité
impunité
impureté
inaccessibilité
inactivité
inaliénabilité
inaltérabilité
inamovibilité
incapacité
incivilité
incommunabilité
incompatibilité
incongruité
incontesté
incorporalité
incorrigibilité
incrédibilité
incrédulité
incurabilité
incuriosité
indéfectibilité
indemnité
indignité
indissolubilité
indivisibilité
indocilité
indompté
inefficacité
inégalité
inéligibilité
inexpérimenté
infaillibilité
infécondité
infériorité
infidélité
infinité
infirmité
inflammabilité
inflexibilité
ingénuité
inhabilet
inhabité
inhospitalité
inhumanité
iniquité
insalubrité
insatiabilité
insécurité
insensibilité
insermenté
insipidité
insolvabilité
instantanéité
intégrité

intelligibilité
intensité
intimité
intrépidité
inusité
inutilité
invalidité
invincibilité
invisibilité
invulnérabilité
irréductibilité
irrégularité
irrésistibilité
irrévocabilité
irritabilité
Jephté, *n.*
jeté
joyeuseté
lâcheté
lacté
laité
lascivité
latinité
laxité
légalité
légèreté
légitimité
lèse-majesté
Léthé, *myth.*
libéralité
liberté
limité
limpidité
liquidité
littéralité
lividité
localité
longanimité
longévité
loquacité
loyauté
lubricité
magnanimité
majesté
majorité
malhonnêteté
malignité
malléabilité
malpropreté
masculinité
matérialité
maternité
maturité
méchanceté
médiocrité
mendicité
minorité
miscibilité
modicité
mondanité
monstruosité
moralité
mordacité
morosité
mortalité
mucosité
multiplicité
municipalité
mutabilité
mysticité
naïveté
nationalité
nativité
nécessité
netteté
neutralité
nouveauté
nubilité
nudité
nullité
numéroté
obésité
obliquité
obscénité
obscurité
œcuménicité
officialité
oisiveté
onctuosité
opacité
opiniâtreté
opportunité
orienté
papauté
parenté
parité
partialité
particularité
pâté
paternité
pauvreté
perfectibilité
perméabilité
perpétuité
perplexité
personnalité
perspicacité
perversité
phosphaté
picoté
piété
planté
plausibilité
pluralité
pommeté
ponctualité
ponté
poplité
popularité
porosité
possibilité
postériorité
postérité
précipité
précocité
prématurité
primauté
principauté
priorité
privauté
probabilité
probité
prodigalité
prolixité
propreté
propriété
prospérité
proximité
puberté
publicité
pudicité
puérilité
pupillarité
pureté
pusillanimité
qualité
quantité
quotité
rapacité
rapidité
rareté
raucité
réalité
réciprocité
régularité
reproductibilité
responsabilité
rigidité
rivalité
rotondité
royauté
rugosité
sagacité
sainteté
saleté
salubrité
santé
satiété
sauveté
scolarité
sécurité
sensibilité
sensualité
septennalité
sérénité
sérosité
servilité
sévérité
siccité
simplicité

simultanéité
sincérité
singularité
sinuosité
sobriété
sociabilité
solennité
solidité
solvabilité
somptuosité
sordidité
soudaineté
souveraineté
spécialité
sphéricité
spiritualité
spontanéité
stérilité
stupidité
suavité
sublimité
subtilité
sulfaté
superfluité
supériorité
surdité
sûreté
susceptibilité
suzeraineté
taciturnité
tardiveté
témérité
temporalité
ténacité
tendreté
ténuité
thé
timidité
totalité
traité
tranquillité
trinité
trivialité
tubérosité
ubiquité
unanimité
uniformité
unité
universalité
université
urbanité
usité
utilité
vacuité
validité
variabilité
variété
velléité
vélocité
velouté
vénalité
véracité
verbosité
vérité
versatilité
vétusté
viabilité
vice-amirauté
vice-royauté
vicomté
viduité
virginité
virilité
virtualité
visibilité
vitalité
vivacité
volatilité
volonté
volubilité
volupté
voracité

Plus le participe passé masculin et la 1re personne du passé simple des verbes en *ter. Voir* AI.

TEAU, voir **AU**

TÉE et **THÉE**

Amalthée, *myth.*
Anthée, *myth.*
Aristée, *myth.*
assiettée
athée
battée
boutée
charretée
dentée
dictée
doigtée
Dorothée, *n.*
effrontée
éventée
fomentée
frottée
futée
Galathée. *myth.*
hébétée
hottée
jattée
jetée
lactée
laitée
Leucothée, *myth.*
montée
nuitée
pâtée
pelletée
portée
potée
Prométhée, *myth.*
Protée, *myth.*
révoltée
sagittée
Timothée, *n.*

Plus le féminin des adjectifs et participes passés en *té*.

TEND et **TENT**, voir **TANT**

TER

verbes

abriter
absenter
accepter
acclimater
accointer
accoster
accréditer
acheter
acquitter
adapter
admonester
adopter
affaiter
affecter
affréter
affronter
affûter
agioter
agiter
aheurter
aiguilleter
aimanter
ajouter
ajuster
alimenter
aliter

allaiter
amputer
annoter
antidater
anuiter
aoûter
aposter
apparenter
appâter
appéter
appointer
apporter
apprêter
arc-bouter
argenter
argoter
argumenter
arpenter
arrenter
arrêter
assermenter
assister
assoler
asticoter
attenter
attester
attrister
augmenter
avorter
baisoter
ballotter
banqueter
baqueter
baratter
bâter
becqueter
bluter
boiter
botter
bouter
breveter
brillanter
briqueter
brocanter
brocheter
brouetter
brouter
buffeter
buter
cacheter
cahoter
cahoter
calfater
calotter
caneter
capter
caqueter
carotter
cémenter
chanter
charcuter
charpenter
chatter
chènevotter
chevroter
chicoter
chipoter
chuchoter
cimenter
citer
clignoter
cliqueter
clouter
coexister
cohabiter
colleter
colporter
commenter
compéter
compléter
complimenter
comploter
comporter
compter
concerter
conforter
confronter
consister
constater
consulter
contenter
conter
contester
contracter
contraster
contre-latter
contrister
convoiter
coopter
coopter
coqueter
coter
coûter
crachoter
créditer
crotter
culbuter
dater
débâter
débiliter
déboîter
débotter
débouter
débuter
décacheter
décalotter
décanter
décapiter
déchanter
déchiqueter
décolleter
décompter
déconcerter
décréditer
décrépiter
décréter
décrotter
décroûter
déganter
dégoûter
dégoutter
déjeter
délecter
délester
délimiter
déluter
démailloter
démâter
démériter
démonter
dénatter
dénoter
dépaqueter
dépister
dépiter
déplanter
déporter
dépoter
dépoter
dérouter
désajuster
désappointer
désargenter
désenchanter
déserter
déshériter
désinfecte
désinviter
désister
désorienter
détester
détracter
dévaster
dicter
dilater
diligenter
discréditer
discuter
disputer
disserter
doigter
dompter
dorloter
doter
douter
ébruiter
écarter
éclater
écourter
écouter

écrêter
écroûter
édenter
effriter
égoutter
embâter
emboîter
émietter
emmailloter
émotter
empaqueter
empâter
empester
empiéter
emporter
empoter
emprunter
enchanter
encroûter
endenter
enfaîter
enfanter
enquêter
enrégimenter
ensanglanter
enter
entêter
envoûter
épointer
épousseter
épouvanter
éreinter
ergoter
escamoter
escompter
escorter
essarter
ester
étêter
étiqueter
éventer
éviter
exalter
excepter
exciter
exécuter
exempter
exister
expérimenter
exploiter
exporter
facetter
faciliter
fagoter
fainéanter
féliciter
fermenter
fêter
feuilleter
fienter
filouter
flotter
flûter
fomenter
fouetter
frelater
fréquenter
fréter
frisotter
frotter
fureter
ganter
gargoter
garrotter
gâter
gigoter
gîter
glouglouter
goûter
goutter
gratter
graviter
grelotter
grignoter
guetter
habiliter
habiter
haleter
hanter
hâter
hébéter
hérite
hésiter
heurter
humecter
imiter
impatienter
implanter
importer
imputer
incidenter
inciter
incruster
infecter
infester
injecter
innocenter
inquiéter
insister
inspecter
instrumenter
insulter
intenter
intercepter
interjeter
interpréter
inventer
inviter
irriter
jaboter
jeter
jouter
lamenter
latter
lester
liciter
limiter
louveter
luter
lutter
maltraiter
manifester
marcotter
marmotter
marqueter
mater
mâter
mécompter
mécontenter
médicamenter
méditer
mériter
mignoter
mijoter
militer
minuter
molester
monter
motter
moucheter
natter
nécessiter
noter
numéroter
objecter
opter
orienter
ôter
ouater
palpiter
panneauter
papilloter
parlementer
parqueter
passementer
patienter
peloter
péricliter
persécuter
persister
pester
picoter
piéter
piloter
pinter
pirater
pivoter
plaisanter
planter
pointer

ponter
porter
poster
précipiter
précompter
préexister
préméditer
présenter
prêter
prétexter
profiter
projeter
protester
quitter
raboter
raboter
racheter
raconter
radoter
ragoûter
rajuster
rapporter
rater
ravigoter
rebuter
recacheter
réciter
récolter
recompter
réconforter
recruter
redouter
refléter
réfracter
réfuter
régenter
regratter
regretter
réhabiliter
rejeter
relater
relater
remmailloter
remonter
remporter
renfaîter
renter
répercuter
répéter
replanter
reporter
représenter
réputer
résister
respecter
ressusciter
rester
résulter
rétracter
révolter (se)
rioter
riposter
roter
router
sangloter
sauter
scruter
sculpter
serpenter
siroter
solliciter
souffleter
souhaiter
subsister
suçoter
suinter
supplanter
supporter
supputer
suracheter
surjeter
surmonter
susciter
susciter
suspecter
sustenter
tabuler
tacheter
tapoter
tarabuster
tâter
tempêter
tenter
tester
tinter
tourmenter
traiter
translater
transplanter
transporter
trembloter
tricoter
tripoter
trompeter
trotter
vanter
végéter
venter
violenter
visiter
vivoter
voleter
voter
voûter

TET, TEUX, voir ET, EUX

TI

abêti
abouti
abruti
agouti
Amati, *n.*
apprenti
cati
Conti, *n.*
converti
démenti
gentil
Haïti, *g.*
lacryma-christi
malbâti
mi-parti
mufti
muphti
outil
palma-christi
parti
ralenti
rôti
Scaferlati, *n.*
tutti

Et en général tous les particip. passés masculin sing. des verbes en *tir*.

TIE et THIE

amnistie
antipathie
apathie
apprentie
Carinthie, *g.*
charte-partie
châtie, *v.*
contre-partie
départie
dynastie
épizootie
eucharistie
garantie
hostie
idiopathie
immodestie
modestie
ortie
Ostie, *g.*
partie, *adj.*
partie, *subst.*
pédérastie

pythie
repartie
rôtie
sacristie
Scythie, *g.*
sortie
sotie
sympathie
tutie

Plus le féminin des participes passés des verbes en *tir*.

TIE (prononcé **cie** comme dans argutie), voir **SIE** dur

TIÉ monosyllabe

amitié
pitié

Voir IÉ monosyllabe.

TIENT prononcé **tiein** monosyllabe, voir **IENT**

TIENT prononcé ciant dissyllabe, voir **IANT** dissyllabe

TIER, TIEUX mono- et dissyllabe, voir **IER, IEUX** mono- et dissyllabe

TIF, TIN, TION, TIR, TIS, TIT, TO, voir **IF, IN, ION, IR, IS, IT, O**

TON et **THON**

Argenton, *g.*
avorton
baryton
bâton
béton
Boston, *g.*
bouton
Breton
canton
Canton, *g.*
capiton
carton
Caton, *n.*
centon
Charenton, *g.*
chaton
Chatterton, *n.*
coton
croton
croûton
Danton, *n.*
dicton
dit-on, *v.*
esponton
feston
feuilleton
fronton
glouton
hanneton
jeton
laiton
liston
Marathon, *g.*
marmiton
menton
miroton
miton
molleton
mousqueton
mouton
Newton, *n.*
œilleton
panneton
pâton
peloton
peton
Phaéton, *myth.*
piéton
piston
piton
Platon, *n.*
Pluton, *myth.*
ponton
Python, *myth.*
raton
rejeton
rogaton
santon
semi-ton
séton
taon
téton
Teuton, *g.*
thon
ton
tonton
toton
triton
Triton, *myth.*
Washington, *n.*

TU

abattu
battu
combattu
courbatu
débattu
dévêtu
fétu
impromptu
pattu
pointu
rabattu
revêtu
têtu
tu
vertu
vêtu

TUE

abattue
battue
laitue
pointue
statue
têtue
tortue

Ajoutez le féminin des adjectifs et participes terminés en *tu*.

TUS, voir **US**

U

U, voir **AÜ, BU, DU...** aux lettres a, b, d, etc.

Le participe du verbe avoir, *eu,* rime avec tous les mots terminés en *u*.

UA dissyllabe

Gargantua, n.
Plus la 3e personne singulier du passé simple des verbes en *uer*.

UAND, UENT et UANT dissyllabe

affluent	excluant
atténuant	gluant
bruant	influent
chat-huant	insinuant
concluant	obstruant
confluen	puant
constituant	remuant
désobstruant	suant
effluent	truand
évacuant	tuant

Et généralement le participe présent des verbes en *uer*.

UBE

cube	jujube
Danube, *g.*	marrube
Hécube, *n.*	succube
incube	tube

UBLE

affuble, *v.*	insoluble
chasuble	résoluble
dissoluble	soluble
indissoluble	

UBRE

insalubre	lugubre
salubre	

UC et UCH

aqueduc	mameluck
archiduc	mal-caduc
Bar-le-duc, *g.*	stuc
caduc	suc
duc	truc
grand-duc	viaduc
Luc, *n.*	

UCE et USSE

accourusse, *v.*
accrûsse, *v.*
aperçusse, *v.*
apparusse, *v.*
astuce
aumusse
Bruce, *n.*
busse (de boire), *v.*
capuce
comparusse, *v.*
complusse, *v.*
concourusse, *v.*
conçusse, *v.*
connusse, *v.*
courussev
crusse (croire), *v.*
crûsse (croître)v
déchusse, *v.*
décrûsse, *v.*
déçusse, *v.*
déplusse, *v.*
discourusse, *v.*
disparusse, *v.*
dusse, *v.*
élusse, *v.*
émusse, *v.*
épuce, *v.*
eusse, *v.*
fusse, *v.*
Luce, *n.*
lusse, *v.*
méconnusse, *v.*
mourusse, *v.*
musse (mouvoir), *v.*
parcourusse, *v.*
parusse, *v.*
perçusse, *v.*
plusse, *v.*
prépuce
prévalusse, *v.*
promusse, *v.*
Prusse, *g.*
puce
pusse, *v.*
reconnusse, *v.*
recourusse, *v.*
reçusse, *v.*
reparusse, *v.*
résolusse, *v.*
resuce, *v.*
Russe, *g.*
secourusse, *v.*
suce, *v.*
susse (de savoir), *v.*
tusse, *v.*
valusse, *v.*
voulusse, *v.*

UCHE

autruche
baudruche
bûche
coqueluche
cruche
débuche, *v.*
déjuche, *v.*
embûche
épluche, *v.*
fanfreluche
huche
juche, *v.*
lambruche
merluche
peluche
perruche
ruche
trébuche, *v.*

UCRE

involucre
lucre
sucre
sucre, *v.*

UD

sud
talmud

UDE

amplitude
aptitude
attitude
béatitude
certitude
décrépitude
dissimilitude
élude, *v.*
étude
exactitude
Gertrude, *n.*
gratitude
habitude
hébétude
inaptitude
incertitude
inexactitude
ingratitude
inquiétude
lassitude
latitude
Latude, *n.*
longitude
mansuétude
multitude
platitude
plénitude
prélude
prélude, *v.*
promptitude
prude
quiétude
rectitude
rude
servitude
similitude
solitude
sollicitude
turpitude
vicissitude

UE

abattue
absolue
accourue
accrue
aiguë
ambiguë
apparue
appendue
ardue
assidue
attendue
avenue
barbue
battue
battue, *v.*
bévue
bisaiguë
bossue
bossue
branchue
bue
charrue
chevelue
chue
ciguë
cohue

combattue
conclue
conçue
condescendue
confondue
connue
contiguë
contre-vue
convaincue
coquecigrue
cornue
corrompue
cossue
courue
crochue
crue
débattue
déchue
déconvenue
déçue
défendue
dépendue
descendue
détendue
dévolue
dissolue
distendue
dodue
due
échue
écrue
élue
émoulue
émue
entrevue
entrevue
épandue
éperdue
étendue
éternue, *v.*
évalue, *v.*
exiguë
fendue
feuillue
fondue
fondue
fourbue
goulue
grue
herbue
hue
hue, *v.*
imbue
inconnue
indue
interrompue
invaincue
irrésolue
issue
joufflue
laitue
longue-vue
lue
maintenue
mamelue
massue
mévendue
morfondue
morue
moulue
moussue
mue
nue
parfondue
pelue
pendue
perçue
perdue
plus-value
poilue
pollue
pollue, *v.*
pondue
pourfendue
prétendue
promue
pue, *v.*
rabattue
rebattue
recrue
reçue
redescendue
redue
réélue
refendue
refondue
remue, *v.*
rendue
répandue
reperdue
répondue
repue
résolue
ressue, *v.*
retendue
retendue
retenue
retondue
revendue
revêtue
révolue
revue
rompue
rue
sangsue
statue
statue, *v.*
sue, *v.*
superflue
survendue
suspendue
tendue
tenue
tondue
tortue
touffue
tue (de taire)
tue, *v.*
vaincue
value
vendue
venue
vermoulue
verrue
vêtue
voulue
vue
vue, *part.*

Plus lesféminin des adjectifs. en *nu*.

UAU, voir **AU**

UÉ dissyllabe

gradué
habitué
Josué, n.
nué
ponctué
sinué

Et le participe passé masculin des verbes en *uer*.

UÉE trisyllabe

huée
nuée
prostituée
constituée
suée
Plus le participe passé féminin des verbes en *uer*.

UENT, voir **UANT**

UER dissyllabe

verbes

abluer
accentuer
affluer
arguer
atténuer
attribuer
bossuer
commuer
conspuer
constituer
continuer
contribuer
décruer
dégluer
dénuer
déshabituer
désinfatuer
désobstruer
destituer
diminuer
discontinuer
distribuer
écobuer
effectuer
engluer
éternuer
évacuer
évaluer
évertuer
exténuer
fluer
graduer
habituer
huer
infatuer
influer
insinuer
instituer
muer
nuer
obstruer
perpétuer
polluer
ponctuer
prostituer
puer
redistribuer
refluer
réhabituer
remuer
ressuer
restituer
rétribuer
ruer
saluer
situer
statuer
substituer
suer
transmuer
tuer

UET dissyllabe, voir ET

UEUSE, UEUX, voir EUSE, EUX

UF

puff
tuf

UFFE

Tartuffe, *n.*
truffe

UFLE

buffle
mufle

UGE

adjuge, *v.*
centrifuge
égruge, *v.*
fébrifuge
grabuge
gruge, *v.*
juge
lucifuge
méjuge, *v.*
préjuge, *v.*
refuge
subterfuge
transfuge
vermifuge

UGES

Bruges, *g.*
Ajoutez le pluriel des noms et la 2e personne des verbes qui précèdent.

UGNE

répugne, *v.*

UGUE

conjugue, *v.*
contre-fugue
fugue
subjugue, *v.*

UI monosyllabe

appui
aujourd'hui
autrui
celui
enfui
ennui
étui
fui
lui
nui
relui
ressui

UIA et UYA dissyllabe, voir IA

UID, voir UIT

UIE dissyllabe

appuie, *v.*
désennuie, *v.*
enfuie (s'), *v.*
ennuie
essuie, *v.*
fuie
fuie, *v.*
parapluie
pluie
ressuie, *v.*
suie
truie

UIF monosyllabe

juif
suif
Voir les rimes en *if.*

UIN monosyllabe

juin
suin

UIR monosyllabe

enfuir, *v.*
refuir, *v.*
fuir, *v.*
Voir rimes en *ir.*

UIRE dissyllabe

bruire, *v.*
conduire, *v.*
construire, *v.*
cuire, *v.*
déduire, *v.*
détruire, *v.*
éconduire, *v.*
enduire, *v.*
induire, *v.*
instruire, *v.*
introduire, *v.*
luire, *v.*
nuire, *v.*
produire, *v.*
reconduire, *v.*
recuire, *v.*
réduire, *v.*
reluire, *v.*
reproduire, *v.*
séduire, *v.*
traduire, *v.*

UIS, UITS monosyllabe

buis
huis, *subst. m.*
Maupertuis, *n.*
millepertuis
pertuis
poursuis, *v.*
puis
puits
suis

Plus la 1re et la 2e personne du présent de l'indicatif et la 2e de l'impératif des verbes en *ir* et en *uire.*

UISE dissyllabe

cuise, *v.*
puise, *v.*
épuise, *v.*

Plus la 1re et la 3e personne du présent du subjonctif des verbes en *uire : que je construise, qu'il conduise,* etc.

UISSE dissyllabe

cuisse
puisse (pouvoir)
Suisse
Suisse, *s. f., g.*

Voir les rimes en *ice* et *isse.*

UIT et UID monosyllabe

conduit
déduit, *v.* et *s. m.*
ensuit (s'), *v.*
minuit
muid
nuit
poursuit, *v.*
réduit, *v.*
suit, *v.*

Plus la 3e personne du présent de l'ind. des verbes en *uir* et en *uire*, ainsi que du passé simple du verbe *fuir* et composés. Ajoutez le participe passé masculin de *cuire, construire* et composés.

UITE dissyllabe

conduite
cuite
recuite
fuite
ensuite
poursuite
truite
suite

Plus féminin des participes passés en *uit.*

UL prononcé ULE

accul
calcul
consul
cumul
nul
proconsul
recul
Saül, *n.*
vice-consul

Cul et ses autres composés, se prononçant *cu*, riment avec *vaincu*, etc. Voir CU.

ULBE

bulbe

ULCE et ULSE

compulse, *v.*
expulse, *v.*

ULCRE

sépulcre

ULGUE

divulgue, *v.*
promulgue, *v.*

ULE et ULLE

accule, *v.*
accumule, *v.*
acétabule
acidule, *v.*
adminicule
adule, *v.*
animalcule
antennule
appendicule
Aristobule, *n.*
articule, *v.*
auricule
bascule
bouscule, *v.*
brûle, *v.*
bulle
calcule, *v.*
campanule
canicule
canule
capitule
capitule, *v.*
capsule
caroncule
Catulle, *n.*
cédule
cellule
cicatricule
circule, *v.*
clavicule
coagule, *v.*
conciliabule
copule
corpuscule
crapule
crédule
crépuscule
cuculle
cumule, *v.*
curule
cuticule
démantibule, *v.*
denticule
dissimule, *v.*
émascule, *v.*
émule
facule
fascicule
fécule
férule
filipendule
fistule
follicule
forficule
formule
formule, *v.*
funambule
gesticule, *v.*
globule
granule, *v.*
Hercule, *myth.*
immatricule, *v.*
incrédule
infibule, *v.*
inocule, *v.*
intitule, *v.*
inule
Iule, *n.*
lenticule
libellule
ligule
lobule
lunule
macule
macule, *v.*
majuscule
mandibule
manipule
matricule
mérule
minuscule
module
module, *v.*
molécule
monticule
mule
mutule
noctambule
noctule
nulle
ondule, *v.*
opercule
opuscule
ovule
particule
pécule
pédicule
pédoncule
pellicule
pendule
péninsule
pilule
plantule
postule, *v.*
préambule
pullule, *v.*
pustule
radicule
récapitule, *v.*
recule, *v.*
régule
réticule
ridicule
rotule
scrofule
scrupule
silicule
simule, *v.*
somnambule
spatule
spécule, *v.*
sportule, ant.
stimule, *v.*
stipule
stipule, *v.*
tarentule
testicule
Théodule, *n.*
tubercule
Ursule, *n.*
utricule
uvule
valvule
véhicule
ventricule
vésicule
vestibule
virgule
virgule, *v.*
Vistule, *g.*

ULES

Jules, *n.*
Ajoutez le pluriel des noms et la 2e personne au présent de l'indicatif des verbes de la série précédente.

ULSE, voir ULCE

ULTE

adulte
catapulte
consulte, *v.*
culte
inculte
insulte
insulte, *v.*
jurisconsulte
occulte
résulte, *v.*
sénatus-consulte
tumulte

UM prononcé ome

Actium, *g.*
ad usum
album
aluminium
arum, *bot.*
balsamum
bdellium, *bot.*
Berg-op-zoom
cadmium
calcanéum
calcium
Capharnaüm, *g.*
castoréum
cérium
chrysanthémum
coagulum
cœcum
colostrum
columbium
compendium
Condom, *g.*
critérium
décorum
défrutum
delphinium
diachylum
dictum
duodénum
électrum
factotum
factum
forum
géranium, *bot.*
glabellum
iridium
jéjunum
labarum
Latium, *g.*
laudanum
lithium
magnésium
maximum
méconium
mégathérium
mésorectum
minimum
muséum
Nahum, *n.*
opium
opobalsamum
osmium
paléothérium
palladium
pallium, *ant.*
pensum
post-scriptum
potassium
rectum
retentum
rhodium
rhum
sacrum
sagum, *ant.*
scrotum
septum, *ant.*
sérum
silicium
sodium
sternum
strontium
thorinium
Tusculum, *g.*
ultimatum
vade-mecum
variorum
zirconium
zythium, *ant.*

UMB

rumb

UMBLE

humble

UME

accoutume, *v.*
allume, *s. f.*
allume, *v.*
amertume
apostume
apostume, *v.*
bitume
brume
consume, *v.*
costume
costume, *v.*
coutume
déplume, *v.*
désaccoutume, *v.*
désenrhume, *v.*
écume
écume, *v.*
emplume, *v.*
enclume
enfume, *v.*
enrhume, *v.*
exhume, *v.*
fume, *v.*
grume
Hume, *n.*
hume, *v.*
inhume, *v.*
légume
parfume, *v.*
plume
plume, *v.*
porte-plume
posthume
présume, *v.*
raccoutume, *v.*
rallume, *v.*
remplume, *v.*
résume, *v.*
rhume
volume

UMES

crûmes (nous), *v.*
eûmes (nous), *v.*
fûmes (nous), *v.*
pûmes (nous), *v.*

Plus le pluriel des noms et la 2e personne des verbes de la série précédente.

UN et UM

alun
aucun
Autun, *g.*
brun
chacun
Châteaudun, *g.*

commun
Embrun, *g.*
importun
inopportun
Issoudun, *g.*
jeun (à)
Loudun, *g.*
Melun, *g*
nerprun
opportun
parfum
pétun
trente-et-un
tribun
un
Verdun, *g.*

UNE

aucune
Béthune, *g.*
brune
chacune
commune
demi-fortune
dune
fortune
hune
importune
infortune
inopportune
lacune
lagune
lune
Neptune, *myth.*
opportune
Pampelune, *g.*
pétune
prune
quelqu'une
rancune
tribune
une

UNT

défunt
emprunt

UNTE

défunte
emprunte, *v.*
junte
remprunte, *v.*

UNTE prononcé ONTE, voir ONTE

UPE

dupe
huppe
jupe
occupe, *v.*
désoccupe, *v.*
préoccupe, *v.*

UPLE

centuple
décuple
nonuple
octuple
quadruple
quintuple
septuple
sextuple

UQ, voir UC

caduque
éduque
eunuque
fétuque
nuque
perruque
reluque
sambuque

UQUES

Lucques, *g.*
Moluques (les), *g.*

Plus le pluriel des noms et la 2e personne du présent de l'indicatif des verbes de la série précédente.

UR

Arthur, *n.*
azur
clair-obscur
contre-mur
déléatur
dur
fémur
futur
impur
mur
mûr
Namur, *g.*
obscur
pur
Réaumur, *n.*
Saumur, *g.*
Ségur, *n.*
Sémur, *g.*
sur
Tibur, *g.*

URBE

turbe, *n.f.*
Viturbe, *n.*

URC

turc

URDE

absurde
kurde

URE

abjure, *v.*
accolure
acupuncture
adjure, *v.*
agriculture
allure
angusture
annelure
antimoniure
architecture
armature
armure
arséniure
assure, *v.*
augure, *v.*
aventure
aventure, *v.*
azure, *v.*

baisure
balayure
bariolure
batture
bavochure
bavure
blessure
bordure
borure
bosselure
bouffissure
boursouflure
bouture
brisure
brochure
bromure
brûlure
bure
cadrature
cambrure
cannelure
capture
capture, *v.*
carbure
caricature
carrure
cassure
ceinture
censure
césure
chamarrure
chancissure
chaussure
chevelure
chevillure
chiure
chlorure
ciselure
claquemure, *v.*
cléricature
clôture
clôture, *v.*
coiffure
colature
colure
commissure
conclure, *v.*
confiture
conjecture
conjecture, *v.*
conjoncture
contexture
contre-fissure
contre-ouverture
coulure
coupure
courbature
courbure
couture
couverture
créature
crénelure
creusure
criblure
croisure
cubature
culture
cure
curure
cyanure
damasquinure
damassure
déchaussure
déchiqueture
déconfiture
découpure
décousure
défigure, *v.*
demi-mesure
démure, *v.*
dénature, *v.*
dentelure
denture
dépure, *v.*
dérayure
désenflure
devanture
dictature
dorure
doublure
droiture
dure
ébarbure
échancrure
échauboulure
éclaboussure
écorchure
écornure
écriture
écure, *v.*
effilure
émaillure
embarrure
emblavure
emboîture
embouchure
embourrure
embrasure
embrasure
emmure, *v.*
empaumure
encablure
encastelure
enchâssure
enchevauchure
endure, *v.*
enflure
enfourchure
enguichure
enjolivure
enlaçure
enluminure
enrayure
enture
envergure
Epicure, *n.*
épissure
épluchure
épure
épure, *v.*
éraflure
éraillure
étamure
évasure
facture
façure
fêlure
fermeture
ferrure
ferrure
feuillure
figure
figure, *v.*
filature
fissure
flétrissure
forfaiture
forure
foulure
fourbure
fourniture
fourrure
fracture
fressure
frisure
friture
froidure
froissure
future
gaburre
gageure
garbure
garniture
gaufrure
gélivure
gerçure
gerçure
glanure
gravelure
gravure
grumelure
guipure
hachure
hure
hydrure
imposture
impure
inaugure, *v.*
inculture
injure

investiture
iodure
jaspure
jointure
judicature
jure, *v.*
lavure
lecture
législature
Lémure, *myth.*
levure
ligature
ligure
littérature
liure
luxure
mâchure
mâchure, *v.*
maculature
magistrature
maillure
mangeure
manufacture
marbrure
masure
mature
mâture
membrure
Mercure, *myth. et s.*
mésaventure
mesure
meurtrissure
miellure
miniature
mixture
moisissure
molure
monture
morsure
morsure
moucheture
mouillure
moulure
moulure
mouture
mure
mûre
murmure
nature
nervure
noircissure
nomenclature
nonciature
nourriture
obscure
ordure
ossature
ouverture
paliure
parjure
parjure (se), *v.*
parure
pâture
paumure
peinture
peinture, *v.*
peinturlure, *v.*
pelure
phosphure
pinçure
piqûre
plissure
pointure
pointure
portraiture
posture
pourriture
préfecture
prélature
pressure
pressure, *v.*
présure
préture
primogéniture
procédure
procure
procure, *v.*
progéniture
pure
quadrature
questure
raclure
rainure
ramure
rancissure
râpure
rassure
rassure, *v*
ratissure
rature
rature, *v.*
rayure
récure, *v.*
réglure
reliure
rentraiture
retirure
rinçure
rivure
rognure
roture
rouillure
rudenture
rupture
salissure
salure
sature, *v.*
saumure
sciure
sculpture
sépulture
serrure
sertissure
signature
silure
sinécure
soudure
soufflure
souillure
sous-préfecture
stature
striure
structure
sulfure
suppure, *v.*
sûre, *adj. f.*
surmesure
susurre
suture
tablature
tapure
tavelure
teinture
tellure
température
tenture
tenure
ternissure
ternissure
texture
tissure
toiture
tonsure
tonsure, *v.*
tonture
torture
torture, *v.*
tournure
transfigure, *v.*
triture, *v.*
troncature
tubulure
usure
verdure
vergeure
vermoulure
voilure
voiture
voiture, *v.*
voussure

URES

Dioscures (les), *myth.*
Plus le pluriel des noms et la 2e personne sing. des verbes de la série qui précède.

URGE

démiurge
dramaturge
épurge
expurge, *v.*
insurge, *v.*
Panurge, *n.*
purge, *s.f.*
thaumaturge

URLE

burle
hurle, *v.*

URME

turme

URNE

cothurne
diurne
nocturne
Saturne, *myth.*
taciturne
urne

URNES

Furnes, *g.*
Plus le pluriel des noms en *urne*.

URPE

usurpe, *v.*

URQUE

bifurque, *v.*
Turque

URS

Voir le pluriel des mots en *ur*.

US prononcé UCE

Aétius, *n.*
agnus
angelus
Antiochus, *n.*
anus
Arcturus
Argus, *myth.*
Arius, *n.*
Assuérus, *n.*
Bacchus, *myth.*
blocus
Brennus, *n.*
Britannicus, *n.*
Brutus, *n.*
byssus, *bot.*
cactus, *bot.*
Cassius, *n.*
Caylus, *n.*
choléra-morbus
chorus
Cincinnatus, *n.*
Confucius, *n.*
cosinus
Crassus, *n.*
cubitus
Cyrus, *n.*
Darius, *n.*
Emmaüs, *g.*
Fabius, *n.*
Fleurus, *g.*
fœtus
fongus
fucus
Gaïus, *n.*
Germanicus, *n.*
Gracchus, *n.*
habeas corpus
Helvétius, *n.*
hiatus
Honorius, *n.*
humérus, *anat.*
humus
Indus, *n.*
Issus, *n.*
Jansénius, *n.*
Jean Huss, *n.*
Laïus, *n.*
lotus
Lucullus, *n.*
Malthus, *n.*
Marcus, *n.*
Marius, *n.*
mordicus
mucus
Négus, *n*
Nessus, *myth.*
Nostradamus, *n.*
obus
Olibrius, *n.*
omnibus
Palus, *g.*
papyrus
Phébus, *myth.* et *n.*
plexus
prospectus
Pyrrhus, *n.*
quipus
quitus
radiu
rébus
Rémus, *myth.*
Rufus, *n.*
Sirius
Spartacus, *n.*
Stradivarius, *n.*
sus
Taurus (mont), *g.*
thymus, anat.
Titus, *n.*
tophus
typhus
Unigenitus (bulle)
utérus
Varus, *n.*
Vénus, *myth.*
vidimus
virus
Vitellius, *n.*

US et UX prononcé u

abstrus
abus
accourus
aperçus
bus (je, tu)
cabus, *bot.*
camus
chus (je, tu)
conclus (je, tu)
conçus (je, tu)
confus
confus
connus (je, tu)
courus (je, tu)
crus, (je, tu)
dessus
diffus
dus (je, tu)
émus
encourus

flux
fus (je, tu)
inclus
influx
infus
intrus
Jésus
jus
lus (je, tu)
méconnus
mus (je, tu)
obtus
pardessus
pardessus, s.
parus (je, tu)
perclus
plus
pus
pus (je)
reclus
reconnus
reçus
reflux
refus
repus
rétus *bot.*
surplus
sus (en)
sus (je) (savoir)
sus, *adv.*
talus
tus (je) (de taire)
valus (je, tu)
verjus

Ajoutez à chacune de ces séries le pluriel des noms et des participes en *u, ud et ut.*

USC

busc
musc

USCLE

muscle

USE et UZE

Abruzze, *g.*
abstruse
abuse, *v.*
accuse, *v.*
amuse, *v.*
Aréthuse, *myth.*
arquebuse
arquebuse, *v.*
buse
camuse
céruse
confuse
contuse
cornemuse
diffuse
Druse, *g.*
écluse
excuse
excuse, *v.*
fuse, *v.*
infuse
infuse, *v.*
intruse
Méduse, *n.*
mésuse, *v.*
muse
muse, *v.*
obtuse
Peluse, *g.*
percluse
Raguse, *g.*
recluse
récuse, *v.*
refuse, *v.*
ruse
Suze, *g.*
Syracuse, *g.*
transfuse, *v.*
use, *v.*
Vaucluse, *g.*

USQUE

brusque
busque, *v.*
débusque, *v.*
embusque, *v.*
Étrusque, *g.*
jusque
lambrusque
mollusque
musque, *v.*
offusque, *v.*

USSE, voir UCE

USTE

arbuste
ajuste, *v.*
auguste
Auguste, *n.*
buste
déguste, *v.*
fruste
injuste
incruste, *v*
juste
rajuste, *v.*
robuste
tarabuste, *v.*

USTRE

balustre
frustre, *v.*
illustre, *adj.*et.*v.*
lustre, *s.* et *v.*
relustre, *v.*
rustre

UT prononcé U

affût
attribut
bahut
début
fût
institut
rebut
salut
scorbut
statut
substitut
tribut

verbes

accourut
accrut
aperçut (il)
apparut
but
chut
comparut
complut
concourut
conçut
connut
courut
crut (de croire)
crut (de croître)

déchut	plut (de pleuvoir)
décrut	pourvut
déplut	prévalut
discourut	put (de pouvoir)
disparut	rebut
dut	reconnut
échut	recourut
élut	reçut
encourut	réélut
eut	relut
fallut	reparut
fut	replut
lut	résolut
méconnut	secourut
moulut	survécut
mourut	sut
parut	valut
perçut	vécut
plut (de plaire)	voulut

Ajoutez la 3e personne sing. de l'imparfait du subjonctif de tous ces verbes : *qu'il aperçût, qu'il bût,* etc.

UT et UTH prononcé UTE

azimuth	luth
Belzebuth, *n.*	occiput
bismuth	préciput
but	rut
chut	Ruth, *n.*
comput	sinciput
lut	ut

UTE et UTTE

brute	dispute
butte	flûte
cahute	hutte
chape-chute	lutte
chute	minute
culbute	parachute
cuscute	volute

verbes

affûte	lute
ampute	lutte
blute	minute
bute	permute
charcute	persécute
culbute	rebute
débute	recrute
députe	réfute
discute	répute
dispute	scrute
exécute	suppute
impute	

UTES

Plus le pluriel des noms et la 2e personne des verbes de la série qui précède.

UVE

cuve, *subst.* et *v.*	pédiluve
décuve, *v.*	Vésuve, *g.*
étuve	Vitruve, *n.*

UX prononcé U, voir US

UX prononcé UKSTE

Pollux, *n.*

UXE

luxe

UYA, UYÉ, UYÉE, UYER, voir IA, IÉ, IÉE, IER

UZ

Santa Cruz, *g.*	Veracruz, *g.*

UZE, voir USE

V

VA

Costa brava, *g.*	Nerva, *n.*
Java, *g.*	Néva, *g.*
Jéhova	va (il)

Ajoutez la 3ᵉ personne sing. du passé simple des verbes en *ver : il rêva.*

VANT, VEND et VENT

abat-vent	levant
abrivent	mévend, *v.*
aggravant	mouvant
auparavant	paravent
auvent	passavant
avant	percevant
avent, *s.*	porte-vent
bravant	poursuivant
brise-vent	recevant
ci-devant	résolvant
couvent	rêvant
décevant	revend, *v.*
desservant	savant
devant	servant
dissolvant	souscrivant
dorénavant	souvent
engoulevent	suivant
ensuivant	survend, *v.*
évent	survivant
fervent	vent
grevant	vivant

Ajoutez le participe présent de tous les verbes en *ver* et de quelques verbes en *voir, oire, ir, ire, oudre* et *ivre*, qui se terminent en *vant : devant, pouvant, buvant, servant, écrivant, absolvant, vivant, suivant,* etc.

VAT, VAU, voir AT, AU

VÉ

dérivé, s.	privé
levé, s.	relevé
œuvré, *v.*	réprouvé
ové	seing-privé
pavé	

Joindre le participe passé masculin de tous les verbes en *ver*.

VÉE

arrivée	mainlevée
cavée	navrée
corvée	ovée
couvée	privée
cuvée	relevée
étuvée	travée
levée	uvée

Plus le féminin des participes passés en **vé**.

VEND et VENT, voir VANT

VER

verbes

abreuver
achever
activer
aggraver
approuver
arriver
aviver
baver
braver
captiver
caver
chever
cliver
conserver
controuver
couver
crever
cultiver
cuver
décaver
décuver
dégrever
dépaver
dépraver
dériver
désapprouver
désentraver
élever
éluver
emblaver
encaver
enclaver
encuver
énerver
enjoliver
enlever
entraver
éprouver
esquiver
graver
grever
improuver
innover
invectiver
laver
lessiver
lever
lover
motiver
observer
parachever
paver
prélever
préserver
priver
prouver
raviver
récidiver
relaver
relever
repaver
réprouver
réserver
retrouver
rêver
river
saliver
sauver
soulever
trouver

VET, VEUX, voir ET, EUX

VI

asservi
assouvi
desservi
envi (à l')
poursuivi
ravi
servi
sévi
suivi

VIE

convie, *v.*
Cracovie, *g.*
dévie, *v.*
eau-de-vie
envie
envie, *v.*
Flavie, *n.*
Fulvie, *g.*
Livie, *g.*
Moldavie, *g.*
Moravie, *g.*
Moscovie, *g.*
obvie, *v.*
Octavie, *n.*
Pavie, *g.*
Ségovie, *n.*
survie
Sylvie, *n.*
Varsovie, *g.*
vie

Plus le féminin des participes en *vi*.

VIER, VIEUX, VIN, VIR, VIS, VIT, VO, VOIR, voir IER, IEUX, IN, IR, IS, IT, O, OIR

VON

esclavon
savon

VU

dépourvu, *adj.*
imprévu
vu
dépourvu
entrevu
pourvu
prévu
revu

Y Z

YANT, voir **IANT** monosyllabe

YAU, YAUX, voir AU, AUX

YEU, YEUX, voir IEU, IEUX

Pour la lettre **Y** suivi de consonnes telles que YCLE, YDE, YDRE, YGME, YGNE, YLE, YLPHE, YM, YME, YMNE, YMPE, YMPHE, YNX, YPE, YPHE, YPRE, YPSE, YPTE, YR, YRE, YRNE, YRSE, YRTE, YS, YTE, YTHME, YX, *voir* **I** suivi des mêmes consonnes, ICLE, IDE, IDRE, etc.

Pour la lettre **Z** suivie d'une voyelle, comme ZI, ZIE, ZIER, ZIEUX, ZIN, ZION, ZIS, ZIT, ZO, ZON, ZU, ZUE, voir **S** doux suivi des mêmes voyelles SI, SIE, SIER à *IER*, SIEUX À *IEUX*, IN, ION, etc.

Imprimé en France sur Presse Offset par

BRODARD & TAUPIN

GROUPE CPI

12352 – La Flèche (Sarthe), le 17-04-2002
001/02 - Dépôt légal : avril 2002